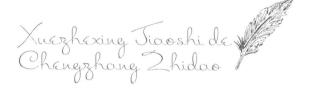

Xuezhexing Jiaoshi de
Chengzhang Zhidao

学者型教师的
成长之道

王玉强 /著

北京师范大学出版集团
BEIJING NORMAL UNIVERSITY PUBLISHING GROUP
北京师范大学出版社

图书在版编目（CIP）数据

学者型教师的成长之道/王玉强著. —北京：北京师范大学
出版社，2022.10
ISBN 978-7-303-27767-4

Ⅰ.①学… Ⅱ.①王… Ⅲ.①师资培养－研究
Ⅳ.①G451.2

中国版本图书馆 CIP 数据核字（2022）第 013843 号

图书意见反馈：gaozhifk@bnupg.com 010-58805079
营销中心电话：010-58802755 58800035
北师大出版社教师教育分社微信公众号 京师教师教育

出版发行：北京师范大学出版社 www.bnup.com
　　　　　北京市西城区新街口外大街 12-3 号
　　　　　邮政编码：100088
印　　刷：北京溢漾印刷有限公司
经　　销：全国新华书店
开　　本：710 mm×1000 mm 1/16
印　　张：13.75
字　　数：230 千字
版　　次：2022 年 10 月第 1 版
印　　次：2022 年 10 月第 1 次印刷
定　　价：49.00 元

策划编辑：郭　翔　　　　　责任编辑：郭　翔　王思琪
美术编辑：焦　丽　　　　　装帧设计：焦　丽
责任校对：郑淑莉　　　　　责任印制：马　洁

前　言
Foreword

学者型教师的特质

“人生的最高快乐或幸福即在于知性或理性之完善中。”①这是斯宾诺莎说的话。他告诉我们，人应该把追求“知性”与“理性”作为人生的最大快乐与幸福。人的认识可分为感性、知性、理性、灵性等，而我们教师应该冲出感性，努力追求知性与理性，甚而得到灵性。

何谓教师？《辞海》释义为：“向学生传授知识、执行教学任务的人员。”在这里强调教师两个特点：一是传授知识，二是执行教学任务。韩愈在《师说》开篇就说：“师者，所以传道受业解惑也。”这突出的是教师的价值与意义。

何谓学者型教师？我们先要了解“学者”的含义。《辞海》中“学者”释义为：“学术上有一定造诣的人。”学者有广义、狭义之分。广义的学者，指具有一定学识水平，能在相关领域表达思想、提出见解的人；狭义的学者，指专门从事某种学术体系研究的人。概言之，学者是指在学术上有成就、有造诣的人。陈桂生认为：“学者型教师是指在学术上有一定造诣的教师。既然搭上‘学者’名义，最好在学术上有所建树。”②总之，学者型教

---

① 转引自严春友：《精美思想》，106 页，济南，山东友谊出版社，2008。
② 陈桂生：《“学者型教师”辨析》，载《中国教师》，2003(6)。

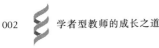

师就是指在教育教学等学术研究上，有一定学识、成就、造诣的教师。

一般教师与学者型教师的重要区别是什么？就是有无"学术造诣"。陈桂生认为，学者型教师与一般教师在专业化成长过程中的特征差异概括有两方面：一是知识观差异。一般教师的学科知识观有偏颇，对学科知识的理解往往是形式的、表面的，进而对知识的表征方式也存在着问题；学者型教师有相对合理的学科知识观，对学科知识有着深刻的本质理解与适当的表征。二是成长轨迹差异。教师专业化成长 $= f$ (信念、学习、积累、反思、研究)。信念、学习、积累、反思、研究是自变量，教师专业化成长是因变量，是自变量的函数。学者型教师和一般教师在这五个方面表现出很大的差异，从而形成了完全不同的专业化成长轨迹。①

那么，学者型教师有哪些基本特质呢？

有人认为，学者型教师应具备三条标准：广博的阅读——成为学者型教师的基石；领先的理念——成为学者型教师的前提；深入的研究——成为学者型教师的关键。②

有人认为，学者型教师的基本特征是：有理想，爱工作，甘寂寞，爱阅读，勤写作，善创新。③

有人认为，学者型教师其特征主要体现在学科知识、解决问题的能力和洞察力三个方面。④

有人认为，当代学者型教师的特点是：他们是教育改革的"带头军"，有自己的教育思想与理论；他们是理论与实践沟通的桥梁，把最新的教育科学理论与教师实践相结合；他们是实践的革新家，实践上有大胆的突破。

有人认为，学者型教师必须有较深的理论基础和丰富的实践能力，必须在实践中不断学习、不断研究、不断提高，做到教学与研究并重。⑤

有人认为，学者型教师应具备宽厚的理论知识、扎实的教育实践能力、强烈的

---

① 张雄：《专家学者型教师与一般教师专业化成长的特征差异》，见《全国高等师范院校数学教育研究会 2008 年学术年会论文集》，2008。
② 包朝龙：《我的成长历程做一名学者型教师》，载《新课程(综合版)》，2008(8)。
③ 付学军、毕朝晖：《打造学者型教师队伍的思考》，载《新课程研究(教师教育)》，2008(1)。
④ 赵新平：《学者型教师——21 世纪教师的新形象》，载《教育理论与实践》，2002(4)。
⑤ 王吉平：《浅谈怎样做"学者型"教师》，载《教育实践与研究》，2003(7)。

创新意识、较强的科研能力。①

　　有人认为，学者型教师是教师努力的目标，学者型教师与青年教师的区别主要在于知识结构的不同以及由此产生的能力差异。青年教师要成长为学者型教师一般要经历适应、定型、突破和成熟四个阶段，有两种不同的成长模型，缄默的知识与明确的知识的结合及其转化是教师成长的关键。系统的理论学习、技能技巧的完善训练、科学的自我反思和自觉的科学研究，是青年教师成长的有效策略。②

　　概言之，这些见解，有的直抵学者型教师的本质，有的侧重对优秀专业教师的理解，有的是两者的融合。不管怎样，人们对学者型教师是充满期待与渴望的。没有一位教师不希望自己能成为学者型教师，或者说，学者型教师是普通教师苦苦追索甚至是一生追求的目标。试问，有谁不想成为一个受人尊敬的人？有谁不想在自己的专业领域有所建树？又有谁不想自己在学识上有见识、在研究上有开拓、在学术上有造诣和成果呢？概括来说，我认为学者型教师的基本特质如下。

一、超强的阅读力——潜心专业阅读，积淀思想厚度

　　什么叫阅读力？聂震宁曾有专著《阅读力》，他说："阅读力是一个人的阅读能力。阅读力就是一个人的学习力、思想力和创新力。同样的，一个社会阅读力，就是这个社会的学习力、思想力和创新力，更是这个社会的凝聚力、幸福力、竞争力。"③他认为，阅读力包括三个方面的内容，一是阅读兴趣，二是阅读习惯，三是阅读能力。阅读兴趣与学习动力是直接相关的；阅读习惯需要长时间的养成；阅读能力包括理解阅读的能力，判断阅读内容的能力，联想、联系的能力。聂震宁还说："读以致知，读以致用，读以修为，读以致乐，一个人阅读最高境界就是读以致乐。读书让你感到快乐，这才是最高境界。"②可见，一个人的阅读力非常重要。

　　朱永新认为，阅读力就是精神力，阅读力就是凝聚力，阅读力就是竞争力，阅读力就是幸福力。他说："阅读力与智商、情商、财商等概念一样，也是现代人特别需要提升的能力。从更大层次上看，阅读力不仅是一个人的阅读能力，也是社会

---

①　钟宏桃：《学者型教师培训模式初探》，载《玉林师范学院学报》，2003(1)。
②　卢真金：《试论学者型教师的成长规律及培养策略》，载《高等师范教育研究》，2001(1)。
③②　郝天韵：《聂震宁：阅读力，让中国更有力量》，载《中国新闻出版广电报》，2017-06-09。

整体的阅读水平，因而关系到国家民族的竞争力。"③

苏霍姆林斯基特别重视阅读，他曾对青年朋友说："你的知识、你的求知渴望和阅读爱好，就是你个性教育力量的强大源泉。"④教师的教学个性、教育力量与阅读有关。阅读，应该是每一位教师一生的必修课。

如何培养阅读力？首先要有阅读兴趣，其次形成阅读习惯，最后形成阅读联想与想象能力。一位教育工作者，一定要潜心阅读。潜心阅读自己专业的教育教学内容，让自己在专业教学领域尽可能地丰富、丰满、丰厚；深入阅读教育教学类经典著作，提升理性认识、规律性认识的水平。

二、非凡的表达力——潜心专业写作，锻造研究深度

表达力，就是表达能力。表达能力是指一个人把自己的思想、情感、想法和意图等，用语言、文字、图形、表情和动作等清晰明确地表达出来，并善于让他人理解、体会和掌握。表达能力又分为口头表达能力、书面表达能力等。教育家叶圣陶早就说过："接受和发表，表现在口头是听和说，表现在书面上是读和写。在接受方面，听和读同样重要；在发表方面，说和写同样重要。所以，听、说、读、写四项缺一不可。"⑤本书中我们说的表达力，特指书面表达能力。

教育者的表达力现状如何？一位研究者这样说："教育写作一直是教育学研究的边缘问题和盲点问题。大多数学者认为教育写作只关乎研究成果的梳理与表达，而无法构成一个值得探索的研究问题。而实际上，教育写作可以改变教师的知识结构，帮助教师从知识的搬运工变为理论的创生者；教育写作还可以丰富教师的专业智慧，影响教师的专业习性、专业信念、专业素养、情感与态度，使他们体验到职业的幸福。但在现实状况中，大多数教师未能认识到教育写作的丰富功能和价值，仅仅将写作视为职称评聘的规定或业绩考核的要求，教育写作在教师教育生活中大面积缺位。一项调查显示，我国城市中小学教师中有八成以上从未在报纸、杂志上发表过文章，教师为了功利性目的，抄袭论文等现象也时有发生。面对教育写作，

---

③　朱永新：《阅读，让中国更有力量》，载《新湘评论》，2019(8)。

④　转引自蔡汀：《苏霍姆林斯基选集(第二卷)》，774 页，北京，教育科学出版社，2001。

⑤　叶圣陶：《叶圣陶论语文教育》，190 页，郑州，河南教育出版社，1986。

中小学教师普遍存在畏难、自卑、应付等心理障碍。"①

如何提升教师的专业写作表达力？第一，要深入思考，随时记录。教师可以写的方面是十分丰富的。作为教师，我们应该把自己关注的视线倾情于身边的教育教学实践，把所见、所闻、所感、所思记下来。比如，写教学案例、教学随笔、教学论文，可以基于课题研究撰写研究报告、调研报告等。第二，从具象到抽象，依据学科特点撰写论文。各个不同学科的教师可以撰写具有本学科特色的文章。比如，数学教师可以写解题研究类的文章，语文教师可以像学生一样写下水作文，理化等学科教师可以写实验创新类的文章，音体美学科的教师可以写些技能训练方面的文章等。第三，把写作当成生活的一部分，长期坚持，以恒贯之。一位优秀教师的成长，必须把阅读、写作、创新作为专业生活的组成部分，长期坚持，持之以恒，方可成为佼佼者。或写教育日记、教育随笔，或出版专著，涓涓细流，才能汇成江海。

三、执着的创新力——筑建学术成果，创造风格高度

怀特海说："教育应该超越对他人思想的被动接受，必须加强创造力。创造力不是单一的，它包括思想上的创造力，行动上的创造力，艺术想象的创造力。"②由此可见，创造力、创新力相当重要。

何谓创新？《现代汉语词典》(第7版)这样解释"创新"："抛开旧的，创造新的；指创造性，新意。"当然，从广义看，"创新"的定义更广。创新是指以现有的思维模式提出有别于常规或常人思路的见解为导向，利用现有的知识和物质，在特定的环境中，本着理想化需要或为满足社会需求，而改进或创造新的事物、方法、元素、路径、环境，并能获得一定有益效果的行为。

何谓创新力？就是创新能力，是指在技术和各种实践活动领域中不断提供具有社会价值、经济价值、生态价值的新思想、新理论、新方法和新发明的能力。当然，这也是广义的创新能力。

教育教学的"创新"，范围也很广。《中国教育报》这样阐述："改革创新是时代

① 颜莹：《教师如何在专业写作中成长》，载《中国教育报》，2020-06-11。
② ［英］怀特海：《教育的目的》，庄莲平、王立中译，63页，上海，上海文汇出版社，2012。

发展的不竭动力，更是教育发展的时代主题。深化教育改革创新、推动新时代教育改革发展，就是对新时代新形势下更高远的历史站位、更宽广的国际视野、更深邃的战略眼光的及时呼应，是改革开放和社会主义现代化建设、促进人的全面发展和社会进步对教育提出新的更高要求的持续响应，不仅是中华民族复兴的力量源泉，也是教育自身提升发展的方向与路径。让那些针对学生能力与综合素养的教育教学方法创新、人才培养模式探索、课程与教材体系建设等，真正成为教育改革创新的主流。"①可见，教育创新任重道远。

教师的创新能力，主要包括教育思想、教育策略、教育行为、课堂教学、课堂设计、教学方法、学习方法、测试评价的创新能力等。创新精神，主要包括好奇心、兴趣、求知欲，对新事物的敏感，对真理的执着追求，等等。教师的创新力是教师专业创造的动力与灵魂，用于创造个性、风格、建树、造诣与学术价值。

学者型教师如何成长？特级教师闫学说："我的成长史就是完善知识结构的阅读史；我的成长史就是笔耕不辍的写作史；我的成长史就是课堂实践的磨炼史；我的成长史就是持续反思的研究史。"②学者型教师的成长主要表现在三方面：其一，努力践行教师的"四有"标准——有理想信念，有道德情操，有扎实学识，有仁爱之心。其二，努力践行古人的风尚，正如《左传》所言，"太上有立德，其次有立功，其次有立言，虽久不废，此之谓不朽"③。其三，努力而持久地锤炼阅读力、表达力、创新力，积极尝试并探索"读书—教书—写书"之路。敢问"路"在何方？"路"就在脚下。

---

① 高杭、余雅风：《坚持深化教育改革创新——七论学习贯彻习近平总书记全国教育大会重要讲话精神》，载《中国教育报》，2018-09-19。

② 闫学：《给老师的阅读建议》，3页，上海，华东师范大学出版社，2015。

③ 《左传·襄公二十四年》。

目　录
Contents

第一篇　专业阅读之道
——锤炼阅读力

　　阅读之道在于广博与精深。教师的阅读是以不断完善自己的知识结构为目标的，指向的是丰富、润泽、提升教师的生命质量。狄德罗说：不读书的人，思想就会停止。罗兰也说：不习惯读书进修的人，常会自满于现状。韩愈在《进学解》中说阅读，"先生口不绝吟于六艺之文，手不停披于百家之编。记事者必提其要，纂言者必钩其玄。贪多务得，细大不捐。焚膏油以继晷，恒兀兀以穷年。先生之业，可谓勤矣"①。恪守"业精于勤，荒于嬉；行成于思，毁于随"。专业阅读，应是教师之必需，可以明理、明道、明法、明心。阅读之道，就是陪伴，就是入境，就是精神慰藉。

---

① 陈振鹏、章培恒：《古文鉴赏辞典(上册)》，899 页，上海，上海辞书出版社，1997。

第一章 专业阅读之意义

第一节 阅读之于能量

什么是阅读？梁衡说："阅读就是思考。人有六个阅读层次，前三个信息、刺激、娱乐，是维持人的初级的浅层的精神需求，可以用'看'来解决。后三个知识、思想、审美，是维持高级的深层的精神需求，则只看不行，还要想，这才是真正的阅读，可称为狭义的阅读。我说阅读是为了精神生命的成长和延长，要把这种精神生命延伸到下一代去。"[1]周国平《经典和我们》一文中也说："人之所以读书，无非有三种目的。一是为了实际的用途，例如因为职业的需要而读专业书籍，因为日常生活的需要而读实用知识。二是为了消遣，用读书来消磨时光，可供选择的有各种无用而有趣的读物。三是为了获得精神上的启迪和享受，如果是出于这个目的，我觉得读人文经典是最佳选择。"[2]梁衡、周国平都是作家，他们用形象的说法谈了阅读的意义。

从理性概念看，什么是阅读？阅读就是借助语言文字来获取信息、认识世界、发展思维，并获得审美体验与知识的活动。阅读是从视觉材料中获取信息的过程，视觉材料主要指文字和图片等。阅读是一种主动的过程，是由阅读者根据不同的目的加以调节控制的，来陶冶情操、提升修养的手段。阅读是一种理解、领悟、吸收、鉴赏、评价和探究文本的思维过程。

什么是"专业阅读"？先要明确"专业"二字，"专业"是指专门从事的某种学业或职业。而"专业阅读"就是针对专门从事某种学业或职业的阅读。

专业阅读之于教师有何重要？教育行业普遍认同专业阅读的价值，学校往往把

---

[1] 梁衡：《有阅读，人不老（干部谈读书）——阅读随笔之一》，载《人民日报》，2015-04-07。
[2] 周国平：《周国平论教育》，41页，上海，华东师范大学出版社，2013。

"阅读"与"反思"看作影响教师专业发展的两个最重要因素。苏霍姆林斯基在《给教师的建议》一书中特别写了一篇文章《给初到学校工作的教师提一些建议》，他在文中是这样说的。

"年轻的朋友们！我建议你们每月都要购买三种书籍：关于你所教的基础知识的科学书籍；关于可以作为青年楷模的人的生平和斗争的书籍；关于人，特别是儿童和男女青少年的心灵的书籍(心理学的书籍)。希望你们的个人藏书有以上这三类书籍。你的科学知识每年都应加以充实。"①

在这里，作者倡导购买并阅读本学科的书籍，这就是专业阅读。专业阅读不但对教师本专业的教学重要，而且通过教师进而对学生的思维提升更重要。

学者朱永新认为："教师的专业阅读对于教师的成长具有非常重要的意义。"②他认为，任何学科教师，如果没有专业阅读，就难以承担"复活知识"的重任。教师的专业阅读关键在两个字"专"与"问"。"专"就是专心致志地长期精读自己专业领域的书籍；"问"就是在阅读中敢于质疑，大胆提出自己的问题。专业阅读对教师的成长、对教师的能量补充、对教师的智能厚度、对教师的教学活力，都会起到重要影响。阅读就是由量到质的飞跃，由感性到理性的飞跃。朱永新认为："一个人的阅读史就是一个人的精神发育史；一个民族的精神境界取决于这个民族的阅读水平；一个没有阅读的学校永远不会有真正的教育；一个书香的城市才是真正的家园；共读、共写、共同生活。"③可见，阅读与教育前途息息相关。茅于轼也说："思考教育的目的，事关我们下一代的成功或失败，他们将如何塑造我们这个世界。这绝不是小事。"④

这些观点都是非常清晰的，也是特别深刻的。只有阅读才会给国家、社会、学校、个人带来新的境界、新的灵魂。那么，教师的专业阅读就是国家、社会、学校的一抹重要底色，其价值有三个方面。

---

① [苏]苏霍姆林斯基：《给教师的建议》，周蕖、王义高、刘启娴、董友、张德广 107～108 页，武汉，长江出版传媒、长江文艺出版社，2014。
② 朱永新：《阅读是教师专业化的根本路径》，载《中国教育报》，2019-04-22。
③ 朱永新：《教育，让梦想成真》，32 页，青岛，青岛出版社，2019。
④ 茅于轼：《〈教育的目的〉中文版推荐序》，1 页，上海，文汇出版社，2012。

一、阅读赋能——能量

阅读的能量无穷大。为何教育家特别强调读书呢？因为只有读书，才能看到自己的未来，才能开阔成长的空间，才能真正给教育教学赋能、为人生赋能。朱永新在《影响我生活和生命的几本关键图书》中介绍了几本书——《产生奇迹的行动哲学》《管理大师德鲁克》《如何改变世界》《从优秀到卓越》。他说："这些书给了我很大的启发，它告诉我理想是人生最重要的一盏明灯，人是被理想牵引着走的，如果没有理想，一定是走不远的。"①阅读的能量无穷远。读书是专业能量的补给库，是幸福生活的资源库，是教师教育教学新思想的能量加油站。只有加强专业阅读，才能真正提高专业能力。上海市虹口区教育局局长常生龙，40岁被评为物理特级教师，但他并没有就此止步。为了增加自己的能量，他选择读书。他是局长，公务本来就很多，但他却特别爱好读书。他要求自己每周读一本书，并写出3000字以上的书评。10年之后如何？他读了500多本书，写了200多万字的读书笔记。这难道不是给自己的教育赋能？一本书，一个局长，成就了一个奇迹。他被《中国教育报》评选为"推动读书十大人物"。他出版了很多专著，如《读书是教师最好的修行》《给教师的五把钥匙》《让教育更明亮》等。有记者问这位局长："您哪有时间阅读啊？"他说："只能在包里放上一本书，在路上、在会议间隙抓紧看。我就认定——一个不读书的教师是不会成长的；一个不读书的教师，是教不出爱读书的学生的。"②正是书籍给这位教育者能量，他才完成了不少学术成果。

二、阅读积淀——厚重

1. 厚重其身

专业阅读如同大树的根，只有根系肥沃，大树才能茁壮参天。教育家于漪倡导学以为师，"教师要好学不倦，努力做到业务精湛，知识面广，文化积淀丰厚，不

---

① 朱永新：《教育，让梦想成真》，250页，青岛，青岛出版社，2019。
② 顾学文：《太忙了不读书？没想过》，载《解放日报》，2006-04-02。

断吸收新知识，新信息"①。张汝伦感慨道："于漪就是这样的教师，但这样的教师还是太少了。很多人大学毕业后不买书、不看书，上课炒冷饭，连举例子都是一样的。他们本身就缺乏创新能力，怎么可能培养出有创新意识的学生？"②于漪对教师的理想要求是：教师要有见识，要善于见人之所未见，千万不能做简单的操作工。怎样才能做到这一点？如何才能高人一筹？如何提升自己的业务境界？于漪认为，教师要能学然后知不足，要有足够宽阔的文化视野和旺盛的求知欲，要博览群书，古今中外、文史哲科，尽可能去了解。她说："文化是一名教师的厚度，思想是一名教师的高度。"③

2. 厚重其养

读书是增强精神之养料。在世界读书日，记者到于漪的书房，得知她的藏书有一万余册。于老师说："读书先要选择，大部分书可浏览，其中精彩部分可深思推敲。精读的经典、优秀著作，要把自己放进去，比较、对照、吮吸精神养料。重要的地方可圈画，每有意会，可做点读书笔记。"当记者问她"你现在看什么书"时，她说："正在读《钱穆与七房桥世界》，学者邓尔麟从多元和多层次文化的观念出发，剖析中国一个旧乡镇的天地，反映再现了中国传统文化的精神。"于漪老师还给教师们推荐了以下这些书籍。

袁行霈等主编的《中华文明史》，张志公著的《传统语文教育教材论——暨蒙学书目和书影》，林逢祺等主编的《教师不可不知的哲学》，王岳川著的《当代西方最新文论教程》，冯友兰著的《三松堂小品》，李泽厚、刘绪源著的《该中国哲学登场了？》《中国哲学如何登场？》，宗白华著的《美学散步》，袁行霈主编的《历代名篇赏析集成》，张维为著的《中国触动》《中国震撼》《中国超越》。④

在这些书籍里，有语文专业的书籍、哲学书籍、美学书籍、社会学书籍等。可见，这位已经 90 余岁的老人，还关注语文学科，关注哲学、美学境界，这就是一

①② 张鹏：《于漪人文主义的教育理想至今让人深思：语文教育不"缺位"，孩子才不会成为"空心人"》，https://wenhui.whb.cn/third/baidu/201812/28/233094.html，2018-12-28。
③ 于漪：《教师：让青春在讲台闪光》，58 页，上海，上海教育出版社，2017。
④ 黄音：《世界读书日：走进于漪书房》，https://m.shedunews.com/msite_2/con/2020-04/24/c1521.html，2022-07-05。

位人民教育家的襟怀与视野。试问：教师阅读了这些专业书籍，谁的人生不厚重？谁的课堂不生彩？

三、阅读薄发——活力

1. 活力其骨

阅读犹如增钙补钙，强筋健骨。专业阅读会给专业增色，给其教育教学增添活力。特级教师闫学在《给教师的阅读建议》一书中有很多观点要牢记——优秀教师是读出来的；优秀教师首先应该是读书人；阅读提供反思和提炼的能量；教师的阅读是以不断完善自己的知识结构为目标的；真正有价值的阅读有如爬坡，可能读懂的只是其中的一小部分，但只有这种有坡度的阅读对教师的成长才真正有用。她有一套"阅读经"——不怀疑，不读书；不会读就不会写；没有阅读的教科研，很难找到有价值的研究选题；等等。闫学还有九条阅读建议。

建议一：想当优秀教师，先读书。

建议二：越忙，越要读书。

建议三：只要是值得读的，就一定要硬着头皮读下去。

建议四：从一本书到另一本书，"叶脉"式阅读。

建议五：非经典不读，在有限时间内获最大的益。

建议六：阅读如爬坡，不是享受，是提升。

建议七：书读到一定程度，有必要读点"二流"的书。

建议八：系统学习经典的文本理论，提升文本解读能力。

建议九：阅读中产生的思想，借助写作整理、记录、提升、推翻。

这九条阅读建议可以概括为三个角度：一是教师越优秀，就越要读书阅读，不管自己多忙，不管多么艰难，只有阅读才能让你更进一步，更上一层楼；二是阅读经典著作很重要，只有阅读专业的经典文献，你才能有理论的提升，才能更深刻地理解教育的本质与内涵；三是要学用结合，要大胆地借鉴、转化、推翻。阅读的作用不仅仅是吸纳、获取、崇拜，更重要的是在实践中应用，在教学中转化，在大量积累中积淀能量，在学科专业中厚积薄发。

2. 活力其神

教师有了广泛的专业阅读，就会看到很多典型的案例、优秀的设计、出彩的教学镜头，这样自己的课堂就精彩、生动、吸引人了。如果阅读了经典教育理论，就会从具象的课堂提升到规律方法的课堂，从一篇一课上升为一类一型的思维与逻辑层次，教师的思想、精神、境界就不一样了。所以说，大量地、广泛地、坚持不懈地阅读，是普通教师成长为教学名师的秘诀。

第二节　阅读之于格局

一、契合于精神

(一) 阅读与襟抱

阅读，会提升人生的认识与胸襟。我从小就喜欢读书，当读到精彩段落时，就随时记在本子上，到高中时就已经记了满满三个本子。我还喜欢睡前看书，不看书就睡不着觉，阅读之后，酣然入梦。从大学开始我就养成了逛书店的习惯。1980年，有一次逛书店，看到新版的定价为 22.20 元的缩印版《辞海》，我当时立刻买下，这花去了我一个学期的生活费。还有一次，省里组织去外地考察学习，我一路竟买了 300 多元的书，沉沉地，硬扛回了家。我读王羲之，读张大千，读霍金的《时间简史》，读王国维的《人间词话》，读《论语》，读完之后，还仔细地抄了一遍。我读叶圣陶，读吕叔湘，读陈望道的《修辞学发凡》，读张志公的《修辞例话》，读英国教育家洛克的《教育漫话》。书，是我的伙伴。

阅读，会慰藉教师心灵。我写了不少读书笔记，发表了七八篇，如《谈谈沈从文的写作教学》《读叶圣陶》《读汪曾祺》《读钱理群的〈我的精神自传〉》《读〈谈美书简〉》等。我不仅读书，还倡导全市师生共读书。我们曾制定《淄博市高中学生读书计划》《高中国学诵读计划》，来营造全市读书的氛围。作为语文教师，我们的根在哪里？在书里，那里可以走进第一等襟抱。

阅读，会增强职业抱负。我从 1982 年参加工作，至今已经 40 年。在高青县一中工作了 8 年，担任县市语文教研员也已 32 年。在我的房间里，挂着一幅自己写的书法作品，"芝兰生于深谷，不以无人而不芳；君子修道立德，不以困穷而改节"。我觉得，教师就如芝兰，即使生在幽谷无人相识，也要自然地绽放花朵，发出芬芳。花是为自己开的，不是为炫耀而开的。我还经常书写北齐刘昼《刘子·大质》几句话："故丹可磨，而不可夺其色；兰可燔，而不可灭其馨；玉可碎，而不可改其白；金可销，而不可易其刚。"就是说自己一定要有抱负，要有自己的追索，金玉般纯正守一。我是一个习惯思考的人。我经常在思考：课堂上，教师的职责是什么？教师应该处于怎样的位置？教师渗透规律与方法教学了吗？教师的心血，应该投入于学生习惯的养成、学习方法的提纯参悟中。

（二）阅读与境界

教育家怀特海说："文化是思想的活动，是对美和人类情感的感受。我们的目标是，要塑造既有广泛的文化修养又在某个特殊方面有专业知识的人才，使他们有哲学般深邃，又有艺术般高雅。"①教师的阅读重要是因为，自己阅读了，才可以转化给学生思想与境界。教师的阅读，是教师职业生命的血液。阅读让我们视野开阔，让我们胸襟宽广，也会让我们沐浴在学者大家的春风里。读高层次的书才能让我们认识人生，进而改变人生。

阅读，让我们知晓境界。阅读《雁山云影》，我知道了朱自清曾在温州中学任过中学教师。学生回忆：20 世纪 20 年代初，朱先生教国文，矮矮的，胖胖的，浓眉平额，白皙的四方脸。经常手提一个黑皮包，装满了书。不迟到、不早退。管教严，分数紧，课外还另有作业，不能误期，不能敷衍。这是一位大师级的人物，他上课给学生留下的印象极深。在学生的回忆中，一位严谨而又学识丰厚的先生跃然纸上。"装满了书"可见热爱阅读，博学而多方；"不迟到、不早退"，可见其恪职守则，风范以度；"不能敷衍"既展现了先生治学的谨严与操守，也展示了先生生命的追索——求真求实，务精务工。朱自清为温州中学写下校歌，这首歌一直传唱到今天："雁山云影，瓯海潮踪，看钟灵毓秀，桃李葱茏。怀籀亭边勤讲诵，中山精舍坐春风。英奇匡国，作圣启蒙，上下古今一治，东西学艺攸同。"

阅读，让我们传承基因。近读《倾听梁衡》，梁先生自幼在其父引导下读《千家

---

① ［英］怀特海：《教育的目的》，庄莲平、王立中译，1 页，上海，上海文汇出版社，2012。

诗》《唐诗三百首》，诵读《赤壁赋》。他说：我的语文老师曾经在课堂上讲过，韩愈每写文章之前，都要将司马迁的文章拿出来重读一遍，为的是借一口"气"。借一口"气"是为了写文章，更是为了仰慕先贤。文章写作贵在"工"，"工"的基石是什么？梁衡先生为《中学生阅读》题词：不要怕苦，多读多背一些经典作品，这会增加你的文学基因，终身受用无穷。

阅读，让我们更迷恋专业。专业阅读会提升我们的专业素养与境界。《中国教师报》还专门给教师推荐了10本专业书籍，成尚荣著的《做中国立德树人好教师》、罗伯特·J.马扎诺等著的《高度参与的课堂》、王维审著的《成为更好的老师》、刘月霞等主编的《深度学习：走向核心素养》、刘军强著的《写作是门手艺》、王悦微著的《一个很好很好的小孩》、陈加仓著的《小学数学说课指导》、胡小勇等主编的《在线教研实用指南》、严文法著的《教学设计能力实训》、梁晓声著的《谈作文想象力》。① 阅读这些专业书籍，利于两点：一是教师们有目标了，可以近距离了解学者；二是可以给教师们教学以动力、理念、操作、设计的空间与范畴，给教师们启发意义。与思想家交流，与专家学者沟通，境界肯定会提高的。

（三）阅读与思想

美国教育心理学家奥苏伯尔通过大量的研究发现，"成就动机是由认知驱力、自我增强驱力和依附驱力构成的"②。可以说，主动阅读应该属于自我认知的内驱力。周国平在《经典和我们》一文中说："认真地说，并不是随便读点什么都能算是阅读的。譬如说，我不认为背功课或者读时尚杂志是阅读。真正的阅读必须有灵魂的参与，它是一个人的灵魂在一个借文字符号构筑的精神世界里的漫游，是在这漫游途中的自我发现和自我成长，因而是一种个人化的精神行为。"③

教师的阅读也应有"灵魂的参与"。只有心灵相碰撞的阅读，才会与世界上最伟大的心灵与思想共舞。

阅读《精美思想》，真正感受了一场思想家的盛宴。马克思说："哲学家们只是

---

① 陈文：《教师不可错过的十本好书》，载《中国教师报》，2021-04-21。
② 转引自施良方：《学习论》第二版，242页，北京，人民教育出版社，2001。
③ 周国平：《周国平论教育》，41页，上海，华东师范大学出版社，2013。

用不同的方式解释世界，而问题在于改变世界。"①强调了人们不要止于解释世界，更重要的是改变世界。苏格拉底说："人应该知道自己的无知。我到这个城市里来，好比是马身上的一只牛虻，职责是刺激它赶快前进的。"②告诉我们应该承认自己的无知，才能增强认知，增强责任。亚里士多德认为人生最终的价值在于觉醒和思考的能力，而不在于生存。告诉我们仅仅生存是不够的，还应致力于觉醒与思考。帕斯卡尔说："思想形成人的伟大。人的全部的尊严就在于思想。"③强调了人应当追寻思想与尊严。

阅读《冷眼看世界》，会沉浸于卡夫卡思想。这是一本西方人文思想经典著作。里面卡夫卡有些话十分抽象，试举几例——"所有人类的错误无非是无耐心。""精神只有不再作为支撑物时，它才会自由。""一只笼子在寻找一只鸟。""你是作业，四处不见学生。""从真正的对手那儿有无穷的勇气向你涌来。"④这些语言十分抽象，需要我们来琢磨一番。这些哲理告诉我们——要有耐心，要精神自由，要摆脱束缚，要给学生减少作业的重负，要向对手学习。可见，理性的文字要结合生活体验、知识阅历、心灵感悟去解读。这使我想起了李清照的几句词"窗前谁种芭蕉树？阴满中庭，阴满中庭，叶叶心心，舒卷有余情"⑤。月光如水，芭蕉寄情，你可领略大家的千古思想？

阅读法国学者孟德拉斯《农民的终结》，会沉浸于追索文明的思想里。孟德拉斯说："对于我们整个文明来说，农民依然是人的原型。"⑥人的原型是什么？是本质的、自然的、不雕琢的人。而我们城市中的人，离原型有多远？我们又如何保持原型？

阅读韩少功《山南水北》，会远离浮躁。"忘却纷繁与困扰"，才有自己的"世外桃源"。书中写道，韩少功在一座小山坡上盖了自己的房子，他想更加贴近农民。下面是他 2005 年春夏两季的收成：豆角 28.4 千克、冬瓜 21 千克、茄子 17.3 千

---

① 《马克思 恩格斯 列宁 斯大林论宗教和无神论》，25 页，北京，人民出版社，1999。
② 转引自严春友：《精美思想》，8 页，济南，山东友谊出版社，2008。
③ [法]帕斯卡：《思想形成人的伟大》，转引自王栋生：《现代教师读本》，50 页，南宁，广西教育出版社，2006。
④ [奥地利]卡夫卡：《冷眼看世界》，1 页，13 页，34 页，35 页，35 页，长春，吉林大学出版社、吉林音像出版社，2005。
⑤ 李清照：《漱玉集注》，王延梯注，24 页，济南，山东人民出版社，1978。
⑥ [法]孟德拉斯：《农民的终结》，李培林译，221 页，北京，社会科学文献出版社，2005。

克、丝瓜 40.3 千克、辣椒 31 千克、小白菜 14.1 千克、橘子 20 千克。贴近生活，是一位作家的丰富资源。自己劳动的成果，是最值得珍惜的。有一幅照片，韩少功在挖地种瓜，俨然是一位农民，头戴斗笠，弓着腰，正用力把镢头抡下去。鲜见作家这样亲近纯正的农村生活了，十分难得啊。同样，亲吻生活，原始地生活，忘却了城市的纷繁与困扰，才有了陶渊明的桃源生活。阅读《瓦尔登湖》，会走进梭罗追寻人与自然和谐的思想。梭罗曾在瓦尔登湖独自搭起木屋，靠砍柴、钓鱼自食其力，自得其乐。我读后也陶醉其中，曾写小诗抒情：黄花堆积/枯叶木屋/掩盖不住瓦尔登湖的神秘/冰上逐狐/洞穴观蚁/一粒豆子/都是你的孩子/简单是你精神的栖息地/远离了奢侈与机器。①

二、付诸反思

阅读也给予我们反思。阅读福建师范大学潘新和的专著《语文：表现与存在》，有一种感触，就是批判性思维。

什么是批判性思维？批判性思维是指思维过程中洞察、分析和评估的一种思维方式。构成批判性思维的基本要素是断言、论题和论证。识别、分析和评价这些构成要素是批判性思维的关键。批判性思维作为一个技能的概念可追溯到杜威的"反省性思维"——"能动、持续和细致地思考任何信念或被假定的知识形式，洞悉支持它的理由以及它进而指向的结论"。批判性思维的六个技能是：观点的来源是什么？这种说法是合理的还是极端的？观点的证据是什么？结论是否会被偏差影响？推理过程中是否避免了常见的谬误？这个问题是否需要多元化的视角？

菲茨杰拉德说：第一流聪明人的特征是，同时持有正反两面的看法。教育者也应该有这种思维方式。批判需要胆量和勇气。潘教授在文中竟对作家刘白羽的散文《日出》提出批评。说此文"文字是比较粗糙的"，并且把刘白羽散文《日出》全文收录，对全文的很多地方提出了商榷与修改的意见。谁能为之？谁敢为之？

知识不是力量，运用知识才是力量。面对名家，面对常见的课文，当代语文教师要敢于挑战，敢于提出自己的见解与主张。对朱自清的《绿》，潘教授也提出了尖

---

① 王玉强：《窗前谁种思想树》，载《语文学习》，2008(5)。

锐的批评。他说："朱自清先生的散文《绿》，也是有特点的，但是我认为它不是优点的特点，而是缺点的特点。大量形容词的堆砌，大量的比喻与比拟，绿得生硬、矫揉、浓丽，黏稠得化不开，就像是一幅摆放得过近的色彩斑斓的油画，看到的是一片黏黏糊糊的色块的堆积，使人目不暇接、目不愿接。读者肉麻、腻味。"

潘先生还引用了孙绍振《直谏中学语文教学》中的文字，对《荷塘月色》的理解提出新的疑问。孙先生说："查阅了朱自清的传记，更为雄辩地说明了《荷塘月色》所表现的苦闷并不是政治性的，而是伦理性的。"孙先生解释"这几天心里颇不宁静"，说"这一切都证明朱自清在漫步荷塘时感到的自由，在性质上是一种伦理的自由，是摆脱了作为丈夫、父亲、儿子潜意识里的伦理的负担，向往情感自由的流露"。

潘教授还对钱梦龙的教学提出了批评。他这样分析钱梦龙的教法：设计好了语言陷阱，按部就班，请君入瓮，我导你读，我怎么导你就怎么读。表面上看是很民主、很平等，显然，这种对话是不对等、不平等的。潘教授并说钱先生的"揣摩法"就是作者崇拜、文本崇拜的产物，发明这样的教法本身就是一个方向性的错误。从钱先生的"揣摩法"也可以看出我国现代语文教育文化的封闭性与保守性。

对魏书生的"知识树法""六步课堂教学法"，潘教授也提出了批评。他说："在他的教学中，显然不是以学生为本位，是以教材、教师、知识为中心；学生貌似主动，实为被动。学生成了按部就班的学习机器。"

教学渴望听到另一面的声音，那就是批判。一片赞扬声，一片欢呼声，一片吹捧之声，并不是正常的现象。明智的人们，总会看到或者意识到光明的一面背后一定有阴影。正与反、晴与阴、圆与缺，总是辩证的，总有辩证的哲理。在自己的教育教学之中，要学会质疑，学会批评，学会辩证看问题。质疑是一种能力，质疑与批评的目光，来自自己的底气、厚度、智慧与才干，当然更需要胆量。

第三节　阅读之于命运

教师的专业阅读，会让自己更上层楼、锦上添花，还能改变一个人的命运。李镇西就是一个例子。

李镇西说，他是受了苏霍姆林斯基《给教师的建议》的影响。他在《追随苏霍姆

林斯基》一书自序中说："读教育学著作，我最怕读到诸如'后××主义''结构效度'
'认知编码''心理复合体'之类深奥、晦涩的名词术语——也许这些术语本身是科学
的，但无奈我一看就头疼，因而连书也索性丢在一边。而且，我敢说，这种心灵的
折磨不只我独有，恐怕许多第一线的教师都有过类似的自卑体验。而读苏霍姆林斯
基的著作是例外。相信绝大多数读了《给教师的建议》《把整个心灵献给孩子》《帕夫
雷什中学》《让少年一代健康成长》《要相信孩子》等著作的人，都会惊叹：'原来教育
学理论居然还可以写得这样平易而富有魅力'。"①

　　是的，苏霍姆林斯基和他的著作都有一种独特的魅力。这是因为作者苏霍姆林
斯基是一位来自乡村的"平民教育家"。李镇西还在《爱心与教育》的引言中写道：
"可以说，苏霍姆林斯基的思想，是在我教育生涯的早晨投下的第一缕金色的霞
光。"②正是因为一本书，一颗心与另一颗心交融了，一份情与另一份情凝聚了，一
份责任与另一份责任神会了。从此李镇西如饥似渴地阅读苏霍姆林斯基的著作，如
《关于人的思考》《怎样培养真正的人》《少年的教育和自我教育》《论劳动教育》《爱情
的教育》《家长教育学》《育人三部曲》《苏霍姆林斯基论智育》《做人的故事》《给女儿的
信》《给儿子的信》《和青年校长的谈话》等，用整个心灵开始拥抱苏霍姆林斯基。苏
霍姆林斯基的生平事迹、音容笑貌，以及这位教育家的高大形象，在他的心中"活"
起来了。李镇西甚至说，能够听到他的心脏的跳动。

　　这一本书，引发李镇西阅读了苏霍姆林斯基的很多书；这一个人，影响了李镇
西的人生追索。他在《我的教育心》中说："是的，我不否认我的确是在用整个心灵
拥抱苏霍姆林斯基，因为在我的眼里，苏霍姆林斯基的魅力是无法抗拒的。我曾经
在三峡旅游的轮船上进入苏霍姆林斯基的《帕夫雷什中学》，心中激起的感情潮水随
长江的波涛一起翻滚；我曾经坐在医院的病房里，一边守候病中的妻子一边和苏霍
姆林斯基一起进行'关于人的思考'——夜深人静的午夜时分，整个宇宙似乎只有我
和苏霍姆林斯基在倾心交谈……这种体验不知有过多少次了，但每一次都让我感到
说不出的惬意：当我打开他的书时，一股亲切而温馨的气息便扑面而来，耳畔似乎
响起了一位慈爱长者诚恳的忠告和叮咛；而当我合上书时，思想的晴空万里无云，

---

①　李镇西：《追随苏霍姆林斯基》，1页，上海，华东师范大学出版社，2009。
②　李镇西：《爱心与教育》，2页，桂林，漓江出版社，2008。

我的思维的翅膀会继续沿着被苏霍姆林斯基所照亮的航程自由自在地飞翔……多少次我甚至痴痴地幻想，如果能亲赴帕夫雷什中学见一见我所崇敬的这位教育导师，那将是多么幸福的事啊!"①

由此，我联想到，汪曾祺就是受到沈从文文章的影响，铁凝就是受到了孙犁文章的影响。当铁凝还是中学生的时候，就深深地仰慕孙犁的文字了。清新的荷花淀的文风，是如何吹绽一颗文学青年的心的？清新的笔墨是如何晕染到铁凝淡雅蕴藉的小说笔下的？你只要读读孙犁的小说与铁凝的小说就知道了。

一个人的成功，途径有很多，但关键时刻的一句话、一本书、一个人都会起到举足轻重的作用。这句话、这本书、这个人，可能是偶然投入到了你的"波心"，却在不经意间荡起了你这个人无穷的想象与波澜。②

---

① 李镇西：《我的教育心》，5 页，北京，教育科学出版社，2011。
② 王玉强：《李镇西是一个童话》，载《山东教育》，2015(Z3)。

第二章　专业阅读之架构

第一节　与思想家相识

一、教育理论之星空

教师的专业阅读十分重要，阅读什么专业书则更重要。教师的阅读有共性与个性的需求。所谓共性，是指教师这一群体的共同性需求；所谓个性，则是对每一位教师而言的，每一位教师的兴趣、爱好、特长、性情、专业环境与专业追求不同，而其选择的图书也不尽相同。朱永新等学者在深度研究教师共性需求的基础上，总结了一个共同的教师阅读推荐书目，向社会公布了 100 部图书。排在基础篇前十位的图书是：

《论语译注》，杨伯峻译注，中华书局 1980 年版；《学记评注》，高时良编撰，人民教育出版社 1983 年版；《陶行知教育文集》，陶行知，江苏教育出版社 2001 年版；《爱弥儿》，卢梭著，人民教育出版社 2001 年版；《大教学论》，夸美纽斯著，人民教育出版社 1999 年版；《普通教育学：教育学讲授纲要》，赫尔巴特著，浙江教育出版社 2002 年版；《教育漫话》，约翰·洛克著，河北人民出版社 1998 年版；《民主主义与教学》，杜威著，人民教育出版社 2001 年版；《给教师的建议》，苏霍姆林斯基著，教育科学出版社 1999 年版；《和教师的谈话》，B. 赞科夫著，教育科学出版社 1999 年版。

这些教育理论书籍，都是中外最著名的教育经典著作，都值得每一位教师去阅读，去钻研。其中《给教师的建议》是解决教育问题最具体的书，100 条建议中有很多题目值得思考。

在这 100 部推荐书目中，比较著名的中外教育学术著作有：

《有效教学方法》，鲍里奇著，江苏教育出版社 2002 年版；《多元智能教与学的策略》，坎贝尔等著，中国轻工业出版社 2001 年版；《国际教育新理念》，顾明远、孟繁华主编，海南出版社 2001 年版；《教育哲学通论》，黄济著，山西教育出版社 2001 年版；《教师角色与教师发展新探》，叶澜著，教育科学出版社 2001 年版；《教育的问题与挑战——思想的回应》，朱小蔓著，南京师范大学出版社 2000 年版；《教育的理想与信念》，肖川著，岳麓书社 2002 年版；《再论教育目的》，约翰·怀特著，教育科学出版社 1992 年版；《教育教学过程最优化》，巴班斯基著，教育科学出版社 2001 年版。

在这些书目中，有教育宏观的引领，也有具体的有效教学的操作，值得大家阅读。其中《多元智能教与学的策略》重点介绍了多种学习智能，打开了学生的多元智能宝库。叶澜的《教师角色与教师发展新探》，则突出了教师德性论、教师审美论、教师发展论。

在这 100 部推荐书目中，还有中外教育理论汇集、中外教育家评传的书籍，如：

《中国古代教育论著丛书》，华东师范大学、浙江大学教育系主编，人民教育出版社 2000 年版；《西方古代教育论著选》，华东师范大学、浙江大学教育系主编，人民教育出版社 2001 年版；《西方近代教育论著选》，任仲印主编，人民教育出版社 2001 年版；《西方现代教育论著选》，王承绪、赵祥麟主编，人民教育出版社 2001 年版；《中国近代教育文选》(修订版)，陈学恂主编，人民教育出版社 2001 年版；《中国教育家评传》(精选本)，沈灌群、毛礼锐主编，上海教育出版社 2000 年版；《外国教育家评传》(精选本)，赵祥麟主编，上海教育出版社 2000 年版。

有人说，读书就是要读原著，但上面这些中外教育论著汇编，也值得关注。中外教育家评传也值得阅读，因为每一位教育家的出现，都有环境因素和自身因素影响。认识了他们，也就认识了我们与之的差距了。

而各科教师在阅读教育类书籍的同时，也可以进一步关注其专业书籍。

1. 语文

中国教育学会中学语文教学专业委员会 2019 年开始实施"读书种子计划"，推荐给语文教师阅读书目 105 种。其中，语文教育教学类 20 部：《文章讲话》，夏丏尊、叶圣陶著；《叶圣陶教育文集》，叶圣陶著；《吕叔湘论语文教育》，吕叔湘著；《张志公语文教育论集》，张志公著；《传统语文教育教材论》，张志公著；《实和活：刘国正语文教育论集》，刘国正著；《于漪语文教育论集》，于漪著；《温儒敏谈读书》，温儒敏著；《国文国语教育论典》，李杏保等编；《语文科课程理论基础》，王荣生著；《中国古代语文教育史》，张隆华著；《中国现代语文教育史》，李杏保、顾黄初著；《中国当代阅读理论与阅读教学》，韩雪屏著；《导读的艺术》，钱梦龙著；《文学文本解读学》，孙绍振著；《语文课读解学》，蒋成瑀著；《解读语文》，钱理群等著；《文章学与语文教育》，曾祥芹主编；《中国写作教育思想论纲》，潘新和著；《中国古代文体概论》，褚斌杰著。

语言文字类 10 种：《王力全集第 5 卷·中国语言学史》，王力著；《语言学纲要》，叶蜚声、徐通锵著；《汉语语法分析问题》，吕叔湘著；《语法讲义》，朱德熙著；《修辞学发凡》，陈望道著；《汉语音韵学导论》，罗常培、王均著；《训诂简论》，陆宗达著；《文字学概要》，裘锡圭著；《汉字构形学导论》，王宁著；《汉字文化大观》，何九盈等著。

2. 历史、哲学

《中国文化要义》，梁漱溟著；《中国古代文化史》，阴法鲁等著；《中国现代思想史论》，李泽厚著；《吕著中国通史》，吕思勉著；《中国大历史》，黄仁宇著；《国史大纲》，钱穆著；《中国学术思想史随笔》，曹聚仁著；《中国哲学简史》，冯友兰著；《中国哲学十五讲》，杨立华著；《生命的学问》，牟宗三著；《美学散步》，宗白华著；《西方美学史》，朱光潜著；《中国经典十讲》，葛兆光著；《校雠广义》，程千帆著；《全球通史：从史前史到 21 世纪》，L. S. 斯塔夫里阿诺斯著，董书慧等译；《西方哲学史》，斯通普夫著，丁三东等译；《理想国》，柏拉图，谢善元译；《世界文化史》(上、下)，桑戴克著，冯雄译；《像哲学家一样思考》，詹姆斯·克里斯蒂安著，赫忠慧译；《人类简史：从动物到上帝》，尤瓦尔-赫拉利著，林俊宏译。

3. 物理

《物理学史》，郭奕玲著；《科学技术及其思想史》，谢名春著；《物理教学展望》，朱铉雄著；《物理课程与教学论》，胡炳元著；《物理学思想概论》，朱铉雄著；《世界科学史》，约翰·O. E. 克拉克等著；《物理教学设计》，陈刚著；《物理新课程教学与教师成长》，龚燕江著。

当然，还有很多学科都有推荐的书目，我们只是列举几个学科。有一位名家说，读书是很私人化的事情。就是说，阅读是受个人的爱好与秉性使然的，故而这些推荐书目，仅仅是提供而已，大量的阅读书目需要每个阅读者去搜寻，去挑选，去钟情于斯。

阅读是一个庞大的系统，只有读者打开书籍，这部书才能有它的价值。对于我们来说，那本我们最需要的书就在那里，需要我们打开它，阅读它。

二、国学经典之血脉

中华优秀传统文化典籍，浩如烟海。阅读哪些图书呢？中学语文教师"读书种子计划"推荐阅读书目中，涉及中国传统文化经典类共 20 部，各科教师可以选读。这 20 部图书是：

《周易今注今译》，陈鼓应、赵建伟注译；《论语集注》，朱熹集注；《论语译注》，杨伯峻译注；《孟子译注》，杨伯峻译注；《诗经析读》，李山著；《楚辞选》，马茂元选注；《礼记译解》，王文锦译解；《春秋左传注》，杨伯峻编著；《老子注译及评介》，陈鼓应著；《庄子今注今译》，陈鼓应注译；《史记》，顾颉刚、宋云彬等点校本；《说文解字》，许慎著；《世说新语校笺》，徐震堮著；《陶渊明集笺注》，袁行霈撰；《乐府诗集》，郭茂倩编；《李白诗选》，钱志熙、刘青海撰；《杜甫诗选》，莫砺锋、童强撰；《白居易诗选》，谢思炜选注；《苏东坡选集》，王水照选注；《国学概论》，章太炎著。

如果教师要深度研究《论语》，那么就要深度阅读古今对《论语》这部典籍的集注、解读本，钩沉异同，形成己见。当然，一般教师要了解《论语》其教育精髓与思想，也可以选择一两个版本阅读。古今对《论语》集注、译注、解读的版本有《论语集解》(魏 何晏)、《论语集注》(宋 朱熹)、《论语正义》(清 刘宝楠)、《论语集解》(近代 程树德)、《论语疏证》(近代 杨树达)、《论语译注》(当代 杨伯峻)、《论语新解》(当代 钱穆)等。其中，推荐给教师们通识阅读的两个版本是朱熹的《论语集注》和杨伯峻的《论语译注》。

如果教师对《红楼梦》研究有兴趣，也要阅读古今对红学的研究书籍。红学研究专著也有很多,这些研究专著有:胡适《红楼梦考证》、曾扬华《红楼梦引论》、林冠夫《红楼梦纵横谈》、蔡义江《红楼梦诗词曲赋鉴赏》、刘耕路《红楼梦诗词解析》、刘梦溪《红楼梦与百年中国》、朱淡文《红楼梦论源》、冯其庸《石头记脂本研究》、刘世德《红楼梦版本探微》、郑庆山《红楼梦的版本及其校勘》、周汝昌《红楼梦新证》、吴世昌《红楼探源》、刘梦溪《红学三十年论文选编》、王昆仑《红楼梦人物论》、朱一玄《红楼梦人物谱》、朱一玄《红楼梦资料汇编》等。

煌煌中华传统文明典籍,是指引我们思想与行为的明灯,走进典籍,教师们一定收获满满。

第二节　与思想家相知

苏霍姆林斯基说:"你的知识,你的求知渴望和阅读爱好,就是你个性教育力量的强大源泉。"①专业阅读,就是与思想家的一次次相知。我从教 40 年,读过很多教育类书籍,每次读书也是与思想家的交流与沟通。现在回想起来,在记忆深处,有十本书一直萦绕左右。

一、《特级教师于漪语文课堂实录》

这本书是我参加工作第一年买的。这本语文课堂实录是上海教育出版社出版的。当时于漪老师是语文界最有名的特级教师之一,是风云人物。当然,她现在是国家表彰的"人民教育家"了。有一次,我去上海听她做报告,她当时已经 80 岁高龄了。她说:"世界是不公平的,我的成名就不公平,我是怎么成名的?是有一次上海市的语文教研员来听课,偶然听了我的课,他觉得这节课很精彩很优秀,他一号召,大家都来听课,我一下子就出名了。"于是,经过报纸、刊物的宣传,全国各地的语文老师都簇拥到杨浦中学听她的课。正是那个时候,书店里有了《特级教师于漪语文课堂实录》上、下两册。我当时是一名刚刚工作的 20 岁的青年,工资不高,却果断买下。那本书我当时都看烂了,甚至能背下于老师的很多话语。关于如

---

① 　[苏]苏霍姆林斯基:《给教师的建议》,周蕖、王义高、刘启娴、董友、张德广 175 页,武汉,长江出版传媒、长江文艺出版社,2014。

何备课、课堂教授什么、如何设计问题、如何询问学生；学生答对了，老师如何表扬，学生答错了，老师如何引导；如何指导诵读、如何指导写作、如何写教后记等，那上面都一应俱全。可以说，我的教学生涯，有一半是跟着这本书学会的。因为这本书的内容是直接的课堂实录，教学的情境、教学的结构、教学的过程、教学的美感都在里面，我可以尽情地享受其中，它也让我更加爱上语文教学，从此欲罢不能。当然，我还看过一本《于漪老师的教学艺术》，这是一位记者在杨浦中学蹲点一年写成的书。这本书记录了于漪在校内校外、课内课外，甚至从早到晚一整天的生活状况，详尽地为读者展示了一位特级教师的全方位的生活与教学艺术。这本书与于漪老师的课堂实录虚实相照，真正地指导了我的语文教学。在我那青葱的岁月，于漪老师的书给我的教育教学点亮民一盏明灯，让我至今难忘。

二、《给教师的建议》

《给教师的建议》是苏霍姆林斯基的书。我最初接触到的这本书，是在我工作五年之后学校发的，我当时还没有重视它，但我一有空闲时间就会拿起这本书阅读。我发现，这本书离教师很近，离学生很近。书中这样说："教育的艺术和水平在于，要善于通过受教育者的形象看到自己，通过我们从小培养起来的有思想、有感觉、有体验的人看到自己。一个人的教养，不仅是他的知识，而且是他这个人的多方面的总形象。"[①]他的语言不是导师教训似的，而是朋友交流似的；他的语言很亲切，很和蔼。他在书中介绍了很多案例，这些案例很值得借鉴。久而久之，我开始痴迷这本书了。

记得有一次，我在中文核心期刊《中学语文教学》上发表了几篇文章，市教研员颜景耀老师来电话让我参加山东省的语文年会，让我写写如何指导学生写作。我第一时间就找来《给教师的建议》，从中找到一些理性的名言，来提升我文章的理论层次。有一句名言我引到了我的文章中，虽然过去许多年了，我仍记忆犹新，这句话就是："能力只能由能力来培养，志向只能由志向来培养，才干也只能由才干来培养。"[②]学生的能力、志向、才干与教师的能力、志向、才干息息相关。教师提升自

---

① [苏]苏霍姆林斯基：《给教师的建议》，周蕖、王义高、刘启娴、董友、张德广 173 页，武汉，长江出版传媒、长江文艺出版社，2014。

② 同上书，175 页。

己的能力、志向、才干有多重要啊。因为教师的水平会影响学生的一生啊！这句话指导着我的教育教学，也让我平生无法怠慢，无法停步，无法偷懒。因为教师的才干增长了，教育才会更精彩。

三、《叶圣陶语文教育论集》

《叶圣陶语文教育论集》是教育科学出版社出版的，分上、下两册。这本书也是一直陪伴我的书。关于这本书，我有一篇专门的读书笔记，就收录在本书中。《叶圣陶语文教育论集》是叶圣陶先生关于语文教育与教学、编辑与教材、出版与文章写作等方面的书。有高端的引领，也有对文章细致的分析。我记得他分析《孔乙己》，分析得那样仔细、认真，设计的问题特别独到，我佩服得五体投地。叶老是一个大作家、编辑家、教材编纂家，他还曾是教育部副部长。当然，他还是一位慈祥的老者、一位书法家，他曾为《中学语文教学》题写的刊名，现在还在熠熠生辉。诗人臧克家曾经说过："温、良、恭、俭、让这五个大字是做人的一种美德，我觉得叶老先生身上兼而有之。"你从叶老的照片上，从他的文章中也会深切地感受到这一点。走进叶老的书，你会觉得从容、自然、不浮躁、很沉静、大气与雅致。那是一位大作家特有的胸襟、抱负、智慧与冷静。读先生的书，你会觉得自己很宏大，你可以尽情地去发现一座金矿；你也觉得自己很渺小，因为知道得太少，自己的视野太窄，需要自己努力的方面很多。当我在阅读、写作时有困难，我就会抱起这本书，读读那位老者的教诲，看看大海的胸襟与抱负。

四、《论语》

第一次接触《论语》，是在大学一年级的时候，当时是 1980 年，我从图书馆借来阅读，一下子被征服了。我当时觉得：世界上还有这么好的书啊。一句话一下子就说透事理，行文很简练、很深邃。那时还不能复印，图书馆规定，一本书的借阅时间不超过一个月，我就白天黑夜地边阅读边抄写。我抄写得很工整、很认真。因为那时候我们上高中，没有读过多少古文，有些语句不明白，那本《论语》也没有译文，仅仅有注释，我读起来特别慢。现在看来，要感谢慢，只有慢，才能慢下来悟，慢下来体会，慢下来抄。在一笔一画中沉浸，在默默阅读中深味。之后，我又反复阅读《论语》，并申请了山东省"十一五"规划课题——"高中国学诵读"研究与实验课题，编写了《国学诵读》教材，教材最终正式出版。这个课题重点是阅读《论语》经典章节 150 篇(段)，就是让高中学生深入阅读中华优秀传统文化经典。这个实验一直坚持了十年，学生在高中一年级就开始在古典精华的陶冶下含英咀华。

五、《教育漫话》

《教育漫话》是英国哲学家、教育家约翰·洛克的教育学著作。我觉得阅读这本书是很轻松的。作者就好像谈家常一样，会很快把你带到他的理想世界。这本书主要论述了英国倡导的"绅士教育"，作者具体分析了绅士的特点，提出应以体育、德育和智育作为教育的核心部分。倡导要重视体育，只有良好的体魄，才能承担集体与国家的责任。作者说，有健康的身体才有健全的精神。洛克还提出了一个范围广泛的课程体系。这些课程包括：阅读、书写、外语、作文、算术、几何、地理、天文、历史、伦理学、法律、逻辑、修辞学、自然哲学、速记等。此外，还要学习舞蹈、音乐、击剑、骑马、各种手工技艺(画图、园艺、细木工、薰香、油饰、雕刻、铁铜银工、刻板等)、商业计算，最后是出国旅行。在 1693 年作者就提出这些构想，是非常不简单的。特别是他提出的"绅士教育"影响了整个英国教育，非常了得。在他看来，绅士应当有着健康的身体并且有"德行、智慧、礼仪和学问"四种品质，是一种有德行、有效用、有能力的人才。洛克要培养的绅士既需要养成符合其身份的德行和礼仪，通晓世故，举止文雅，是上流社会风度翩翩的君子，又应当是有智慧和学问的勤奋干练的事业家。一本书就造就了一个独特的教育体系，这就是理论的贡献。同时，他提出要培养孩子的求知欲，保护孩子的好奇心，关注孩子的注意力。

六、《周国平论教育》

周国平是作家、哲学家，他的书我非常喜欢。凡是他的书，我都会买下。最初认识他的著作，是我有一次出差，晚上散步，走进一家小书店，见到了一本很薄的书——《人与永恒》，就买了消遣。不想，就是这本小书，让我认识了人与自然、与世界、与永恒的关系，我一下子喜欢上了这个作者——周国平。于是，我疯狂地购买、阅读他所有的书。一个阶段里，我的书架上有一格全部是他的书。《守望的距离》《各自的朝圣路》《安静》《善良、丰富、高贵》《妞妞：一个父亲的札记》《岁月与性情——我的心灵自传》《宝贝，宝贝》《风中的纸屑》《碎句与短章》《人生哲思录》《周国平人文讲演录》等，我全部购买、阅读。他的书，都是渗透哲学思想的。我觉得，人生的最高境界、学问的最高境界就是哲学。只有认识到了人的最高境界，你的境界才会通透。之后，他的一本新书《周国平论教育》出版，这是华东师范大学出版社"大夏书系"中的书。黑色的封面上，有周国平的暗色的头像。我于是走进一个作家所关注的教育世界。他的教育的七条箴言我至今牢记。

"第一条，教育即生长，生长就是目的，反对用功利尺度衡量教育（卢梭）；第二条，儿童不是尚未长成的大人，儿童期有其自身的内在价值；第三条，教育的目的是让学生摆脱现实的奴役，而非适应现实（西塞罗）；第四条，最重要的教育原则是不要爱惜时间，要浪费时间（卢梭）；第五条，忘记了课堂上所学的一切，剩下的才是教育（爱因斯坦）；第六条，大学应是大师云集之地，让青年在大师的熏陶下生长；第七条，教师应该把学生看作目的而不是手段（罗素）。"①

我曾经专门写了一篇文章，来进一步探讨教育的目的是让学生摆脱现实的奴役，而非适应现实。就是说，教育不要太功利化，学生受教育的目的不单单是找到一个好工作，更重要的是要实现一种可以一生为之奋斗的理想。

七、《陶行知教育文集》

有一次我参加全国的语文会议，到了陶行知教育实验学校——晓庄学校，感触颇深。自此我开始了学习《陶行知教育文集》。陶行知是一位平民教育家，他曾留学海外，面对国家积贫积弱的状况，他积极倡导教育救国，创办晓庄学校。他倡导"教学做合一""行是知之始，知是行之成""千教万教教人求真，千学万学学做真人""你的教鞭下有瓦特，你的冷眼里有牛顿，你的讥笑中有爱迪生""要学生做的事，教职员躬亲共做；要学生学的知识，教职员躬亲共学""要学生守的规则，教职员躬亲共守""要解放孩子的头脑、双手、脚、空间、时间，使他们充分得到自由的生

---

① 周国平：《周国平论教育》，3～7页，上海，华东师范大学出版社，2013。

活，从自由的生活中得到真正的教育"。① 陶行知的教育思想，是平民教育思想，是十分接地气的，是生长在中国大地上的教育思想。

八、《致青年教师》

《致青年教师》是语文特级教师王栋生的书，他的笔名叫吴非。王老师是南京市著名特级教师，他也是杂文家，曾获得过国家杂文奖。他已经退休，在最后一节课之后，他的一只眼睛突然失明。虽经治疗，但那只眼睛还是几乎看不到事物。待眼病稳定之后，他还是不停地写作。曾在《教师月刊》《语文学习》《中学语文教学》等多个刊物，开设专栏，并出版了《前方是什么》《致青年教师》《王栋生作文教学笔记》等多部书。他之前有一本书《不跪着教书》影响很大，就是谈教师要有自己独特的、个性的、批判的思维，不要照本宣科，不要人云亦云。《致青年教师》是我在一次突发性耳聋的住院过程中阅读的。当时工作比较忙，早晨起来耳朵突然异常，听力受损，耳朵只能听到两种声音了。到医院才知道这叫突发性耳聋。这个病最好在一个月内治愈，否则就很难治愈了。在淄博住院半月，效果不好，最后我转入山东省立医院，不出一周，重音消失。《致青年教师》给我最大的启迪就是，我也可以学习王老师的文笔，写写自己的教学感悟。于是，出院一年，我终于完成了一本专著《深度教学》。此书也属华东师范大学出版社"大夏书系"丛书。《致青年教师》是我的"吉祥物"，是在病中给我鼓励的书，也是让我精神成长、结出硕果的书。我要为《致青年教师》深深地鞠一躬，谢谢这个导师。

九、《我的精神自传》

《我的精神自传》作者是钱理群，从书中他的照片看，圆圆的脑袋，光秃的前额，是一位可爱的老者。他 1939 年出生，是北京大学中文系资深教授，他主要从事中国现代文学研究，著作有《心灵的探寻》《与鲁迅相遇》《大小舞台之间——曹禺戏剧新论》《丰富的痛苦——堂吉诃德和哈姆雷特的东移》《1948：天地玄黄》等。钱理群一直关注教育问题，他被认为是当代中国批判知识分子的标志性人物。我

---

① 胡晓风：《陶行知教育文集》，2～30 页，成都，四川教育出版社，2007。

阅读他的《我的精神自传》，受启发很大。这部书是一部个性化的反省之书，是表达一个真正知识分子的立场和追求的深度之书，是真正的黄钟大吕、激情飞扬之书。

十、《冷眼看世界》

《冷眼看世界》这本书是吉林大学出版社、吉林音像出版社出版的，是奥地利作家卡夫卡的书，属"西方人文思想经典"丛书。尽管这本书是谈人文思想的，但作者也谈了很多教育方面的内容。

这套丛书共十本，其他著作分别是《沉思录》（马克·奥勒留）、《思想札记》（维特根斯坦）、《培根论人生》（培根）、《爱默生随笔》（爱默生）、《瓦尔登湖》（梭罗）、《资本与理性》（马克斯·韦伯）、《精神的超越》（西塞罗）、《生活的智慧》（安德烈·莫洛亚）、《论生活的价值》（吕齐马斯）。这里面我曾经读过三四本。《冷眼看世界》不是严格意义上的教育类专著，但里面有一些教育的疑问。因为我是教育工作者，我阅读此书，也把某些观点与反思运用到了教育教学之中。这本书真是我目之所及的中外图书里面最难懂的一本书。他的一些说法，我一开始是看不懂的，久而久之，慢慢玩味，我就明白了很多。这本书是让我清醒、让我觉悟、让我反思、给我鞭策与行为批判的书。这本书很薄，小开本，但你要读懂它，需要一辈子。其中有些语句十分值得深味。

"一种信仰好比一把斧头，这样重，这样轻。"强调信仰的重要性，或轻或重，因人因时而异。"文学是精巧的奢侈品。"强调的是文学的高贵与价值。"人类的主罪有二，其他罪恶均由此而来：急躁和懒散。懒散是一切恶癖的开端，一切恶德的顶峰。"强调人们要从本源做起，不急躁，不懒散。"观念的不同从一只苹果便可以看出来，小男孩的观念是：他不得不伸长脖子，才能刚好看到放在桌子上的苹果；而家长的观念呢，他拿起苹果，随心所欲地递给同桌者。"强调年龄的差异也影响认知差异，要多从孩子的角度出发，关注孩子的认知程度与认知困境。"白天是看不到星星的。"强调要务实，莫虚为。"理解这种幸福：你所站立的地面之大小不超过你双足覆盖的面积。"强调要珍惜你站立的空间，也不要妄自尊大。"善在某种意义上是绝望的表现。"强调仁善也不是万能的。"为了这个世界，你可笑地给自己套上了挽具。"是说自己在无形之中套上了桎梏与束缚。"不是每个人都可以见到真实，但每个人都是真实。"是说世界的复杂性，你要做的就是以真实面对。"这是个古老的笑话：我们抱着世界抱怨说，是它抱住了我们。"是说我们要主动拥抱世界，而不是被动抱怨。"像一条秋天的道路：还未来得及扫干净，它又为干枯的树叶所覆盖。"是说人们要及时清扫前行路上的障碍。"有信仰的人无法给信仰下定义，没有信仰的人下的定义则笼罩着嫌弃的影子。"是说追求信仰的人，需要一辈子去诠释；没有信仰的人不懂得信仰。"人的根本弱点不在于他不能取得胜利，而在于他不懂得利用胜利。"是说人们要从胜利中汲取经验，汲取胜利之本质内蕴。"从某一点开始不再有回头路。"告诉我们，人生就是单程票。"相信生活作为整体将永远延续下去，相信最近的东西和最远的东西。"提醒我们生活要有目标有意义，切近最近的目标与最远的目标。"巴尔扎克的手杖上刻着：我在摧毁一切障碍。在我的手杖上则是：一切障碍在摧毁我。共同的是'一切'。"这是说，巴尔扎克的勇气在于战胜一切障碍，卡夫卡的勇气在于承认摧毁他的一切障碍；前行的障碍永远存在，关键在于洞悉世界与自我的勇气。

第三节　与思想家对话

阅读的过程，就是与思想家对话的过程。以阅读朱光潜的《谈美书简》为例，它让我走进美学，与美学进行一番对话。

苏霍姆林斯基说："教育者必须有非常细致的美感。你应该热爱美，创造并保护自然界和学生心灵中的美。"[1]怀特海说："文学和艺术在一个健康而组织有序的国家中，应该起着十分重要的力量。"[2]认识美学是教育阅读的重要一环。

什么是美学？美学就是研究人对现实的审美关系的科学。美学也是一门综合性的学科。各个学科都渗透着美学。

美学家很多，朱光潜先生是现代美学大师。新中国成立后，一直为北京大学教

---

[1]　[苏]苏霍姆林斯基：《给教师的建议》，周蕖、王义高、刘启娴、董友、张德广，109页，武汉，长江出版传媒、长江文艺出版社，2014。

[2]　[英]怀特海：《教育的目的》，庄莲平、王立中译，78页，上海，上海文汇出版社，2012。

授，并任美学学会会长。阅读他的《谈美书简》(人民文学出版社，1990 年版)，我很受启发。此书分为两部分，一部分是 20 世纪 30 年代《给青年的十二封信》；一部分是《谈美》，其序分别由夏丏尊与朱自清撰写。朱光潜先生的《谈美书简》既是一部理论著作，又是一部实践晓明之书，无论是学生还是教师都可一窥美学大境，增添美学趣致，寻味美学情怀。今又重读再三，得益甚宏，受惠弥多。

朱自清这样评价朱光潜："孟实(朱光潜笔名)先生引读者由艺术走入人生，又将人生纳入艺术之中。这种'宏远的眼界和豁达的胸襟'，值得学者深思。"李泽厚以为，朱光潜先生之文字，其"文章和思维方式是推理的，偏于文学，是近代的、西方的、科学的"。他的文字既高雅秀美，又深入浅出，确实是雅俗共赏，达到了美学的高境界。

"有为与无为"怎么认识？朱先生在《谈美》一书的《开场话》中说："我以为无论是讲学问或是做事业的人都要抱有一副'无所为而为'的精神，把自己所做的学问事业当作一件艺术品看待，只求满足理想和情趣，不斤斤于利害得失，才可以有一番真正的成就。"①这说明什么？可以概括两点：一是要怀有一种"无所为而为"的态度，不刻意地追求，关键是心中有"为"；二是艺术地看待自己的做学问与做事业，就是说把自己从事的工作当成艺术世界，去玩味去求索。这就把平常生活上升到了艺术美学的境界，由此再用艺术的心理从事愉悦的工作。

实用的、科学的、美感的人生。假如一位木商，一位植物学家，一位画家，三人同时来看一棵古松，就会得出三种态度：实用的、科学的、美感的。朱光潜先生说："实用的态度以善为最高目的，科学的态度以真为最高目的，美感的态度以美为最高目的。真善美都是人所定的价值，不是事物本有的特质。"②又说："真善美三者俱有才可以算是完全的人。""美，是事物的最有价值的一面，美感的经验是人生中最有价值的一面。"③人是自己心灵的主宰。生活就是这样，人们往往看到的是实用的一面、科学的一面，而美感的一面，艺术的一面是不轻易感觉到的。"人的

---

① 朱光潜：《谈美书简》，81 页，北京，人民文学出版社，1990。
② 同上书，86 页。
③ 同上书，87 页，

实用的活动全是有所为而为的，是受环境需要限制的；人的美感的活动全是无所为而为，是环境不需要他活动而他自己愿意去活动。在有所为而为的活动中，人是环境需要的奴隶；在无所为而为的活动中，人是自己心灵的主宰。"①一者是奴隶，一者是主宰；一者是有所为而为，一者是无所为而为，这就把"美学"的星光点燃起来了。实际上，我们的语文教学也是如此，是把语文课堂仅仅作实用的工作，还是进而变成艺术的美感的工作？是仅仅在高考题目的训练上做文章，还是把学生引入美学的至高境界？当然这不可太绝对化，实用的、科学的、美感的态度都应该有，要全面实施，这样才能达到真善美，但一味地讲究实用化，就达不到语文教学的真正目的。

美和实际人生有一个距离，要见出事物本身的美，须把它摆在适当的距离之外去看。这是朱先生的观点。"艺术一方面要能使人从实际生活牵绊中解放出来，一方面也要使人能了解，能欣赏，距离不及，容易使人回到实用世界，距离太远，又容易使人无法了解欣赏。"②正如齐白石所言，艺术在似与不似之间。试想一下，似与不似就是一段距离，这便是艺术源于实际生活，又超出实际生活的原因。"艺术本来是弥补人生和自然缺陷的。如果艺术的最高目的仅在妙肖人生和自然，我们既已有人生和自然了，又何取乎艺术呢？"③我们说的，距离产生美，正是这个意思。

"推己及物"是美学的一种方法。"子非鱼，安知鱼之乐？"庄子是硬拿"乐"字来形容鱼的心境，其实不过把他自己的"乐"的心境外射到鱼的身上罢了。"现在我们却把无生气的东西看成有生气的东西，把它们看作我们的侪辈，觉得它们也有性格，也有情感，也能活动。这种心理活动通常叫作移情作用。"④移情作用是我们鉴赏诗词的好方法。柳絮有时"轻狂"，晚峰有时"清苦"。陶渊明何以爱菊呢？因为他在傲霜残枝中见出孤臣的劲节。林和靖何以爱梅呢？因为他在暗香疏影中见出隐者的高标。这便是"移情"的作用。正所谓"感时花溅泪，恨别鸟惊心"，花为你溅泪，鸟为你惊心，移情既是创作的手法，也是鉴赏的妙法。

① 　朱光潜：《谈美书简》，87 页，北京，人民文学出版社，1990。
② 　同上书，92 页。
③ 　同上书，94 页。
④ 　同上书，97 页。

美感是什么？朱光潜先生认为有两个要素："一，目前意象和实际人生之中有一种适当的距离。二，在观赏这种意象时，我们处于聚精会神以至于物我两忘的境界，所以于无意之中以我的情趣移注于物，以物的姿态移注于我。"①这也应和了这两方面：一是距离的美，二是移情的作用。

欣赏之中都寓有创造，创造之中也都寓有欣赏。如何欣赏呢？朱先生对诗歌欣赏这样说：

"读诗就是再作诗，一首诗的生命不是作者一个人所能维持住，也要读者帮忙才行。读者的想象和情感是生生不息的，一首诗的生命也就是生生不息的，它并非是一成不变的。一切艺术作品都是如此，没有创造就不能有欣赏。"②

超以象外，得其环中。要达到创造性的欣赏，必须突出三点：一是"他必定使用想象"，就是"在心里唤起意象"；二是"诗人于想象之外又必有情感"，正如"超以象外，得其环中"；三是在艺术方面，受情感饱和的意象是嵌在一种格律里面的。

艺术的任务是在创造意象。对诗歌的鉴赏从情感上要注意："凡是欣赏或创造文艺作品，都要先注意到总印象，不可离开总印象而细论枝节。""情感是综合的要素，许多本来不相关的意象如果在情感上能调协，便可形成完整的有机体。"③例如，李太白《长相思》中的"相思黄叶落，白露点青苔"；钱起《湘灵鼓瑟》"曲终人不见，江上数峰青"；温飞卿《菩萨蛮》"江上柳如烟，雁飞残月天"；秦少游《踏莎行》"杜鹃声里斜阳暮"。朱先生面对这些写景的诗句，也读出了人之情感，他说："我们仔细玩味这些诗词时，并不觉得人事之中猛然插入物景为不伦不类，反而觉得它们天成地联络在一起，互相烘托，益见其美。这就由于它们在情感上是谐和的。单拿'曲终人不见，江上数峰青'两句诗来说，曲终人杳虽然与江上峰青绝不相干，但是这两个意象都可以传出一种凄清冷静的情感，所以它们可以调和。如果只说'曲终人不见'而无'江上数峰青'，或是只说'江上数峰青'而无'曲终人不见'，意味便索然了。从这个例子看，我们可以见出创造如何是平常的意象的不平常的综合，诗

---

① 朱光潜：《谈美书简》，101 页，北京，人民文学出版社，1990。
② 同上书，128 页。
③ 同上书，142 页。

如何要论总印象，以及情感如何使意象整一，种种道理了。"①总之，"艺术的任务是在创造意象，但是这种意象必定是受情感饱和的。"②

如何理解情感呢？朱先生说：

"诗和其他艺术都是情感的流露。情感是心理中极原始的一种要素。人在理智发达之前先已有情感；在理智既发达之后，情感仍然是理智的驱遣者。情感是心感于物所起的激动，其中有许多人所共同的成分，也有某个人所特有的成分。这就是说，情感一方面有群性，一方面也有个性。"③

天才只是长久的耐苦。朱光潜先生说："只有死功夫固然不尽能发明或创造，但是能发明创造者却大半是下过死功夫来的。哲学中的康德、科学中的牛顿、雕刻图画中的米开朗琪罗、音乐中的贝多芬、书法中的王羲之、诗中的杜工部，这些实例已经够证明人力的重要，又何必多举呢？"④但凡科学的成功、人类的进步，必须经过艰苦的努力，不经历风雨，哪能见彩虹？不经一番寒彻骨，哪得梅花扑鼻香？

借助别种艺术而得其妙，也是一种提升自己的捷径。朱先生说："艺术家往往在他的艺术范围之外下功夫，在别种艺术之中玩索得一种意象，让它沉在潜意识里去酝酿一番，然后再用他的本行艺术的媒介把它翻译出来，吴道子生平得意的作品为洛阳天宫寺的神鬼，在他下笔之前，总是先请裴旻舞剑一回给他看，在剑法中得着笔意。张旭是唐朝的草书大家，他尝自道经验说：'始吾见公主担夫争路，而得笔法之意；后见公孙氏舞剑器，而得其神。'王羲之的书法相传是从看鹅掌拨水得来的。法国大雕刻家罗丹也说道：'你问我在什么地方学来的雕刻？在深林里看树，在路上看云，在雕刻室里研究模型学来的。我在到处学，只是不在学校里。'从这些实例看，我们可知各门艺术的意象都可触类旁通。"⑤正所谓"汝果欲学诗，功夫在诗外"，借鉴也是一种水平与能力，其理相通，其法相融。

朱光潜说："每个人的生命史就是他自己的作品。"先生进而进一步来阐述自己的观点：人生的作品可以是艺术的，也可以不是艺术的，正犹如同是一种顽石，这

---

① 朱光潜：《谈美书简》，143 页，北京，人民文学出版社，1990。
② 同上书，144 页。
③ 同上书，148 页。
④ 同上书，164 页。
⑤ 同上书，164 页。

个人能把它雕成一座伟大的雕像，而另一个人却不能把它成器，分别全在性分与修养。知道生活的人犹是艺术家，他的生活就是艺术作品。过一世生活好比作一篇文章，完美的生活都有上品文章所应有的美点。凡是完美的生活都是人格的表现。大而进退取予，小而声音美貌，都没有一体和人格相冲突。他说："下狱不肯脱逃，临刑时还叮咛嘱咐还邻人一只鸡的债，是苏格拉底的生命史中所应有的一段文章，否则他便失其为苏格拉底。这种生命史才可以使人把它当作一幅图画去惊赞，它就是一种艺术的杰作。"①怎样才能达到艺术化的人生呢？朱先生说："艺术的能事不仅见于知其所取，尤其见于知其舍。苏东坡论文，谓如水行山谷中，行于其所不得不行，止于其所不得不止。这就是取舍恰到好处，艺术化的人生也是如此。"②

止处当止，行处当行，为文如此，为人亦是如此，这便是高境界的人生艺术化，是谓艺术人生。艺术人生也在严肃与豁达之间，在认真时见出他的严肃，在洒脱时见出他的豁达。朱先生举例如下：

"孟敏堕甑，不顾而去，郭林宗见到以为奇怪。他说：'甑已碎，顾之何益？'哲学家斯宾诺莎宁愿靠磨镜过活，不愿当大学教授，怕妨碍他的自由。王徽之居山阴，有一天夜雪初霁，月色清朗，忽然想起他的朋友戴逵，便乘小舟到剡溪去访他，刚到门口便把船划回去。他说：'乘兴而来，兴尽而返。'这几件事彼此相差很远，却都可以见出艺术家的豁达。伟大的人生和伟大的艺术都要同时并有严肃与豁达之胜。"③

进而，朱先生总结为"至高的美在无所为而为的玩索"。人生的艺术化就是人生的情趣化。他在《人生的艺术化》一文中写下如下段落：

"阿尔卑斯山谷中有一条大汽车路，两旁景物极美，路上插着一个标语牌劝告游人说：慢慢走，欣赏啊！许多人在这车如流水马如龙的世界过活，恰如在阿尔卑斯山谷中乘汽车兜风，匆匆忙忙地急驰而过，无暇一回首流连风景，于是这丰富华丽的世界便成为一个了无生趣的囚牢。这是一件多么可惋惜的事啊！"

面对漫漫人生，面对忙碌紧张，面对纷繁与喧嚣，我们究竟以何心态面对？朱

---

① 朱光潜：《谈美书简》，164页，北京，人民文学出版社，1990。
② 同上书，166页。
③ 同上书，166页。

先生的艺术化人生给了我们不少启迪。试想一下，艺术化也可以类推之，如艺术化语文教学如何实施之，自己的艺术化课堂教学如何改进之，当需自己的努力了。

人生是一部作品，每个人都是自己作品的作者。人生也是艺术，慢慢走，欣赏啊!①

---

① 　王玉强:《每个人的生命史就是他自己的作品——读朱光潜〈谈美书简〉》，载《山东教育》，2010(32)。

第三章 专业阅读之笔记的撰写

教师如何进行专业的深度阅读？有何策略？这里要注意两点：一是如何选择专业书籍，进行精读；二是结合专业阅读书籍，进行专业联系，与自己的专业生活、专业兴趣、专业写作结合起来，进行深度对话。我们说，深度阅读必须通过心灵的阅读，才是真正的阅读。

专业书籍很多，有高端的哲学引领，有国学典籍，有教育教学书籍，有文学类书籍，有学科专业书籍，等等，当然这些概念之间有交叉，也都仅仅是从表象上进行的简单归类。这些书籍如何阅读？如何体现专业深度阅读的要求？就是要进行不同角度的阅读，如注重整本书思想的阅读、注重抽取式专题阅读、注重文化品质的价值性阅读、注重专业特点的个性化阅读等，当然这些阅读方式也是不尽统一的，分类也是不甚严格。但为了给大家一个具象的参照，下面对图书与阅读方式进行一下硬性搭配，给大家提供几个有可操作性的阅读案例。

实际上，阅读是很自由的、很私人化的。主要是每个人的性格、习惯、环境、兴趣、爱好、追求都不同，其阅读的选择性、独特性、个性与阅读方式都不尽相同。

从时间看，阅读时间可长可短；从阅读方式看，有的人是浏览式阅读，毫无目的，而有的人则是深度阅读，甚至读一本书就有很大收获；从阅读视野与价值看，有的人读书特别多，视野开阔，是"书痴"，沉迷于书，津津乐道可以，但没有"二度创造"，而有的人读书不太多，却对阅读有"二度升华"，入乎其内，出乎其外，形成了阅读新思想、新境界、新观点与新理论。

所以，阅读是有差距的，其根本的差距在于为何阅读。其根源在于教师的专业态度与专业精神。就是说，阅读是为了什么？专业阅读是仅仅为了开阔自己的专业视野，还是要进一步提升自己的专业能力？是仅仅提升自己的专业结构，还是创新性提升自己的专业成长？是仅仅为读书而读书，还是为创造"另一个自己"，打造自己的新理论与新思想而读书？如果是为了后者，可能你的专业阅读与专业境界就不同了。

第一节　价值抽取法

阅读大部头的书，如何在阅读之中或阅读之后，马上形成自己的阅读笔记？有很多阅读的方法。但是很多人往往是阅读完了一本书，就束之高阁了。你的读书笔记呢？这本书的思想如何变成你的思想呢？就是要学会价值抽取法。就是把自己觉得有价值的信息"抽取"下来，然后再加以自己的感悟，这样就形成了自己的阅读笔记。是谓价值抽取法。

【案例】　《沉思录》之启示

一位名人曾这样说：有一本书天天放在床头，我可能读了有 100 遍，天天都在读。这本书就是马克·奥勒留著的《沉思录》。这是一本谈人生思考的书，这也是一本在鞍马劳顿中写成的书。

哲思式的语言记录下点滴的思考。译者前言说："这是一本写给自己的书，自己与自己的对话。作者在写作时，往往是自己说服自己，自然也就不需要过分讲究辞藻、注意交代和结构安排，而注意一种思想的深入和行进。只要我们让心灵沉静下来，就能从这些朴实无华的句子中读出许多东西。这不是一本时髦的书，而是一本经久的书。"[①]美国费迪曼认为，《沉思录》有一种不可思议的魅力，甜美、忧郁和高贵。读《沉思录》确也如此，短章式的话语却句句藏着理性之光，藏着人生的沉淀，藏着无限的哲学思考。苦涩中藏着欣慰，黯然中藏着稍觉的轻松。

在马克·奥勒留在位 20 多年的岁月里，在那战乱不断、灾难频繁的岁月里，在洪水、地震、瘟疫有加的困难面前，他夙兴夜寐，在精神上战胜自己，去勇敢迎接一切自然的与社会的险境，但罗马帝国的衰亡与颓势也难以阻挡。所以本书隐隐藏着忧郁，藏着一颗赤诚的心。

家教有多重要？《沉思录》开篇作者写道：从我的祖父维勒斯，我学习到弘德和

---

① 　[罗马]马克·奥勒留：《沉思录》，何怀宏译，1 页，北京，中央编译出版社，2008。

制怒；从我父亲的名声及对他的追忆，我懂得了谦虚和果敢；从我的母亲，我濡染了虔诚、仁爱和不仅戒除恶行，甚而戒除恶念的品质，以及远离奢侈的简朴生活方式。从这些文字中，我们读到了家庭教育的作用。《三字经》有言：养不教，父之过。祖辈、父母的教育是潜移默化的，其身正，不令而行，那高高的道德准则，那谦逊的待人态度，那虔诚的仁爱之心，是从哪里来的？是祖先的遗赠，是父母的教诲。所以我们从这里就品味到了家庭教育的重要性。

教师的教育也是非同寻常的。作者说："从我的老师那里，我明白了不要介入马戏中的任何一派，也不要陷入角斗戏中的党争；我也学会了忍受劳作、清心寡欲、事必躬亲，不干涉他人事务和不轻信流言诽谤。"①不参与党派之争，就是不党同伐异、结党营私；不干涉他人事务，就是尊重别人，不横加干涉；不轻信流言诽谤，就是相信自己的判断，不随波逐流，把流言诽谤放在耳后；忍受劳作，就是认为有劳作才会有收获，要有对生活的忍耐之心与承受能力；清心寡欲，则是心志纯正，不放纵欲望；事必躬亲，就是身先士卒，鞠躬尽瘁，自己要亲自去考察，去参与去了解事情的来龙去脉，不主观臆断，以事实为准则。可见，教师的教益对人的一生都是有巨大影响力的。天之高远，其色正邪；仁之广施，博爱其心。要想使受教育者人生弘远，必须施之身正教育，有仁义之心，必须施之博爱教育。

作者说了六个"不要"——"不要不情愿地劳作，不要不尊重公共利益，不要不加以适当的考虑，不要分心，不要虚有学问的外表而丧失自己的思想，也不要成为喋喋不休或忙忙碌碌的人"②。这六个"不要"是对自己的忠告，看起来这陈述有些随意，确实这是写给自己的话，但我们从这些朴素直白的文字表述中看到了一位谨慎、专注、有自己个性与思想的人。

宇宙是活的，一切都在"活"中生存。作者说："永远把宇宙看作一个活的东西。"③活，就是运动，就是不静止，不停滞，不固定，不墨守。而是有生机，有活力，正所谓流水不腐，户枢不蠹。

对于生命意义，作者说："通过重温那些紧紧抓住生命的人，对于蔑视死亡来

---

① ［罗马］马克·奥勒留：《沉思录》，何怀宏译，2页，北京，中央编译出版社，2008。

② 同上书，27页。

③ 同上书，49页。

说是一个通俗却不失为有用的帮助。""生与死之间的距离是很短的,仔细想一下吧,生命是带着多少苦恼,伴随着什么样的人,寄寓于多么软弱的身体而艰难地走过这一距离的,那么就不要把寿命看作一件很有价值的东西,看一看在你之后的无限时间,再看看在你之前的无限时间,在这种无限面前,活三天与活三代之间有什么差别呢?"①对于无意义的人生,两者没有差异,而有意义的人生,两者却有着天壤之别。

赶快做那些合乎本性的事。作者说:"你没有看到小小的植物、小鸟、蚂蚁、蜘蛛、蜜蜂都在一起工作,从而有条不紊地尽它们在宇宙中的职分吗?"②职分的事,对于人类来说,就是合乎人的本性的事。当他们对一件事怀有一种强烈的爱好时,宁肯不吃不睡也要完善他们所关心的事情。人的本性是什么?人的职分是什么?我觉得还是那句古话——穷则独善其身,达则兼济天下。自己的事先解决好,然后再善及他人,善及社会与天下。

对于做好事,作者说:"一个人在他做了一件好事之后,也不应要求别人来看,而是继续做另一件好事,正像一株葡萄藤在下一个季节继续结果一样。"③人类不是为赞赏而来,而是为生而来;不是为青睐而来,而是为生命的绽放而来;不是为他人而来,而是为自己而来。所以,当生活中遇到鲜花奖牌簇拥时,不要太觉伟大;当生活遇到激流险滩时,也不要过于悲观。正如范仲淹之言,不以物喜,不以己悲。超然物外,独守其义。

可以有梦想,但一定要符合现实。作者说:"寻求不可能的事情是一种发疯,而恶人不做这种事情是不可能的。"有些人梦想有一天腰缠万贯,梦想一步登天,梦想迅速鹤立鸡群之类,这些梦想是超出了本性之外的,是不现实也是不可能的,如果为这些而刻意为之,并且不择手段,则是一种疯狂,将来肯定会搬起石头砸了自己的脚。

认识有三个境界。作者说:"群众赞扬的许多事物都属于最一般的物体,是一些通过凝聚力或自然组织结为一体的东西,例如石料、木料、无花果树、葡萄树和

① [罗马]马克·奥勒留:《沉思录》,何怀宏译,53页,北京,中央编译出版社,2008。
② 同上书,56页。
③ 同上书,58页。

橄榄树。而那些具有较多理性人们赞扬的事物则可归之于被一个生命原则结为一体的东西，如羊群、兽群。那些更有教养的人们赞扬的事物则是被一个理性的灵魂结为一体的事物。"①可见，第一境界的人，只是关注个体事物的人；第二境界的人，则是关注群体生命原则的人；第三境界的人，则是关注思想与精神境界的人。我想，孔子、庄子就属于第三境界的人，既关注个体，又关注群体，更关注理性的思想与哲学。

思想不要先于身体衰竭。作者说："这是一个羞愧：当你的身体还没有衰退时，你的灵魂就先在生活中衰退。"②这说明人的思想先于人的身体衰退了。这正常吗？所以说，人应当永远思考才行。

每一天都作为最后一天度过。作者说："道德品质的完善在于，把每一天都作为最后一天度过，既不对刺激做出猛烈的反应，也不麻木不仁或者表现虚伪。③ 把每一天当成最后一天度过，这是一种境界，海伦·凯勒曾写文《假如给我三天光明》说生命的最后三天应如何度过；史铁生也曾说过，要把今天当成生命的最后一天度过。这说明什么呢？说明每一天都是宝贵的，每一天都要有质量地度过，有印迹地度过，值得回味地度过。鲁迅已病情严重，还"不下火线"，悔恨生命的短暂。巴尔扎克一生困顿潦倒，恨不能一天写出一部长篇小说，他的时间表里永远是创作。

保持个性。作者说："不管任何人做什么话说什么，我必须还是善的，正像黄金、绿宝石或紫袍总是这样说，无论一个人说什么或做什么，我一定还是绿宝石，保持着我的色彩。是黄金，就要永远保持着自己的色彩。"④

真正达到"合适"则是最高境界，即恰如其分。作者说："只有一件事苦恼我，就是唯恐自己做出人的结构不允许的事情，或者是以它不允许的方式做出，或者是在它不允许做的时候做出。"⑤"人的结构"突出了人本身的起码准则，呈现着人与社会的恰切关系。古语云：过犹不及。事情有三个方面：一是不及，就是达不到火候；二是过，就是超过了限度；三是合适，就是正好符合事物之规律。三思而后

①　[罗马]马克·奥勒留：《沉思录》，何怀宏译，77页，北京，中央编译出版社，2008。

②　同上书，83页。

③　同上书，95页。

④　同上书，99页。

⑤　同上书，101页。

行，三省乎己则智明通达。

书中的哲理明志、明心、明魂。作者说："善的源头是在内心，如果你挖掘，它将汩汩涌出。"①正如作者说的那样——"人们是彼此为了对方而存在的"②。

第二节 主题思维法

主题思维法，就是围绕一个相对的主题，进行信息的抽取，然后在每一句话之后，写出自己的联想与心得，形成自己的阅读笔记。这种阅读形式，关键在于你确定的主题要适合时代、适合作者，更要适合自己的想法与思想。我阅读了周国平大部分书籍，就围绕一个主题"未经省察的人生没有价值"展开，写下一篇读书笔记，这篇文章涉及周国平的很多文章，就是用了"主题思维法"来完成的。

【案例】 阅读周国平

周国平是一个哲学家，他的哲学核心观点，就是"未经省察的人生没有价值"。

凡是周国平的新书，我买来之后，放在床头，恨不能一晚上就要看完。他的哲思感染了我。片段式的感悟，片语里藏着智慧与灵光，我爱不释手。若谈偶像，周国平真是我人生中的一个偶像。他的哲学思想，他的灵性小品，他的飞扬文笔，他的不竭文思，都是我所追求的，我所仰慕的。周国平说："一个伟大的哲学家是一个伟大的提问者。"③我们从中读出了一种情感，一种责任，一种作家的特质，也读出了人生的设问。

让我们近距离触摸一下他的哲思。他说："生活质量的要素：一、创造，二、享受，三、体验。"④他大胆地把"享受"也放在了生活质量的要素里，并且曾撰文分析，题目曰《闲适：享受生活本身》。为此，他说："有钱有闲当然幸运，倘不能，退而求其次，我宁做有闲的穷人，不做有钱的忙人。我爱闲适胜于爱金钱。金钱终

① ［罗马］马克·奥勒留：《沉思录》，何怀宏译，111 页，北京，中央编译出版社，2008。
② 同上书，131 页。
③ 周国平：《风中的纸屑》，172 页，海口，海南出版社，2003。
④ 同上书，3 页。

究是身外之物，闲适却使我感到自己是生命的主人。"①有人也曾说，一些发明家的创造大都是在闲适中发现的。可见闲适不仅能让人放松紧张的神经，还其主人的角色，亦可以在闲适中发现更大的智慧，开启更灵动的哲思。我们有时也有与其相同的体验，每逢周末，慢跑在公园早晨的鲜花绿草丛中，放松着自己的躯体，放松着自己的头脑，那一抹云，那一片霞，那偶碰的微笑，也会引发更多思维的火花与人生的思索。可见闲适也是一件好事情，也是人生必不可少的生命历程。

周国平说："现代人只能从一杯新茶中品味春天的田野。"②意思当然是明确的，人们离自然远了，离泥土远了，离春天秋天远了，这是提倡人们要亲近自然。他还说："现在，我们与土地的接触愈来愈少了。砖、水泥、钢铁、塑料和各种新型建筑材料把我们包围了起来。我们把自己关在宿舍或办公室的四壁之内。走在街上，我们同样被房屋、商店、建筑物和水泥路面包围着。我们总是活得那样匆忙，顾不上看看天空与土地。"③

实际上发展也是一柄双刃剑，人类过度地无限制地利用地球与自然，也是一柄达摩克利斯之剑。为什么呢？人类曾经以地球的主人自居，对地球为所欲为，结果破坏了地球上的生态环境，并且自食其果。我们应该赞成现代生态学家的说法：人类是作为绿色植物的客人生活在地球上的。作为客人就应该善待自然吧，所以我们应该亲近自然，更应该善待自然，尊重自然。

未经省察的人生没有价值。读他的《安静的位置》明显感受到了这一点。他说："有两种哲学家。一种人把哲学当作他的职业，即谋生的手段。另一种人把哲学当作他的生命甚至是比生命更宝贵的东西。"苏格拉底是后者的典范，他也许是哲学史上因为思想而被定罪并且为之英勇献身的最早也是最著名的一位哲学家了。苏格拉底就说："未经省察的人生没有价值。"什么才叫省察过的人生呢？周国平的人生随笔里处处闪现着这些思想，实际上"省察过的人生"就是有思考的人生，有内涵的人生，有创造的人生。他对这样的人生有不少精彩阐述："哲学家生活在永恒中，诗

---

① 周国平：《风中的纸屑》，2页，海口，海南出版社，2003。
② 同上书，15页。
③ 同上书，13页。

人生活在瞬时中，他们都不会老。"①人，永远走在生存和存在的途中。周国平在《从生存向存在的途中》一文中说：生命太短暂了，太珍贵了，无论用它来做什么都有点可惜。总想做最有意义的事，足以使人不虚此生、死而无恨的事，却没有一件事堪当此重责。周国平给了我们一个大课题：我为人生的一件什么大事、有意义的事而来？生命，几乎是周国平随笔的普遍性主题。他在《热爱生命》一文中说：生命的第一声啼哭是不夹一丝悲伤的，因为生命由之而来的那个世界里不存在悲伤，悲伤是我们这个世界的产物。一张白纸而来，落在了有色彩的世界，自然就有了喜怒哀乐的情感。于是周国平在《论幸福》一文中设问："幸福的与不幸的人呵，仔细想想，这世界上有谁是真正幸福的，又有谁是绝对不幸的?!"②在这里，哲学的头脑用了两个标点符号：一个疑问，是问号；一个肯定，是叹号。我们可以设想，幸福是有限的，因为上帝的赐予本来就有限。痛苦也是有限的，因为普通人自己承受痛苦的能力也有限。他还说："幸福是一个抽象概念，从来不是一个事实。相反，痛苦和不幸却常常具有事实和坚硬性。幸福是一种一开始人人都自以为能够得到，最后没有一个人敢说已经拥有的东西。"③这又是哲学的反思，当然绝对的幸福是没有的，幸福总是相对的。

这就是哲学，这就是相对与绝对，这就是闲适与充实，这就是缺憾与重责，只有达到了两者的统一，两者的融合，人生才有了意义。

周国平对读书有何看法呢？他在《读永恒的书》一文中把书分成了三类：一是完全不可读的书；二是可读可不读的书；三是必读的书。"所谓必读，是就精神生活而言，即每一个关心人类精神历程和自身生命意义的人都应该读，不读便会是一种欠缺和遗憾。"④他并且举例，读书绝不会遗漏掉《论语》《史记》《红楼梦》这样的书，柏拉图、莎士比亚、托尔斯泰这样的作家。他进而说："从一个人的读物大致可以判断他的精神品级。一个在阅读和沉思中与古今哲人文豪倾心交谈的人，与一个只读明星逸闻和凶杀故事的人，他们当然有着完全不同的内心世界。"⑤这就说明，一

---

① 周国平：《风中的纸屑》，168 页，海口，海南出版社，2003。
② 同上书，24 页。
③ 同上书，25 页。
④ 同上书，39 页。
⑤ 同上书，39 页。

个人的阅读世界也决定着一个人的精神世界，也进而决定着一个人的人生世界。

近来看了莫言的一篇文章，他也谈到读书，他说以前是为没有书读而发愁，现在是因书太多为读不完书而发愁。确实，世界多元了，世界开放了，面对当代生活，确实面临读书选择的问题。周国平在《读永恒的书》一文中还说："天下好书之多，一辈子也读不完，岂能把生命浪费在读这种无聊的东西上。"①作者还引用了歌德的一个故事：歌德做过一个实验，半年不读报纸，结果他发现，与以前天天读报相比，没有任何损失。这说明有些东西只是过眼云烟，而丰富的人生应该读更有价值的精神产品。就像苏格拉底和蒙田那样，用读书来"拥抱所有国家和所有时代"。这样，一个人的生活质量将有归宿了。

周国平还举了这样一个例子，有人问一位登山运动员为何要攀登珠穆朗玛峰，得到的回答是：因为它在那里。试想，人生不也是如此吗？那高耸入云的品质，那生活的高质量，那哲学的召唤，那有价值的名著，那堪当人生重责的几件事，那活泼的语文课堂，那无邪的渴望智慧的眼睛——那座最高的山峰就矗立在那里，周国平走向了它，他说"因为它在那里"，我们也应该走向它，我们也应该大胆地说：因为它在那里。②

第三节　专题考据法

专题考据法，涉及两个概念"专题"与"考据"。首先确定专题，就是阅读了一本书，你要写读书笔记，如何写？就要设定几个相关的专题，这是第一步；之后就是索源考据，来寻找相关的主张与观点，把相关考据文字抄写下来，并注明出处，加以"钩沉"，这是第二步；第三步，就是写出自己的感想与联想，与自己的教育教学联系起来。这样一篇读书笔记就完成了。这类读书笔记对阅读教育类书籍特别奏效。

《重读叶圣陶》是我阅读《叶圣陶语文教育论集》的体会文章，这篇文章从"自力""吟味""揣摩""切磋""善读善作"五个小专题行文。要做到这一点，必须解决三个方

---

① 周国平：《风中的纸屑》，39页，海口，海南出版社，2003。
② 王玉强：《未经省察的人生没有价值——读周国平》，载《山东教育》，2010(8)。

面的问题：一是要全文阅读此书，做好勾画与眉批；二是抽取文章需要的观点，摘取原文中的引文，作为文章的论据；三是进行个性化解读。

【案例】　重读叶圣陶

《叶圣陶语文教育论集》是教育科学出版社出版的，分上、下册。我曾经系统读过此书，现在又把封面有些破旧、页面有些发黄的书页打开，好像有种久违的感觉。

面对新课程，面对文本对话，面对师生互动，面对情感、态度、价值观，面对核心素养，是不是就不应该倾听历史的足音？是不是就要把传统的东西丢弃？我想，面对新课程，我们更应该理智思维、反思总结，更应该探微出新、不断完善，更应该从历史的典籍中汲取滋养，以壮前行。

一、自力

翻开扉页，叶老白须白眉，慈祥的微笑，既显示着经历与沧桑，也显示着老人的乐观与关切。扉页之后，还有叶老在 1977 年为《人民教育》作诗二十二韵的手书。仔细品味，诗中凸显的几个"自"字特别令人深思，也体现了叶老提倡学生自主学习的态度与主张。诗曰：

所贵乎教者，自力之锻炼。诱导与启发，讲义并示范，其道故多端，终的乃一贯，譬引儿学步，独行所切盼。独行将若何？诸般咸自办，疑难能自决，是非能自辨，斗争能自奋，高精能自探，学者臻此境，固非于一旦，而在导之者，胸中存成算。①

诗中共用了六个"自"字：自力、自办、自决、自辨、自奋、自探。一句话，就是提倡学生的自主学习。在这里有发自内心的勇气——自奋；有面对困难的态度——自办；有独立学习的方法——自决与自辨；有不懈努力的追求——自探。

可见，叶老呼吁教育者要特别突出学生的"自力"能力，强调学生的自我体验、自我感悟、独立自主能力。这一点，是与课程标准十分一致的。叶老还告诉我们，学生的"自力"是要锻炼的，要达到这种能力，必须训练学生的自决、自辨、自奋、

---

①　叶圣陶：《叶圣陶语文教育论集》，1 页，北京，教育科学出版社，1980。

自探能力。只有这些能力提高了，才能达到真正的自力、自主、自觉学习。

二、吟味

叶老在《〈国文教学〉序》一文中这样说："阅读有时候不止于要了解大意，还要领会那话中的话，字里行间的话——言外之意，不能读得太快，得仔细吟味。"

"吟味"这个词语用得妙，就是吟诵品味，这就需要慢慢地去读，去品，去悟，理解"话中的话"，进而理解"言外之意"了。

他还说："一般社会把写看得比读重，青年们自己也如此。但是在课程里，在实际教学上，却是读比写重。"在这里，叶老把"读与写"做了比较，认为"读比写重"。就是说，在中学语文教学中，"读"是基础，"读"是感悟，首先要强调"读"的作用。如何去读，如何吟诵呢？叶老在《〈精读指导举隅〉前言》中这样解释：

"吟诵就是心、眼、口、耳并用的一种学习方法。从前人读书，多数不注重内容与理法的讨究，单在吟诵上用工夫，这自然不是好办法。现在国文教学，在内容与理法的讨究上比从前注重多了；可是学生吟诵的工夫太少，多数只是看看而已。这又是偏向了一面，丢开了一面。惟有不忽略讨究，也不忽略吟诵，那才全而不偏。吟诵的时候，对于讨究所得的不仅理智地了解，而且亲切地体会，不知不觉之间，内容与理法化而为读者自己的东西了，这是最可贵的一种境界。"①

在我们平时的教学中，古文、古诗词的吟诵是比较普遍的，但却仅仅是强调背诵的多，并没有突出"亲切地体会""内容与理法"，也没有把这些渗透到"吟诵"之中。而其他现代文的吟诵几乎没有。所以说，语文教学不管是诗歌、古文，还是白话文，都要强调"吟味"，强调吟诵与讨究的结合，这样才能真正实现叶老倡导的"最可贵的一种境界"。

三、揣摩

叶圣陶先生在《揣摩》一文中，讲了如何理解文章，如何"揣摩"的方法。他说："一篇好作品，只读一遍未必能理解得透。要理解得透，必须多揣摩。读过一遍再

---

① 叶圣陶、朱自清：《精读指导举隅》，5页，北京，商务印书馆，1947。

读第二第三遍，自己提出些问题来自己解答，是有效方法之一。"①揣摩，不仅是语文教师的事，也应是学生的事。

如何揣摩呢？叶老以他自己对《孔乙己》的理解，对《孔乙己》进行了揣摩，是通过"自我设问""自我解答"来完成的。其自我设问的问题有：

鲁迅为什么要假托这个小伙计，让这个小伙计说孔乙己的故事呢？幼年当过酒店小伙计的一个人，忽然说起二十多年前的故事来，是不是有点儿不自然呢？这篇小说简直是用"笑"贯穿着的，取义何在呢？第九节是这么一句话："孔乙己是这样的使人快活，可是没有他，别人也便这么过。"这句话单独作一节搁在这儿，什么用意呢？孔乙己说的话，别人说的话，都非常简短。他们说这些简短的话的当时，动机是什么？情绪是怎样呢？孔乙己的话里有"污人清白""窃书""君子固穷""多乎哉？不多也"之类的文言。这除了照实摹写孔乙己的口吻之外，有没有旁的作用？掌柜看孔乙己的账，一次是中秋，一次是年关，一次是第二年的端午，为什么？孔乙己到店时候的情形，有泛叙，有特叙，泛叙叙经常的情形，特叙叙某一天的情形。如果着眼在这一点上，是不是可以看出分别用泛叙和特叙的作用呢？②

这一连串的问题都十分深刻，更可贵的是每一个问题后面都有解答。这是叶老自己身体力行的示范，如何揣摩的示范，却也给语文教师如何备课、如何分析教材、如何设问做出了示范，同时也为学生如何阅读、如何自己设问、如何自己解答做出了示范。作为语文教师，面对一篇作品，如何用自己的头脑、自己的思维、自己的见解去备课，如何揣摩个性化的语言，如何提出自己的见解与主张，又如何设疑与解疑，叶老给我们切切实实上了鲜活的一课。而作为学生，不是光读读看看文章就完成学习任务了，还要提出自己的"合情合理的值得揣摩的问题"，并对这些问题进行自己的理解。这是对教师的考验，也是对学生的考验。叶老这种自我质疑、自我释疑的方法，与课程标准突出学生对文本的理解与质疑的要求是十分相似的。

同时，我也在反思我们平时的教学。叶老为何不问这些问题：孔乙己的人物性格是什么？小说的主题是什么？小说用了什么写作手法？小说反映了怎样的社会现实？为何题目是《孔乙己》？

---

① ② 叶圣陶：《揣摩》，载《语文学习》，1960(1)。

我们的小说教学，也不仅仅是小说教学，是不是存在千篇一律的教学倾向？是不是突出文本、重视语言不够？是不是存在大而化之的弊端？是不是太重视思想、主题，而忽略了最根本的语言揣摩？是不是设问太大，忽略了语句、人物等细节？

试想一下，如果学生整天面对什么主题、性格、写法之类的，面对这些千篇一律的问题，能对语文感兴趣吗？可见，叶老是在指导我们的教学，在指导我们如何注重文本，注重语言，注重细节，注重作者是怎样创作此文的方法，等等。

叶老还说："善于读书的人，一边读下去，一边自会提出一些问题或题目来，作为阅读的标的，辨识的头绪。"①所以说，揣摩的关键是师生双方都提出自己的疑问来。

四、切磋

叶老说，为养成学生的互助习惯与切磋精神起见，也可分组研究；令每组解答一个问题或题目，到上课时候报告给大家知道，再听同学与教师的批判。

现在的课堂我们讲究合作，而这里所讲的"互动"与"切磋"也就是合作。不但讨论研究，还要接受学生与教师的争议与评点。我想这样的课堂才是有生机的课堂。

叶老极力反对"逐句讲解"。他在《论中学国文课程的改订》中指出："我以为要改进教学方法，必须废除现在通行的逐句讲解的办法。"②所以叶老在1962年《语文教育书简》中说："故教师之为教，不在全盘授予，而在相机诱导。""其最终目的在达到不复需教，而学生能自为研索，自求解决。"③在这里，我们想到了叶老的著名观点："凡为教，目的在达到不需要教。"④他说："语文教材无非是例子，凭这个例子要使学生能够举一而反三，练成阅读和作文的熟练技能。"⑤"最终目的为：自能读书，不待老师讲；自能作文，不待老师改。"⑥叶老的"教是为了不教"，就是发挥教师的能力，

---

①　叶圣陶：《叶圣陶语文教育论集》，32页，北京，教育科学出版社，1980。
②　同上书，83页。
③　同上书，721页。
④　同上书，720页。
⑤　同上书，152页。
⑥　同上书，721页。

引导学生举一反三，学生自己要学会读书，学会研索，学会互动交流，学会讨论切磋，这样才能达到教育的目的。

记得我在高中教学时，就学习了叶老的思想，尝试语文学习的"双自"实验。"双自"就是自能读书，自能作文。在读书方面，当时曾举办过读书报告会、读书交流会、写名著读后感、写读书笔记等活动；在作文方面，曾举办过课前三分钟演讲、班级日志、每日手抄报、每周文摘、作文早知道等活动。现在想来挺有意义的，春节见到了一个我三十多年前的学生，他是一个理科生。他说，他现在还记得我在"读书交流会"上写在黑板上的一句臧克家的诗：大时代的弓背上，正等待着年轻的臂力。这可见交流、切磋之影响力了。

五、善读善作

叶老在给语文教师书简中说："教师之所必须自励者，一则自己善读善作，心知其所以然，二则能真知语文教学之为何事(如何以须教学生阅读、何以须教学生作文之类)，而不旁骛耳。"[1]语文教师要注重自己的专业成长，首先就是"善读善作"，这是发展的基石，再者就是"真知语文教学之为何事"，理解"教"与"学"的真义。这两点也是现在新课程提倡的。"善读善作"也并非一日之功，有几人能达到两个"善"之境界？叶老还在另一书信中进一步阐述其义：

师院学生将来为师，教其学生学习语文，鄙意以为先宜做到自己"通"，通亦不必求之甚高，善读善写即可。而所谓善写，非为饰美，务切实用，工作所需，生活所遇，咸能畅达，斯为善矣。[2]

何为"通"？善读善写。何为"善"？明白通晓。其"善写"之谓"非为饰美"，这不正是对当今高中学生作文存在的"饰美"之弊的棒喝吗？

"善读善写即可"，是叶老对语文教师提出的较高层次的要求。语文教师当为学生树立榜样，首先自己要率先垂范，要多读多写。叶老还说："学校里课程的设置，通常根据三种价值：一种是实用价值，一种是训练价值，还有一种是文化价值。"[3]

---

① 叶圣陶：《叶圣陶语文教育论集》，743 页，北京，教育科学出版社，1980。
② 同上书，45 页。
③ 同上书，744 页。

我想，语文这一门课程，其三种价值都有所体现，非终其一端吧。如何体现语文的价值，又如何在学生身上真正凸显这些价值，这将是一个更大的空间，值得语文教师去理解，去思考，去深味，去填补，去丰富。这就需要我们共同努力。

重读叶老之书，觉得其面甚广，其言甚厚，其义甚深，非一日一时之深味也。④

第四节　物我互文法

"物我互文法"，如何理解？一是"物我"合一，就是说言之于物，既是"物"，也是"我"。你写的是一个事物或一个人，而这个事物或人也代表了你的态度，如画竹、画梅、画菊、画荷，你画的是物，但代表的是自己的境界与思想。二是"互文"，就是可以交叉的，如"主人下马客在船"是互文，意思是主人与客人一起下马，一起上船。就是两者是相互映衬的，你写的是别人，而恰恰也代表自己的观点与主张。

《我存在着，我努力着——读钱理群〈我的精神自传〉》这篇读书笔记，是阅读钱理群《我的精神自传》之后的阅读感悟。如何走进作者的内心？你必须走进作品挖掘作者真正的精神世界。钱理群的精神世界是什么？就是他的三个座右铭，以及他对鲁迅等中国知识分子的深刻认识。故而，表面看这篇读书笔记十分简单，就是抄抄议议，没有什么了不起，但是这篇文章深刻渗透了物我互文法的阅读智慧。一者是钱理群教授的思想——"我也在其中""我只是真理的探讨者""自我审问""为谁写作？为何写作？"，但这些观点不正是阅读者的观点吗？只不过阅读者是借用了作家的话，来展示自己的观点的。故而，表面与深层意蕴就是"文本中的我""阅读的我"的"合一"与"互文"。就是说，我们阅读一部著作，阅读的是别人，那么阅读者"我"在何处？答曰：读书笔记就是阅读者"我"的思想的呈现形式。故而这篇文章是写的钱理群，但背后的意蕴则是阅读者"我"的深刻思考——"我也在其中"，生活中的我也在其中，我的创造何在？"我只是真理的探讨者"，我在教育教研教学中探求了什么"真理"？"自我审问"，很好的角度，我如何审问的自己？结果如何？"为谁写作？为何写作？"我又进行了怎样的写作？我的写作有价值有意义吗？可以说，读书的真正目

---

④　王玉强：《重读叶圣陶》，载《山东教育》，2009(13)。

的，是读到灵魂里去，达到"物我合一"。

【案例】 读钱理群《我的精神自传》

读钱理群先生的《我的精神自传》，颇受教益。全书 35 万字，既是北京大学资深教授精神研究的结晶，又是 20 世纪中国知识分子历史与思想的心路历程。他的关切与关爱，他的反思与反省，他的呼唤与追索，无不透出人文的光辉、敏锐的发现。

钱理群有三个座右铭——"路漫漫其修远兮，吾将上下而求索"(屈原)；"永远进击"(鲁迅)；"在命运面前，即使碰得头破血流，也绝不回头"(毛泽东)。[1] 面对这三个座右铭，我们看到了钱理群的追索，屈原的理想与风骨，鲁迅的韧性与勇猛，毛泽东的意志与豪情，同时也看出钱理群对命运抗争的决心与誓言。

而他在 2000 年自撰的座右铭则平和多了，有了明显的人文倾向："我存在着，我努力着，我们又这样彼此搀扶着。"[2]既有对自己学识的要求，又有彼此的关爱、体贴与帮扶，这又是另一侧面的钱理群。可见，在我们面前的先生，既有不阿的一面，又有善情的一面。这里既铭刻着时代的烙印，也明证着人文的进步。

一、我也在其中

钱理群先生的观点"我也在其中"有其特殊的意义，是对中国知识分子一代人的心灵发现。他是研究鲁迅的专家，他通过读《狂人日记》，读出了"我也在其中"的真正内涵。

"我也在其中"是一种深刻的觉醒与反思。他说，从奴隶向奴才的转化，是真正可怕的。于是他这样正视与反省自己："研究了几十年的鲁迅，现在终于发现，自己在一些基本方面(当然不是全部)与鲁迅是隔膜的，这自会引起一种难言的、挖心掏肺的痛苦。"[3]作者的这种自我的反省是值得我辈学习的，承认与鲁迅的隔膜，恰恰是作者灵魂飞跃的一步，是从研究到心灵相融的一步，是思想走近高格的一步。

二、我只是真理的探讨者

我只是真理的探讨者。钱理群说："我不是真理的代表，我也不是真理的宣誓

---

① 钱理群：《我的精神自传》，222 页，桂林，广西师范大学出版社，2007。

② 同上书，222 页。

③ 同上书，229 页。

者，我不能霸占真理，我只是真理的探讨者。老师与学生之间处在一种平等的地位上：大家都是真理的探讨者。"①作者以一种探讨的姿态，以一种平等的姿态，以一种学术讨论的姿态，来把自己的心灵与鲁迅的心灵对话，把自己的意识与鲁迅的意识相通，进而反思自己作为当代人的责任，继承者的责任，精神之旅的责任，这真是一个震撼人心的独立思索的发现。他说：

> 当我重读鲁迅的这段话："……从奴隶生活中寻出'美'来，赞叹，抚摩，陶醉，那可简直是万劫不复的奴才了。"回想起我也曾长时间地"陶醉"于自己的驯服中，我觉得鲁迅是在用鞭子抽打我的灵魂，我无地自容。②

探讨者的角色与定位，是永不满足，永远去探求，永远臻真去伪，钱理群就是这样苛求自己，至臻于此。

例如，他提出三点认识：其一，是不能把西方文化理想化、绝对化，制造"西方神话"；其二，再先进的经验，即使是所谓"普遍适用"的价值，也不能"照搬"；其三，不能因此而否认、放弃自己民族的文化传统。

探讨者的角色，就是商榷，就是探寻与讨论，就是永远不满足，永远期待，永远在追寻。鲁迅的鞭子在抽打我的灵魂，也在抽打你我他等等当代人的灵魂，这样的鲁迅研究才融入了生命的真正内涵。

三、自我审问

钱理群通过研究鲁迅思想，深刻地观察社会现实，进行自觉的审问。他说："这样的'一身冷汗'，迫使我追问知识分子在体制中所扮演的角色，审视中国知识分子自身的劣根性。"③他在一篇阅读札记里，记录了他的发现：

> 孔乙己的悲剧不在于其自我的主观评价（"自认读书高人一等，是负有特殊使命的君子"）与其实际地位（"不过是一个供人取乐的玩物"）之间的巨大反差，并突然醒悟到，这正是再深刻不过的揭示中国知识分子自身的状况："正像鲁迅所尖锐指出的，中国现代知识分子的实际地位，不过是'官'的'帮闲'与'帮忙'和'大众'的'帮

---

① 钱理群：《我的精神自传》，133 页，桂林，广西师范大学出版社，2007。
② 同上书，81 页。
③ 同上书，242 页。

闲'与'帮忙'。"①

　　他在《由历史引出的隐忧》中提出了中国知识分子的三大劣根性，希望引起警惕："一曰酋长思想，即唯我独尊，不容忍异己、异端；二曰二元论思维定式，非此即彼，非白即黑；三曰'噬杀'倾向，不珍惜人的生命。"②这是一种警示，更是一种剖析，进而是对包括自己在内的知识分子的一种反省。只有真正认识到了自己身上存在的劣根性，才能真正地去弊扬善，激浊扬清。

　　于是钱理群这样说："鲁迅的怀疑、批判精神得到了彻底发展，批判的彻底不彻底就在于能否批判自己。所以鲁迅一再说：别人总是在说我无情剖析别人，其实我更无情剖析我自己。"③可见，鲁迅的精神通过研究者的努力得到了本质的传承。当然，这个传承是需要时间与过程的。钱先生"自我审问"的态度已经给了我们一个相当深刻的暗示——反省性。经常反省自己，摆脱内心的黑暗，自我清理、清洗，这才是清醒之路。

四、为谁写作？为何写作？

　　钱理群一再追问自己：为谁写作？为何写作？他这样自白：

　　我是有了曲折的人生经历，和我们的国家与人民一起经受了巨大的苦难以后，才投身现代文学研究的。因此，从我从事学术工作的那一天起，就把自己的研究的目的、任务归结为"将苦难转化为精神资源"，因此将自己的写作命名为"幸存者的写作"。④

　　鲁迅对中国国民性有一个重要概括：中国是一个"文字的游戏国"。这就是说，中国的语言是可以游离于想与做之外的，有自由流动的特征。

　　鲁迅在《推背图》一文中说，在中国，"有明说要做的，其实不做的；有明说不做的，其实要做的；有明说做这样，其实做那样的；有其实自己要这么做，到说别人要这么做；有一声不响，而其实倒做了的。然而也有说这样，竟这样的"。⑤ 钱理群

①　钱理群：《我的精神自传》，243 页，桂林，广西师范大学出版社，2007。
②　同上书，244 页。
③　同上书，246 页。
④　同上书，269 页。
⑤　《鲁迅全集》卷 5，91 页，北京，人民文学出版社，2005。

针对鲁迅的论断反思：这是一种双重的表演——既演给现在的主人看，又是给现在的主人的对立面看。似是而非，左右逢源，这是富有弹性的语言，也是游戏语言的最大特点。可见，这些文字是一针见血的，这不仅仅是文字的游戏，更是其行为的自画像、表演的游戏。

鲁迅在《文化偏重论》中提出了实现理想与价值的主张，就是"立人"。他说："首先在立人，人立而凡事举。"钱理群也这样理解"立人"的主张："要实现立人的理想，关键是要有一批精神界之战士。"①这精神界之战士，就是觉醒的知识分子，他们有信仰，自觉地追求个体精神自由，有自由创造精神和想象力，更有强大的主体独立意志。这便是鲁迅在《中国人失掉自信力了吗》指出的——"我们从古以来，就有埋头苦干的人，有拼命硬干的人，有为民请命的人，有舍身求法的人"。

"学术研究对钱理群先生有一种天生的吸引力。"②他记得王瑶先生给他们提出的一个高标尺：每写一文，必要对所研究的课题有所推进，或提供新材料，或提出新的观点、思路，必要有自己的发现。可以说，钱理群是做到了这一点，甚至超越了这一点。从《心灵的探寻》，到《大小舞台之间——曹禺戏剧论》《丰富的痛苦》，到《1948：天地玄黄》《与鲁迅相遇》，他不仅在研究领域上不断有新的开拓，而且每一部著作在研究方法、结构方式、叙述方式上都有不同的新探索。

学者林庚说，诗的本质就是发现，诗人要永远像婴儿一样，睁大了好奇的眼睛，去看周围的世界，去发现世界的新的美。钱理群也是这样：

> 我真的像鲁迅笔下的过客，永远听见前面有一个声音在召唤。""直到现在，每天早上醒来，我都会突然涌现许多新的写作思路，各种不合常规的构想与想象，层出不穷的计划、设想。③

这就是我读到的钱理群先生——一个真实的人，一个视学术为生命组成部分的人，一个永不满足、永在探讨的人。④

---

① 钱理群：《我的精神自传》，283 页，桂林，广西师范大学出版社，2007。
② 同上书，291 页。
③ 同上书，297 页。
④ 王玉强：《我存在着，我努力着——读钱理群〈我的精神自传〉》，载《山东教育》，2010(Z2)。

第五节　探究溯源法

探究溯源法，突出的是"探究"与"溯源"。你阅读了一本书，你钟情什么，对什么感兴趣？这就找到了个性"探究"之所在。再就是"溯源"，就是找到书里的相关文字，抽取出来，加以连缀；然后再加入自己的体会与认知，这样把文中的文字与自己的观点融合起来，就形成一篇新文章了。

案例《浅谈汪曾祺小说与中学语文教学》所"探究"的问题是"汪曾祺的小说"与他的"中学语文教学"。其"溯源"则定格在：汪曾祺小说为何"写到水"？他的小说为何"回响着归有光的余韵"？为何有"隐隐的哀愁"？哪两本书打通了他"小说的通道"？为何他的小说"不讲究结构"，是"散文化小说"？他又是在什么情形下教书的？他教书、写作、读书是如何安排的？他教书时最喜欢读的书是什么？我们可以通过"溯源法"，找到汪曾祺著述中的原文原话，直接或间接引用。溯源法之目的，一是增强溯源材料的真实性、可靠性，二是增强内容的丰富性与表达的灵活性。探究与溯源相得益彰，一篇研究文章与阅读笔记就自然形成了。

【案例】　浅谈汪曾祺小说与中学语文教学

一位美国翻译家曾说，汪曾祺的小说都有水，几乎每一篇小说都写到了水。汪曾祺说："我的家乡是一个水乡。"[1]因为有水的滋润，有水的熏陶，故而他的小说有了灵性。于是他说水不但于不自觉中成了他的一些小说的背景，并且也影响了他的小说的风格。水有时是汹涌澎湃的，但汪曾祺那里的水总是柔软的、平和的、静静地流着。可见，水在汪曾祺那里真是成了他的性格。他的人生际遇、他的小说风格也说明了水在他身上的体现。他在小学是如何学习的呢？汪曾祺在《自报家门》中说：

我自小学五年级至初中毕业，教国文的都是一位姓高的先生。高先生很有学问，他很喜欢我。我的作文几乎每次都是"甲上"。在他所授古文中，我受影响最深的是明朝大散文家归有光的几篇代表作。归有光以清淡的文笔写平常的人物，亲切而凄婉。这和我的气质很相近，我现在的小说里还时时回响着归有光的余韵。[2]

---

① 汪曾祺：《汪曾祺散文》，59 页，北京，人民文学出版社，2005。
② 同上书，63 页。

　　小学与初中是打基础的阶段，也是培养兴趣的时期，从被国文教师喜欢，到特别喜欢归有光的散文，都离不开教师的引领。教师在孩子幼小的心灵中永远扮演着伟大的角色。这个"伟大"就是打开智慧的萌芽，让萌芽伸展出稚嫩的枝叶。

　　青年时期的阅读往往影响着一个人的人生经历与写作情感。汪曾祺回忆其高中的阅读就证明了这一点：

　　我读的高中是江阴的南菁中学。这是一座创立很早的学校；至今已有百余年历史。这个学校注重数理化，轻视文史。但我买了一部词学丛书，课余常用毛笔抄宋词，既练了书法，也略窥了词意。词大都是抒情的，多写离别。这和少年人每易有的无端感伤情绪易于相合。到现在我的小说里还带有一点隐隐约约的哀愁。[1]

　　离别的词意，抒情的文笔，哀愁的情绪，都是源于那一部词学丛书，可见阅读是有多么深的记忆，多么易于熏陶。这里还有一点就是"抄"，用毛笔抄，既是书法训练，也是自悟的内化，这也是值得我们效仿的。我们经常听到一句话：读一遍不如抄一遍。抄，也应是学习语文的好方法。那隐隐约约的哀愁是幼小心灵里扎下的根，可见，早期阅读是多么关键。

　　在汪曾祺高中二年级时，日军入侵。于是他们一家人来到了一个村庄的小庵里避难。在避难期间，汪曾祺说：

　　在这座小庵里我除了带了准备考大学的教科书，只带了两本书，一本《沈从文小说选》，一本屠格涅夫的《猎人日记》。说得夸张一点，可以说这两本书定了我的终身。这使我对文学形成比较稳定的兴趣，并且对我的风格产生深远的影响。[2]

　　两本书就几乎定了汪曾祺的人生，为什么呢？这两本书打开了他年轻的心扉，打通了小说的通道。我们可以想见，在静静的庵里，在静静的油灯下，在静静的流动的文字中，那人物、那情节、那语言，已经沉淀在了一个高二学生的心里。

　　如何理解小说的人物呢？汪曾祺说：作者的心要和人物贴近，富同情，共哀乐。这是汪曾祺从沈从文那里认识到的。沈从文说，要贴到人物来写。汪曾祺这样认识：

　　在小说里，人物是主要的，主导的，其余的都是次要的，派生的。作者的心要和人物贴近，富同情，共哀乐。什么时候作者的笔贴不住人物，就会虚假。写景，

---

　　[1]　汪曾祺：《汪曾祺散文》，63页，北京，人民文学出版社，2005。

　　[2]　同上书，63页。

是制造人物生活的环境。写景处即是写人，景和人不能游离。①

从作家的角度而言，作家与人物同呼吸，同苦乐。作家的心与人物贴在一起，才能写出好作品。那么作为中学语文教师也是同样的。要想真正理解作品，就要深入地研究作品，与小说的作者一样深深地理解人物，同小说中人物的心贴在一起；同时，也要引领学生贴近人物的心灵。想起一位名师的做法，每一天都选择一位名人一句名言，告诉自己"我就是爱因斯坦""我就是孙中山"，以此来鼓励学生学习。那么，我们何不迁移一下，来一个角色定位？学习《祝福》时，教师与学生一起在心里沉淀，自己觉得"我就是祥林嫂"；学习《孔乙己》时，觉得自己就是孔乙己；学习《林黛玉进贾府》时，自己就是林黛玉；学习《百合花》时，自己就是小战士。这样，才会真正地理解到人物的内心里，贴住了人物。

汪曾祺还当过四年的中学教师呢，他当教师的同时也开始了创作。他曾说：

离开大学后，我在昆明郊区一个联大同学办的中学教了两年书。《小学校的钟声》和《复仇》便是这时写的。1946年初秋，我由昆明到上海。经李健吾先生介绍到一个私立中学教了两年书，1948年初春离开，这两年写一些小说，结为《邂逅集》。②

汪曾祺当了中学教师也笔耕不辍，还写了不少作品。这一方面源于他对写作的执着追求，同时也说明教师也应是"下水者"，特别是语文教师，应该用写作来引领示范，给学生起一个榜样示范作用。这也是汪曾祺先生从沈从文老师那里学来的，即尝试写作，尝试不同的写法技法。从这一点来说，现在的中学语文教师真是有些自叹不如、力不从心了。所以，只有对汪曾祺先生仰视了。

汪曾祺很喜欢庄子与孔子。他曾说：

我在昆明教中学时案头常放的一本书是《庄子集解》。但是我对庄子感极大的兴趣的，主要是其文章，至于他的思想，我到现在还不甚了解。我自己想想，我受影响较深的，还是儒家。我觉得孔夫子是个很有人情味的人，并且是个诗人。他可以发脾气，赌咒发誓。我很喜欢《论语·子路曾皙冉有公西华侍坐章》。曾点的超功利的率性自然的思想是生活境界的美的极至。③

① 汪曾祺：《汪曾祺的写作课》，133页，南京，江苏凤凰文艺出版社，2020。
② 汪曾祺：《汪曾祺散文》，65页，北京，人民文学出版社，2005。
③ 同上书，67页。

可见，庄子的文章与孔子的人情味极深地影响到了汪曾祺，同时也看出了汪曾祺的境界，那就是率性自然。所以汪曾祺很喜欢宋儒的两句诗：万物静观皆自得，四时佳兴与人同。静观万物，心地纯真，自然笔有神韵。

汪曾祺的小说是不讲究结构的，这是他的观点。他曾说：

我的小说似乎不讲究结构。我在一篇小说的短文中，说结构的原则是：随便。我后来在谈结构的前面加了一句话："苦心经营的随便。"我不喜欢结构痕迹太露的小说。我倾向"为文无法"，即无定法。我很向往苏轼所说的：'如行云流水，初无定质，但常行于所当行，常止于所不可不止，文理自然，姿态横生。'我的小说在国内被称为'散文化'的小说。①

行处当行，止处当止，当然是写作的最高境界。正如苏东坡的书法自谓"我书意造本无法"。其无法，是指逍遥自如，任意恣肆，但总是随心所欲不逾矩，其写作也是如此。汪曾祺散文化小说的"随便"之法，也同样是苦心经营的结果。写作如此，中学语文教学也同样如此。我们叫"教无定法"。任何的教法都有其自身的特质，都可以学习、借鉴，但教法也并非一劳永逸的事。课堂也应倡导"行处当行，止处当止"，这样就达到了"苦心经营的随便"了。可以预见，如果你的课从"有法"到"无法"，你的语文课肯定是达到一个境界了。

汪曾祺特别重视语言。他说："我很重视语言，也许过分重视了。我以为语言具有内容性。语言是小说的本体，不是外部的，不只是形式、是技巧。探索一个作者的气质、他的思想(他的生活态度，不是理念)，必须由语言入手，并始终浸在作者的语言里。语言具有文化性。作品的语言映照出作者的全部文化修养。语言的美，不在一个一个句子，而在句与句之间的关系。"②

语言具有内容性，更具有文化性。作品语言的文化性是作者全部文化修养的体现。我特别喜欢"始终浸在作者的语言里"中的"浸"字。从"浸"字中，我们品味到了浸淫、浸染、浸透的滋味，也反映出了作者在语言上下的功夫。只有被文化修养所浸，被中外名作所浸，被古今中外大师的语言所浸，被庄子与孔子的境界所浸，被

---

① 汪曾祺：《汪曾祺散文》，68 页，北京，人民文学出版社，2005。

② 同上书，69 页。

民间艺术乡土情结所浸，才有其丰厚的语言，有其出神入化的语言，有其"随便"的神韵。所以中学语文教学的核心应放在语言的教学上，放在文本内质的品味上，放在语言的熏陶与挖掘上。只有真切地感悟到语言，浸在作者的语言里，玩味、品咂、细嚼、内化，才能真正学到语文学习的内功、作家的内功、素养的内功。

同时，也要讲究"空白艺术"。汪曾祺认为：

一篇小说是作者和读者共同创作的。作者写了，读者读了，创作过程才算完成。作者不能什么都知道，都写尽了。要留出余地，让读者去捉摸，去思考，去补充。中国画讲究"计白当黑"。包世臣论书认为使字之上下左右皆有字。宋人论崔颢的《长干歌》"无字处皆有字"。短篇小说可以说是"空白的艺术"。办法很简单：能不说的话不说。这样一篇小说的容量就会更大了，传达的信息就更多。以己少少许，胜人多多许。短了，其实是长了；少了，其实是多了。①

不仅短篇小说如此，我们的语文教学不也是这样吗？一味地剖析，一味地满堂灌，一味地代替学生的思维，并不是一种好办法。真要学习一点汪曾祺的"空白艺术"了。在教学中，留有一点余地，留有一点空白，留有一点"无字处"，让学生去思维，去填充，去创造，这样也许更好些。所以，汪曾祺的这段文字不仅是创作的体会，也是给我们欣赏者的提醒。

走近大家，确实开拓了自己的视野，又好像被浸染了一次心灵，有茅塞顿开之感。感谢汪曾祺，感谢他——远树绿色的呼吸。②

第六节　八面取一法

经典图书，内容浩瀚，如何阅读？苏东坡有"八面受敌"读书法，归纳起来有几点：一是熟读熟思，每一本好书要反复阅读，熟练阅读；二是要瞄准靶心，选择一个角度、一个方面，反复整合阅读，定向专一，进行归类写作；三是长期积累，养成习惯，定成大家。这一套读书法，苏东坡在《又答王庠书》中这样说：

---

①　汪曾祺：《汪曾祺散文》，69 页，北京，人民文学出版社，2005。

②　王玉强、王丹阳：《浸在作者的语言里——浅谈汪曾祺小说与中学语文教学》，载《现代语文(文学研究版)》，2009(12)。

但卑意欲少年为学者，每一书皆作数过尽之。书富如入海，百货皆有，人之精力，不能兼收尽取，但得其所欲求者尔。故愿学者每次作一意求之。如欲求古今兴亡治乱、圣贤作用，但作此意求之，勿生余念。又别作一次，求事迹、故实、典章、文物之类，亦如之。他皆仿此。此虽迂钝，而他日学成，八面受敌，与涉猎者不可同日而语也。甚非速化之术。[1]

这就是苏东坡的"八面受敌"读书法。一本书"数过尽之"，就是读一本书应读几遍才算读完；"不能兼收尽取"，就是不要面面俱到；学问家都是"每次作一意求之"，就是确定一个角度或目标，去书中寻觅内容；或者是兴亡治乱、圣贤之道，或者是典故事迹，或者是文物溯源等；"又别作一次"，就是一个项目完成，再做另一个项目；"他皆仿此"，就是其他的都这样仿照去做吧。这就是"八面受敌"读书法。

史书记载，有人问苏东坡如何治学，他回答：吾尝读《汉书》矣，盖数过而始尽之，如治道、人物、官制、兵法、财货之类，每一过求一事，不待数过，而事已精窍矣。

就是每读一遍《汉书》，选择一个主题或角度去阅读，就找到阅读的路径了。"八面取一法"，是一种优秀的读书法。就是从"八面受敌"的多种解读中，选取一个角度、一种方式。有很多红学家研究《红楼梦》，就是借鉴此法。我读余秋雨的《君子之道》就是运用了这种方法。下文是我阅读《君子之道》的阅读笔记。

【案例】　君子人格

余秋雨的《君子之道》里面有很多文章讲到了君子的人格与思想魅力。君子风范、君子人格、君子气度源远流长。我读后深受启发。

一、君子人格是中国集体人格的体现

教育的最终目的是育人。立德树人，培育人格是第一位的。所以说，中国自古以来就是以君子为基本风范的。而君子人格则是中国人的集体人格。瑞士哲学家荣格认为，只有"集体无意识"即集体人格才有普遍意义。什么是集体人格？就是长期形成的集体人格意义，就是"故乡的灵魂"。中国人的集体人格是什么？

---

[1]　《苏轼选集》，418页，上海，上海古籍出版社，1984。

余秋雨说，"君子"作为一种集体人格的雏形古已有之，却又经过儒家的选择、阐释、提升，结果就成了一种人格理想。儒家先是谦恭地维护了"君子"的人格原型，然后又鲜明地输入了自己的人格设计。这种在原型和设计之间的平衡，贴合了多数中国人的文化基因和文化选择，因此儒家也就取得了"独尊"的地位。

君子人格是一种集体意识，而教育则是为塑造这一人格而努力的，彬彬有礼，君子风范。

二、君子人格之内涵

君子人格，内涵特别丰厚。我们的祖先寄予了"君子"厚重丰蕴的精神内涵。

君子怀德。朱熹说："怀德，谓存其固有之善。"①故古人言：君子以厚德载物。君子以德。"君子于仁也柔，于义也刚。"②君子之德风，是说君子道德像风影响巨大。古人言，惟德动天，无远弗届。德不孤，必有邻。重积德则无不克。

君子成人之美。孟子曰："君子莫大乎与人为善。"③成人之美有三种可能：使未成之美尽量完成；使未起之美开始起步；化非美为美，也就让对方由污淖攀上堤岸。

君子周而不比。孔子说："君子矜而不争，群而不党。"④"君子和而不同，小人同而不和。"⑤君子坦荡荡，是胸襟坦荡。"君子泰而不骄，小人骄而不泰。"⑥

君子中庸。孔子说："中庸之为德也，其至矣乎。"⑦《尚书》亦言："人心惟危，道心惟微，惟精惟一，允执厥中。"⑧君子有礼。《左传》曰："君子贵其身而后能及人，是以有礼。"⑨又说："礼，人之干也；无礼，无以立。"⑩礼，国之干也。孔子说："礼之用，和为贵。"⑪礼最重要的就是"敬"与"让"。

---

① 朱熹：《论语集注》，33 页，济南，齐鲁书社，1992。
② 《扬子法言·君子卷第十二》。
③ 《孟子·公孙丑章句上·第八节》。
④ 《论语·卫灵公篇》。
⑤ 《论语·子路篇》。
⑥ 《论语·子路篇》。
⑦ 《论语·雍也篇》。
⑧ 《尚书·大禹谟》。
⑨ 《左传·昭公二十五年》。
⑩ 《左传·昭公七年》。
⑪ 《论语·学而篇》。

君子不器。意思就是君子不是器具，含义有两点：尽量不要成为器物的奴隶；尽量不要使自己变成器物。

君子知耻。《礼记》说："知耻近乎勇。"①孟子说："人不可以无耻，无耻之耻，无耻也。"②荀子说："耻不修，不耻见污；耻不信，不耻不见信；耻不能，不耻不见用。"③就是说，君子耻在自己不修、失信、无能。知耻有三：以羞耻感陪伴人生，把它当成大事；以羞耻感防范暗事，如防止玩弄权谋；以羞耻感作为动力，由此赶上别人。

三、君子人格的传承

哲学家黑尔说：最伟大的真理最简单；同样，最简单的人也最伟大。达·芬奇也说：简单是终极的复杂。中国文化的本质就是道德与仁义。

余秋雨认为，中国文化没有沦丧的最终原因，是君子未死，人格未溃。中国文化的延续，是君子人格的延续；中国文化的刚健，是君子人格的刚健；中国文化的缺憾，是君子人格的缺憾；中国文化的更新，是君子人格的更新。

君子人格，是中华文化延续的一个部分，也是中华气派的又一展现。它既是全体教育者集体人格的目标追求，也是每一位教师、每一个学生一生为之奋斗的生命符号。

---

①　《礼记·中庸》。
②　《孟子·尽心章句上·第六节》。
③　《荀子·非十二子》。

第四章 教师的阅读生活

第一节 魅力

一、书的魅力

书是有魅力的。我是走进书店就挪不动步的人，也是走进书店必买书的人，书的魅力我深有感悟。国庆节前，在上海拥挤的人流里，我来到鲁迅公园，瞻仰了在公园一角肃穆的鲁迅之墓，还参观了鲁迅公园里的鲁迅纪念馆。在纪念馆里有一个特殊的书店，名曰"内山书店"。我在最短的时间内，看好了两本书，一是许寿裳著的《鲁迅传》，一是丰子恺的《子恺自传》。许寿裳的书是他的两本著作的合集，一个是《亡友鲁迅印象记》，一个是《我所认识的鲁迅》。许寿裳是鲁迅的好友，他 1902 年以官费赴日留学，在弘文学院补习日语时与鲁迅相识，后成为挚友。研究鲁迅，他的著作是必须占有和阅读的。因为他是最了解鲁迅的人物之一。丰子恺是大画家、大作家，他那清新自然的文笔早就曾经吸引过我。

在鲁迅纪念馆买书，以及去较远一点的鲁迅故居，耽搁了一些时间，我们原定坐下午四点的高铁返程，于是延误了。当我们急匆匆来到虹桥火车站的时候，火车已经早发车二十分钟了。我望着手中刚买的两本书，就惆怅起来。怨书乎？怨己乎？

还有，国庆放假七日，在最后两日，到青岛讲学。因为早到火车站了，发现在一楼的候车大厅的北面，有一个开架书店。这里都是时尚的新书。我一眼就发现了梁衡的书——《洗尘》。梁衡曾说："我的文章都是让别人背诵的。"就是说，他写文章是极其讲究的，语言是极其凝练的，如他的《把栏杆拍遍》《乱世中的美神》。尽管这两篇文章特别长，但我就是喜欢，就是愿意读。

梁衡有一个写作的秘诀，就是背书。他说，背书是写作的捷径。他自己说："趁记忆好的时候多背一点东西。我写文章时经常会冒出一句我中学时期背的东西，许多就是课本上的。比如《鸿门宴》，张良和项羽谈判，讲'张良出，邀项伯，项伯入见沛公，沛公卮酒为寿'。这个句子我至今记得老师讲的修辞是顶针格，一句顶着一句，这样文章显得连贯，一气呵成。后来我在写《清凉世界五台山》一文时不自觉地就用上了这个修辞格：无梁殿，殿无一木，全砖到顶；明月泉，泉如碗口，可鉴星月；写字崖，崖本无字，水流则现；千佛洞，洞内怪石，如人脏腑。"动车在穿越万千麦田，我却在《洗尘》书里洗尘，就是把功利之尘、庸俗之尘、浮躁之尘洗去，焕发一种精神，一种思想。

近日家里有事，我去了济南一趟。我每次去济南，都想到大观园斜对过的"东图大厦"新华书店看看。记得上次到那里，看见一本印度教育家的薄薄的书——《教育就是拯救思想》，这本书开启了我的《深度教学》的部分思想随笔。这次来到二楼，扑眼的新书。一个半小时迅捷而过，我买了不少书：贾平凹的《老生》，叶开的《语文是什么》，陈日亮的《救忘录》，还有两本原版翻译课本《美国语文》。

贾平凹的新著《老生》，我怎么没见到任何的宣传呢？悄悄地问世啊。我特别喜欢贾平凹，特别是他的文字，富有魅力，几句话就把一个事物点化出来。我看了他的《带灯》，买了他的《古炉》。我曾经对他的字画感兴趣，还买了他一本山东画报出版社的《贾平凹字与画》呢。《老生》已经在我的枕边了——好书我都是放在枕边的。书为何在枕边看得香呢？清静的夜里，幽暗的灯盏，只有翻书的声音，只有一个人与书中的文字对话，惬意得很。我喜欢这种惬意的感觉。《老生》的最后有首诗："我有使命不敢怠，站高山兮深谷行。风起云涌百年过，原来如此等老生。"[1]我也是等贾平凹的，凡有贾平凹的新书必买。为何？就是喜欢吧，就是觉得倚靠着一个大作家舒服。

《美国语文》我翻看了一下，里面竟有一篇中国的文章。是一个外国人写的中国的事——《中国故事一则》[2]。看了看竟然似相声里的故事——比赛眼力。两个人都说自己的眼力好，都偷偷地提前去看了石碑上的文字，然后在很远很远的地方，说我能看到上面的文字等，最后老道说：石碑没有了，昨晚撤了。我一直想不明白，

---

① 贾平凹：《老生》，封底语，北京，人民文学出版社，2014。
② [美]威廉·H.麦加菲，《美国语文》，华风译，157 页，上海，上海交通大学出版社，2014。

为何美国教材里选择了中国这样一个故事呢？幽默乎？智慧乎？兴趣乎？

陈日亮是福州一中的特级教师，他的《救忘录》属于华东师范大学大夏书系，都是读书的零星札记，几十年如一日啊。我平时也有写札记的习惯，但阅读没有陈老师的广，理解也没有他的深邃。有一则他记录汪曾祺的文字，读后忘不了。

汪曾祺说他小学上学途中，须经过大街小巷，放学回家常喜欢东看看，西看看，看各种店铺作坊，这些店铺、这些手艺人使我深受感动，使我闻嗅到一种辛劳、笃实、轻甜、微苦的生活气息。我觉得加在"生活气息"前的四个词，极耐寻味。那样亲切，那么精当、妥帖，富有韵味；相信只有汪先生才能看得真，感得到，说得出。①

我很欣赏叶开在《语文是什么》一书中的几句话，这是他在华师大的一次演讲的结尾，他说："我们深深地明白：市场充满喧嚣，但美好的价值不灭。我曾写文章说：'金钱长驱直入，皆因你的人生毫不设防。'阅读，保存，思考，以丰富的美好作品装备自己的头脑，可以更为轻松地消融那些异化力量的巨浪。"叶开说出了我买书的心里话，只不过我说不出这样富有哲理的话。

一位我以前的学生的家属打电话咨询我，说自己的孩子在上海读高一，推荐他读什么书呢？我立马说出了我床头放着的一本书的名字，这是我在北京首都国际机场买的——《那些有意思的老头儿》，是中央编译出版社出版的。书中都是文化名家写名家的文章。季羡林回忆陈寅恪，丰子恺回忆李叔同，黄苗子回忆王世襄，艾青回忆白石老人。在文化名人的浸润里生活，生活肯定是不寂寞的。再者，高中作文大都是写议论文，名家的事例也一定会用得上的，所以我推荐。

潘新和教授最近出版了一本新书《语文：人的确证》，书中的一句话跃入我的眼帘："人本是写作的动物。"②人就是以写作为自豪的，这原是人的本性啊。借用一下叶开的一个句子作结吧。愿书继续温柔地敲打我，把我这样一根浮躁的桩子，轻轻地敲入温暖的土地，让一颗渴望的种子发芽。

---

① 陈日亮：《救忘录》，6 页，上海，华东师范大学出版社，2014。
② 潘新和：《语文：人的确证》，9 页，上海，上海三联书店，2014。

二、追寻的魅力

路遥说："照耀你的世界的光芒，应该是你自己发出的。"[①]光芒应该是从自己内心发出的。我参加工作是在 1982 年，当时上海的于漪老师是享誉全国的语文特级教师。于是我几乎把于漪老师的书以及研究于漪老师课堂的书全部买来，仔细品读她的课堂实录，研究揣摩，借鉴分享，而且反复阅读于漪老师发表在各种刊物上的文章。就这样，我最初的语文教学就是追寻心中的偶像于漪老师。

当我 2011 年见到于漪老师的时候，我说："我是读着于老师您的书长大的人。"于老师笑了，并为我写了四个字："语文是诗。"于漪老师的语文教学何尝不是诗？她的课堂就是诗意的课堂，情感的课堂，她的语言如诗。是啊，一位年轻教师心中一定要有榜样。有了榜样，你的语文生活就有了希望。

这之后，语文教学领域又出现了一位传奇人物——魏书生。我也如同中学生一样成了追星族。我把刊物上介绍魏书生的文章、魏书生自己写的文章，从图书馆借来，反复研读与揣摩。他的很多做法，我都亲自实践。办手抄报，进行课前三分钟演讲，召开诗歌朗诵故事会，真是热闹呢。这在学生心目中就是改革了。我的学生姜霞，在全国举行的"我最喜爱的一位好语文教师"中学生征文活动中，还获得了一等奖。她的文章里就写到了我的这些语文活动。这在当时真是十分新鲜的。我那一年的教学总结，也被学校印发给全校所有老师阅读。工作两年，我就在全国语文刊物上发表了三篇文章。我的母校山东省北镇师范专科学校(现为滨州学院)还郑重地邀请我，回校为中文系师生做报告。这真要感谢于漪、魏书生等名师的引导，是他们为我这小小语文教师的梦想，插上了飞翔的翅膀。

青年，永远是朝气蓬勃的，永远是充满憧憬的。我就这样日日摇曳着追索的触角，去寻找我的语文教学的那片"瓦尔登湖"。这以后，青年教师陈军与程翔崭露头角了。我与他们都是同龄人。一样的学历，一样的经历，一样的语文教学，为何人家就建树颇丰呢？我为何不能展示我的努力？我在问自己，在问年轻的我的灵魂。看着这些年轻名师一篇文章一篇文章的发表，看着那行云流水的文字，看着那深入

---

① 路遥：《早晨从中午开始》，46 页，北京，北京十月文艺出版社，2010。

浅出的研究，我心摇曳，我心荡漾。

我与名师同行，我也与青年名师同行。我也是语文教学中的一员，这片天地也应有"我"的存在，也应有"我"的半亩方塘。于是，我就开始情绪激昂了，摩拳擦掌了，跃跃欲试了。日日关注着别人，日日增长着激励，就日日潜伏着砥砺。

与其心生敬畏，不如自己便是那样的人。我想，只要你有此心，有一天，你一定会成为他们那样的人的。日日与名师为伴，日日读着名家的思想，心被感化了，情被触动了，眼界就被开阔了，思想的火花就被迸发了。于是，我也连续不断地发表论文了，报刊也开辟专栏连载我的写作指导了，专著也陆续出版了。

春花明媚，芳香沁心。在万花丛中可有你最欣赏的那一朵，那一枝？偶尔，在不久的将来，你也肯定会发现，在璀璨绚烂的芬芳里，也一定会有"你"自己鲜亮、明艳的一朵，摇曳着，浮动着，风姿着。

写到这里，请允许我用朱自清的抒情诗《光明》①结尾吧：风雨沉沉的夜里，/前面一片荒郊。/走尽荒郊，/便是人们的道。/呀！黑暗里歧路万千，/叫我怎样走好？/"上帝！快给我些光明罢，/让我好向前跑！"/上帝慌着说，/"光明？我没处给你找！/你要光明，你自己去造！"②

第二节 磁力

阅读有磁力。阅读《语文教学通讯》杂志，读着顾之川先生的文章，如晤。

顾之川先生是我的老朋友。那是 20 世纪 90 年代中期，淄博市进行新教材的培训，我们聘请人民教育出版社顾振彪先生来淄讲学。第二年培训再邀请时，由于顾老师要当职称评委，就推荐顾之川先生来淄博了。那时好像是顾之川老师刚去人教社不久，当时他已经是全国高考语文命题人了。自此我就与顾之川老师熟悉了。我的两本专著《语文，丰富的表情》《诗解语文》都是请先生作序的。先生也曾多次被邀来山东讲学，我也多次与先生见面。有时在一起窃窃交谈，有时也对感兴趣的话题哈哈大笑。最近的一次见面也已经是三四年前了，那是在"语文报杯"全国中青年语

---

① 朱自清：《光明》，载《晨报》，1919(11)。
② 王玉强：《日日学着摇曳》，载《语文教学通讯》，2014(16)。

文教师课堂教学大赛上。在黄山的浓郁幽绿里，在悠悠的白墙蓝瓦的古韵中，听着他轻松的谈笑，如沐春风里。

看顾之川先生的文章《我的语文缘》，才真正了解了先生的执着与不懈追索。他曾经教过小学、初中、高中，在农村、城镇、重点学校教书；他曾经是中师毕业，进而完成了专科、本科、硕士研究生、博士研究生的梦想；他曾经分配到青海边缘地区，但他却立下了"燕雀安知鸿鹄之志哉"的志向，走向了北京，走向了更高的学术高地。他的一句话深深地打动了我，他说："作为个人，我们无法改变社会，也改变不了现实，甚至也不能改变周围的人，唯一能改变的只有我们自己。"这句话真是绝妙。是啊，我们在路上，在探索的路上，你能改变路边的树木吗？你能改变头顶的天空吗？你能影响鸟儿的鸣叫吗？不能，你唯一能改变的就是自己的方向、自己的路径、自己的心情。你或许会走向田间的阡陌，你或许会走向更葱郁的林间，你或许会走向静静流淌的小溪。因为双脚是你自己的，你有支配的资格与权力。一位名人说过：人生在世，就是支配别人这样做。但直到今天，我才明白这句话我辈是办不到的。我与顾之川先生的认识是出奇地相通，就是一个人，千万不要企望去改变别人，唯一能改变的不是别人，而是自己——自己的思想、自己的行动、自己的志向。

看文如与先生面对面对话。先生现在已是全国中学语文教学专业委员会理事长了。他就这样把自己的胸襟坦荡荡表露出来，让我们看到了一个赤诚的他、透明的他、纯真的他、梦想的他。我读了此文，真有些感动了。那是一个怎样的追索啊！求学的道路，是那样的坚定与沉着；治学的步履，是那样的稳健与不凡；追求的理想，是那样的质朴与平实。这是一个真实而平凡的人，一个令人崇敬而备受感动的人。这个人就在我的对面，微笑着，还有一点憨憨的聪慧的样子。

语文学习的方法是多种多样的，如鉴赏古诗，为何学生学习了很多古诗了，还是不会自己鉴赏呢？说白了，就是我们教师没有交给学生具体的、实用的、快捷有效的方法。我曾听过一位优秀教师的古诗鉴赏课，他就总结了炼字、品味诗句以及分析感情的具体方法，那就是从词语、句子本义入手，结合诗句的表现手法，探讨句意，进而结合全诗的主旨与感情概括，从因而提炼出了一种具体的古诗鉴赏的方法：本义—句意(结合手法)—文意。当然这种方法只是一种鉴赏的路径，也肯定不会放之四海而皆准。

　　最近，我在一次高中语文教研会上提出了三个观点：一是课堂教学的"文"在哪里？就是说，我们的语文课，特别是公开课优质课，十分重视人文性了，但重视语言鉴赏，重视语言运用却弱化了。二是课堂教学的"法"在哪里？语文教师仅仅是为一篇而教，而没有提升到"类"的高度，更没有交给学生具体的学习的方法。三是课堂教学的"我"在哪里？集体备课很好，但这往往重视了共性，而忽视了个性，忽视了每位教师的创造性，忽视了每位教师独特的带有独见的研究与探求。我们的课堂要有无限的生命力，一定要有教师独见的自己啊。

　　斯文在兹，读文如晤。恰似两人就座，一同品茶。袅袅余香，伴着顾先生的睿智，更加沁人肺腑。

第二篇　专业写作之道
——锻造表达力

　　写作之道，就是"义理、考据与辞章"，这是姚鼐的观点。义理，是指普遍皆宜的道理或讲求经义、探求明理的学问；考据，指研究文献或历史问题时，根据资料来考核、证实和说明；辞章，是诗词文章等的总称，或者指文章的修辞与写作技巧。写作的优劣往往取决于思考的广度、深度和创意。徐师曾在《文体明辨序说·文章纲领总论》中说："体者，文之干也；意者，文之帅也；气者，文之翼也；辞者，文之华也。"是说，体裁是文章的主干，意旨是文章的统帅，气势是文章的双翅，辞采是文章的华表。杜牧在《答庄充书》中说："凡为文以意为主，以气为辅，以辞采章句为之兵卫。"是说，凡是写文章应以阐明意旨为主帅，以气势为辅助，以辞采章句为卫士。故写作的意、气、体、辞四者，尤为重要。

第五章　专业写作之价值

第一节　写作之于发展

一、发展价值

教师专业写作对教师发展价值何在？教师的专业写作对教师的专业发展起着特别重要的作用。

发展在于激励。李镇西曾说，教师为什么要专业写作？第一，就是反思教学；第二，写作的目的是积累素材，如果不写，这么多教学的珍宝就不知不觉流走了；第三，品味体验点点滴滴的幸福，做了一次成功的教育，这是幸福，再写一遍又把幸福重温了一次，是自己激励自己的方式；第四，留下珍贵的、有意义的、有情趣的记忆。他还说，教育写作，不要有功利性，不要老想着发表，当然，能够发表更好。他的写作分两类：第一类，是写给自己看的；第二类，是写给别人看的，比如校内交流、博客、征文投稿。

发展在于成长。教师的专业写作是丰厚自己、让自己迅速成长的重要方式。教师要把自己在教室里的经验教训，创造生成，对这个职业的思考，通过写作教育笔记的形式留存下来。江苏省教育科学研究院颜莹说："教育写作是有特定边界和内涵的。作为一种专业表达，写作者不仅需要具备选题立意、谋篇布局、修辞表达等通识意义上的写作知识，还需要学习教育方面的专业写作知识，也就是对各类教育文体的学习研究。教育叙事、教育案例、学术论文、调查报告、文献综述等不同的教育文体，是当下中小学教师基本的教育教学研究成果表达样式，但各有其文本特征和写作技术。"①她还说，教师作为写作者，应当具备明确的文体意识，了解各种教育文体的含义、功能、特性、分类、材料获取、写作方法和注意事项；学会辨析相近、相关文体的联系与区别；弄清它们撰写时的易入误区、困难所在及其破解对策等。有了这些理论的涵养和指导，并以不断的写作实践相跟进，教师在写作时就能理解其中的学理，在认识上"辨体""明体"，写起来又合乎规范，做到"合体""得体"，这样教师的专业写作水平就能快速提升。

发展在于理性认知。教师的专业写作，有的是给自己看的，如写日记、日志，在电脑上写一点文字，或者是批改的学生作文、教学后记，或者是对某个教学行为的反思。当然在写给自己看的同时，也可以进行梳理、整合，进行适度的文字加工与理性观点的提炼，进而推而广之，予以投稿发表。有的是写给别人看的文章，包括发言稿、征文比赛、年度交流、教学论文写作、专著出版等。教学论文的范围是十分广泛的，其内容与形式也是多样的。你可以对学科课程标准写感悟，可以对高考试题写看法，可以对某篇课文或某个教学内容写新的思考，可以写教学设计与单元指导，可以写指导学生学习的成功经验，等等。写文章就要有观点，有论据，有思路，有逻辑层次。这就说明，一位教师由教学的感性认识，通过专业写作，就会增加理性思考了，就增强了理性认识，这难道不让教师的认识、理性、观念更丰厚？

发展在于深度自觉。教师的专业写作不光是为自己看的，你也可以发表。你写的文章多了，自然你的文笔就灵动了，你的教学认识、教育自觉、理论水平与理性认知，也会随之增长的。当然，专业写作，发表与否不是目的，记录自己丰富的生活、教学的经验才是目的。所以说，教师的专业写作是记录自己教学经验与人生丰厚的立体展现，也是由肤浅的"我"，走向有深度的"我"的过程。

二、省察价值

省察在于反思。教师的专业写作，实际上更是一种教学反思与自我反省。苏格拉底说：没有反思的生活，是不值得的生活。《礼记》言："学然后知不足，教然后知困；知不足，然后能自反也；知困，然后能自强也。"人民教育家于漪也说："我上了

---

① 颜莹：《教师如何在专业写作中成长》，载《中国教育报》，2020-06-11。

一辈子课，教了一辈子语文，但还是上了一辈子深感遗憾的课。我做了一辈子教师，一辈子在学做教师!"①这些都是对教师积极反思与自我觉醒的启示。上海财经大学附属中学吴姝老师在阅读于漪老师的《反思》文章之后体会到：于漪老师每上完一节课都要写一个"教后记"，要记上学生的闪光点，记下自己的不足、缺陷，以利于改进。在课堂上，于老师努力做到要言不烦，一语中的。她明白当自己讲课最含糊的时候，就是废话最多的时候，教师废话一多，学生就如堕五里雾中，于是她每次都给自己留下"废话记录"。有时候，学生能够超水平发挥，提出一些超出备课时想象的问题，于老师也都一一记下，记下解答后的感悟，记下解答留下的遗憾。这需要多么惊人的毅力呀！这正应验了那句名言——细节决定成败。

省察在于提升。"教后记"就是教学反思，可以侧重几个方面：一是对备课的反思。课前的设计自己觉得很周密，但一经课堂的检验，学生的检验，就会发现很多地方不科学，很多问法欠完善。二是对课堂的反思。课堂是因时、因地、因人的不同而不同，一个老师教两个班，两个班的教学，因学生的不同而不同。课堂也是随时变化的，有一些问题的问法，是很成功的；而有些问题，因问法难易度不同，其效果差异很大。这些都值得反思。三是对灵感、智慧的记录与思考。课堂上学生也会给你很多智慧与创造，同行与网络也会从很多角度提供很多资讯，提升自己的教学智慧与教学艺术，这些都可以写下来。

省察在于清醒。当然，专业写作包括很多方面，如写教后记、教育日记、教学日志、教学设计、课堂生成、教学反思、文本新探、作文研究、课程标准解读、高考研究等形式，你的专业能力提升了，而你的人生幸福感与荣誉感也提升了。通过专业写作，你的教学会更清醒，更主动，更享受。专业写作就是你对教学、对学生、对收获、对失误、对遗憾的一次次省察，一次次记录，一次次体味与觉悟。这样的老师才是日日觉醒的老师。专业写作也是促使你人生更丰富、专业成长更迅速的途径。

---

① 邢晓凤：《于漪：我上了一辈子深感遗憾的课》，载《教育家》，2018(12)。

第二节 写作之于学术

一、思想价值

学术在于思想高度。法国思想家涂尔干说："教育本身不过是对成熟的思想文化的一种选编。"①教师的专业写作，会使自己走向一个高度——做有思想的教师。朱永新说："在新教育实验开始不久，我在教育在线网站发过一篇题为《投保朱永新成功保险公司》的帖子，要求参与新教育实验的教师坚持写作，每天用心记录自己的生活，记录自己与学生的交流，记录自己的阅读与思考。坚持10年，每天1000字，赔率是1∶100。"②如果不成功，他赔偿，以一赔百。结果很多老师写一年后变化让自己很吃惊，很多教师写了三年笔记，一下子全国出名了。为什么呢？因为教师用心了，思考了。因为不断写作的教师，能够在写作中不断发现自我，不断超越自我。

思想在于成长提炼。教师的专业写作，不仅仅是记录，它还需要思考，需要文章的构思，需要用时间来表达思想。所以，一位教师的成长不仅仅是写了一篇文章，更多的是他进行思考了，从生活中、教学教研中学会了提炼、整合、分析，于是他对教育教学有了更深的思考，就是要做一名有理想、有思想的教师了。这难道不是成长？不是思想的成长？不是未来的教育家在成长？

思想在于不断探究。冯恩洪参加《未来教育家》组织的"何为当代教育家"特别访谈活动时说：1980年6月27日，上海《文汇报》用了整版篇幅发表了《探索者的新里程》，介绍了我的德育改革探索，引发了全国教育界的大讨论。我明白了一个道理，感觉只能解决现象问题，理论才能解决本质问题。从此以后，我给自己定了一个计划，每天自学一小时，这个习惯我一直坚持到昨天晚上。学习让我更加懂得"没有最好，只有更好"的道理，最好是一时的现象，更好才是永恒的追求。衡量一名教师是有生长性的，还是涨停板的，有一个鲜明的标志——涨停板的教师喜欢津津乐道，宣扬自己曾经上过的课是多么卓越；而有生长性的教师，他会永远觉得上

---

① 转引自朱永新：《教育，让梦想成真》，87页，青岛，青岛出版社，2019。
② 朱永新：《教育，让梦想成真》，197页，青岛，青岛出版社，2019。

过的课是一门遗憾的艺术，一定还存在需要改善的地方。我们由此认识到：想做教育家，就要立足课堂，想做教育家，就要不断研究教育中存在的问题，根据自己的实践、探究寻找解决的办法。

思想成长是什么？就是从原来的位置高度，走向了更高的纬度。一般来说，成长是思想的成长。专业写作，就是展示成长的一个过程。如何记录成长？就是写作。朱永新曾介绍了一位53岁农村女教师的成长经历："有个快要退休的普通农村女教师，她的学校参加了新教育实验，她看到年轻教师都在读书、写日记，她不甘落后，于是也开始读书，开始写心得。一段时间后，也开始发表文章了。她53岁时写了一篇《51岁的我》，表达了自己的真实感受。她说：'我教了一辈子的书都不知道什么是教育，现在我才大约知道了什么是教育。''我教了一辈子的书都没有找到青春的感觉，现在似乎才有了青春的活力。'"[①]教育日记与随笔的写作应该形成一种习惯。朱永新建议，应该每天能够写一点东西，特别是学会坚持写日记。写日记是非常好的习惯。他是从中学开始一直写到今天，他几十年没有间断过，他每天在微博上发原创的六七个小段子。最近他根据这些片段，出了三本书：《朱永新教育感悟》《朱永新人生感悟》《朱永新阅读感悟》。

这些都是生活中的点滴，但它记录着成长，记录着思想。每一天都在成长，身体的成长，阅读的成长，教学的成长，进而达到精神、思想的成长。

二、学术价值

学术在于自觉。教师的专业写作，更深层次的理念就是——学术自觉，这源于自信力。影响自己，也影响他人。你写的文章发表了，有很多人会看到、会学习，不知不觉间会影响很多人的。你只有写得多了，才能感到，"有很多文章我也可以写出来，我也可以出书，出专著"。学术成果并不是遥不可及，而是唾手可得的。

学术在于自信。我也曾是一名普通的高中语文教师，20岁参加工作；也曾是毛头小伙，也曾是看着教案上课，也曾是听了别人的课之后才敢上课；也曾经抱怨过为何荣誉都是别人的，也曾经埋怨过语文组长的不公；也曾慨叹刊物发文是不是

① 朱永新：《教育：创造无限可能》，3页，青岛，青岛出版社，2020。

都是关系稿；也曾发牢骚，认为世界是不公平的。但是最后我却总结了一点——必须自己做得更好，必须比别人"多走"半步。"只要学起来"，这是柔石的话。柔石都能在监狱里学外语，人家境界为何那么大？史铁生身残还成了大作家，我辈不汗颜吗？这样一想，世界的一切时间都是平等的，只不过自己太安逸了。自己不努力，客观找原因啊。于是我奋起了，开始写论文，写专著，创造"另一个自己"，这就是专业写作带给我的收获。

学术在于借鉴。如何进行专业写作？我们可以借鉴他人的经验。叶圣陶先生这样介绍写作经验：我们自己写东西，当然也要先想清楚，写下提纲，然后按照提纲顺次地写。提纲即使不写在纸上，也得先写在心头，那就是所谓腹稿。叫腹稿，岂不是已经成篇，不再是什么提纲了吗？不错，详细的提纲就跟成篇的东西相差不远。提纲越详细，也就是想得越清楚，写成整篇越容易，只要把扼要的一句化为充畅的几句，在需要安榫的地方适当地接上榫头就是了。这样写下来的东西，还不能说保证可靠，得仔细看几遍，加上斟酌推敲的功夫。

学术在于创造。特级教师程翔，他从1994年以来，出版了不少专著，如《语文教改探索集》《语文课堂教学的研究与实践》《播种爱心》《语文人生》《课堂阅读教学论》《一个语文教师的心路历程》《说苑译注》。这些专著相继问世，是出自一位普通语文教师之手，谁不佩服？试问，这些专著又影响鼓舞教育了多少人？杨桂青在《一位中学语文教师的文化追求》一文中介绍，程翔为了准备《荷塘月色》教学，从图书馆借来所有关于《荷塘月色》的资料，还写信向《朱自清研究资料汇编》主编朱金顺、北京大学季镇淮请教，又打电话向华东师范大学朱自清研究专家陈孝全请教，还买来陈孝全的《朱自清传》研究。教学之后便有了《〈荷塘月色〉主题谈》和《〈荷塘月色〉主题再谈》等论文发表。教学与论文的写作，必须建立在较雄厚的资源基础之上，要借鉴更要有自己的新见解与新主张。

学术成果展示着教师的理性层次与教育高度。所以理论著述与学术成果，无形之中既是对教师教育教学的最高肯定，同时，其成果与学术研究又深深地影响着别人，影响着学术的进步。这既改变着自己，也改变着别人，改变着教育——这就是学术价值。记住《在与众不同的教室里》一书中的一句话吧：教室里有什么样的老师，就有什么样的教育；有什么样的教育，就有什么样的国民。

第六章　专业写作之架构

第一节　短章贵"得"

一、"小"处着笔法

"小"处着笔法，主要适用于细小、细微文章的写作，如教育日记、教育日志、教后记、教育微思录等。

以教育日记为例。如何写"教育日记"(或"教育日志")这类文章？教育名家是如何写作"教育日记"的？苏霍姆林斯基说："我在自己的日记里还记录着，学生家里有哪些书，家长受过何种程度的教育，父母用多少时间教育儿童。把这些材料进行比较，也很有意思。在我的日记里，关于后进生的记载占有重要的地位。记日记还有助于集中思想，对某件事进行深入思考。记日记能教会我们思考问题。"①苏霍姆林斯基在《给教师的建议》里是如何记录教育教学生活的？试举两例。

我在五至七年级教过几年数学。我在班上建立了两个学习小组，一个是最有才能和天赋的学习小组，另一个是对知识漠不关心、态度冷淡的学习小组。关于怎样唤醒后一类学生的意识的故事，会是一篇关于赢得他们的思想和心灵的十分有趣的叙事小说。我力求使学生在小组里获得的知识影响人与人在集体中的关系，即树立个人的自尊感。一个人在没有感到自己是个有思想的人以前，不可能真正会自豪于自己是个有用的人。②

学习植物的根部系统时，我给学生讲述，纤细的根毛怎样从土壤中吸取植物所

---

① [苏]苏霍姆林斯基：《给教师的建议》，周蕖、王义高、刘启娴、董友、张德广，78 页，武汉，长江出版传媒、长江文艺出版社，2014。

② 同上书，78 页。

需要的物质。我把注意力放在事实的一个接触点、联结点上，即土壤中时时刻刻都在进行生命活动，这种生命活动在土壤的深处不论盛夏和严冬都永不停息；约 10 亿微生物好像都在为众多的根毛服务，没有这种复杂的生命活动，树木便无法活下来。我对学生说："孩子们，让我们仔细看看这种复杂的土壤生命活动，仔细想想，这种生命活动是怎样依靠周围环境的物质的。你们面前展示着生物和非生物的相互作用。"非生物怎样为生物提供建筑材料，我阐明并集中注意力于这一点，便是在学生面前揭示出某种新东西，能促使他们对大自然的奥秘感到惊异。人的内心有一种根深蒂固的需求——总想感到自己是发现者、研究者、探寻者。①

1. 教育日记如何"叙"

这两则叙事有何特点？其一，叙述简短，聚焦细节，言之有物，付诸情感；其二，理性思考深刻深邃，从具象到抽象，从感性到理性；其三，让学生成为教育叙事的主角，时时围绕学生学习、学生思维、学习过程，来提升教育理论层次。

2. 教育日记贵于记"实"

教育叙事对于教育工作者来说特别重要。苏霍姆林斯基为何成了教育家？就是因为他几十年来从来没有脱离教学实践。我很欣赏他提出的三个口号："到教师中去！到学生中去！到课堂中去！"他既当校长又兼语文教师，既教书又当班主任。他记录的教育、教学资料就有 200 多本。苏霍姆林斯基 32 年坚持写教育日记，一生撰写了 41 部专著，发表了 600 多篇论文，写了 1000 多篇供学生阅读的作品，成为教育思想的集大成者。

3. 教育日记贵于持守

数学特级教师华应龙，22 年从未间断坚持写教后感和反思，已发表论文 400 余篇。窦桂梅靠"恒"劲积累了 100 多万字的教育教学笔记。李镇西，他每天对"五个一工程"坚持不懈，即上好一节语文课，与一位同学谈心或书面交流，思考一个教育问题或社会问题，读书不少于一万字，写一篇教育随笔。正因为李镇西思考了，记录了，于是才有了《爱心与教育》《走进心灵》《从批判走向建设》《风中芦苇在思索》等著作。

---

① [苏]苏霍姆林斯基：《给教师的建议》，周蕖、王义高、刘启娴、董友、张德广，7 页，武汉，长江出版传媒、长江文艺出版社，2014。

4. 教育日记贵于思考

美国教育心理学家波斯纳提出了教师成长公式：成长＝经验＋反思。特级教师闫学在介绍如何写作时也说，一个不能在课堂上展现自己对教育教学的理解与思考的教师，不是真正的名师；一个真正的名师不应该惮于将自己对教育教学的思考与大家分享。写作就是将阅读与现实生活相链接展开写作，将阅读与教育实践相链接展开写作，将阅读与个人体验相链接展开写作。

教育日记有它神奇的魅力。写教育日记，就是每天记录一点，学生的、教师的、备课的、上课的，读书的、思考的内容，都可以记录下来。语言可以是严肃的，也可以是轻松的；篇幅可长可短，可以是几行字，也可以是洋洋洒洒。总之，要形成习惯。当然，教育日记也不一定每天都记，有事则记，无事则免。

【案例】 教育日记四则

日记一：教师应是学生学习的发动者。阅读《中国教育寻变》一书，里面介绍了北京十一中闫存林老师对教学四个问题的思考，深有感触。四次追问是：第一次追问，怎么样教好？第二次追问，该用怎样的方式教好？第三次追问，该用怎样的方式让学生学好？第四次追问，我所教的是学科吗？教师应是学生学习的发动者，这四者都是从自我角度找问题的。用什么方式教，用什么方式让学生学，并且"教好""学好"，这里大有努力的空间。

日记二：小学作文就是写记叙文。在电梯里，一女士抱着一套"小学生作文"丛书，有六七本。她见我便问："王老师，小学生作文怎么写？我的孩子小学四年级了，作文总也不行。"我直截了当地说："看这书可以，但太多了，一本小学生优秀作文就好。我给你一个办法，就是问问孩子，你妈妈好吗？哪三件事好？你爸爸好吗？有哪三件事好？写下来。如果不好，哪三件事不好，也写下来。一件事如何写？就是时间、地点、人物、事件，关键是写细节，把人物对话、感情写下来就行了。小学生写作文就是写记叙文，写爷爷，写姥姥，写陌生人都行。"这位女士说："就这样简单？"我说："是啊，小学生的作文就是倡导写真实的生活与感悟啊。"这位女士笑了，轻松了许多。

日记三：教师的可贵之处在于洞悉规律。中考前。一位高中语文老师问我："王老师，我孩子要中考了，你猜猜题吧。"我说："我中考不命题，但中考作文有命题规律啊。"她忙说："有啥规律？"我说，中考作文就是一个作文题——与你为伴。中考作文都是写记叙文，题目都比较大。有一年也是一位高中语文老师让我猜题，我就是告诉她一个作文题"与你为伴"。恰好，那一年的中考作文题是"与你同行"。"与你为伴"这个题目，这个"你"可以是人，也可以是物，还可以是思想。人，可以写父母、爷爷、奶奶、姥姥、老师、同学、朋友、邻居等；物，可以写书籍、琴棋书画、树木山水、时间、旧毛衣等；思想，可以写坚强、仁爱、真诚、简朴、孝敬、精神等。每篇文章最好写两三件事，写出人物对话、心理、情感来，抒发真性情。中考后。这位老师对我说："王老师，你真神。我回去让孩子写了这篇文章，孩子写的是'与姥姥为伴'，写了她姥姥如何教她剪窗花的事。今年中考作文题是《别着急，慢慢来》，她就把剪窗花的事写了，语文成绩超出平时成绩不少呢，谢谢您的指点。"我嘿嘿一笑，欣喜。

日记四：教学贵在个性的发现。昨天，一位高中老师给我信箱发了一篇文章，写了她的一个发现，说《赤壁之战》中三处孙权对曹操的不同称谓，看出孙权的心情。曹操——老贼——孟德。"非刘豫州莫可以当曹操者。然豫州新败之后，安能抗此难乎？"孙权对曹操是直呼其名，以示轻蔑之意。"老贼欲废汉自立久矣"，又说"孤与老贼势不两立"。孙权已经"出离愤怒"了，有点气急败坏。"便还就孤，孤当与孟德决之。"曹操变成了"孟德"，此时孙权已成竹在胸，冷静、理智地对待对手。语文教学贵在教师的发现，这是教师深度研究的结果。记得有一次山东省的优质课评选，一位选手发现了《赤壁怀古》中的不同称谓，孙仲谋，寄奴，元嘉，廉颇，为何这样称谓呢？他由此进行探究。当然，那节课没有评上一等奖，为何？就是这些发现属于深度探究的方面，可以撰写论文，而作为课堂重点则有失偏颇。但课下让学生探究却是很好的选题。

二、"疑"处深思法

"疑"处深思法，主要应用于反思类文章的写作。叶澜教授说，一个教师写一辈子教案不一定成为名师；如果一个教师写三年的反思，有可能成为名师。写教育反思的目的是从经验反思中吸取教益，走"实践—反思—再实践"的路子。反思要自觉自愿地去做，主动去做。反思，一般通过对比来领悟。你的设计、你的授课，与名家的课相比如何？你的教学成绩与同行的成绩对比看，有何差距？差距在何处？

我国心理学家林崇德提出了"优秀教师＝教学过程＋反思"的成长规律。一名优秀教师需要在五个方面进行教学反思：写成功之处，写不足之处，写教学机智，写学生创新与发现，写再教设计。反思的方法有——在疑问处反思，从不同角度来反思，从转换知识体系反思，从转换时空反思，从假设问题反思，从联系对比反思，从事物本质角度反思，等等。通过这些反思，就能形成教育反思片段文章，如下所示。

【案例】 教育反思

反思一：要对文本提出自己的疑问。听课《峨日朵雪峰之侧》，课堂上，老师讲了作者简介，讲了雪峰的来历，讲了"高度""太阳""蜘蛛""大自然"的含义，讲了这是怎样的峨日朵雪峰，这是怎样的"我"等。我听课时反思了几个问题，估计这位讲课的老师也回答不了——"我"与太阳什么关系？能不能说：作者"我"就是太阳？"嚣鸣"怎么成了喊杀声？喊杀声难道不是"我"自己发出的？血滴象征了什么？难道蜘蛛不是指"我"？快慰的含义是什么？为何老师不让学生抓住"景与情"的关系理解文本？为何写这些景——太阳、滑坡、巨石、雄鹰、雪豹、蜘蛛？为何写这些情——惊异、彷徨、喊杀、撕裂、渴望、可怜、快慰？只有这样分析文本，对文本提出自己的疑问，你才能深入到文本的里面、背面，去深层挖掘作品与作者的思想，进而挖掘作品给予我们的真正意义与深刻内涵。

反思二：要在无疑处生疑。在田横故里听课，一位青年教师正在教学《行路难》。我陷入沉思：李白为何"拔剑"？为何要用"欲渡黄河冰塞川"？"忽复乘舟梦日边"中的"梦"指什么？"多歧路"到底有多少歧路？"长风破浪会有时"，要突破多少险"浪"？"行路难"中的"路"指什么？如果我们在学生理解的基础上，再提问一些深层次问题，文本理解就深刻了，教学思想就深化了，学生对李白的认识就深入了。

反思三：课堂要展现学生思维的过程。听一位老师讲《荷花淀》，讲到五个女人想看丈夫的时候，她展示了这样的多媒体课件：把五个女人的话列一边，把五种性格列一边，让学生连线。这些性格是：忸怩含蓄，机智伶俐，性急，谨慎全面，直爽。学生当然很快答对了。我想，这样的设计有什么含金量呢？只不过记住了一些性格而已啊。我觉得，语文的课堂要有起码的思维过程，让学生在思考、分析、归纳中提升自己的思维层次与思维自觉。教师就算以其中一个句子为例来分析，然后再让学生学着分析也好啊。如"我不拖尾巴，可是忘下了一件衣服"如何分析？表层意蕴是什么？"我不是落后，要去送衣服，关怀丈夫。"深层意蕴是什么？它暗指想去见见丈夫，关心丈夫安危；衣服只是托词，表现了女人忸怩、委婉、含蓄的性格。这样有层次地分析，就可以立马让学生明白：分析语句有表层意蕴与深层意蕴的分析方法。所以课堂设计的问题，一定要有思维的梯度与层次。要让学生既学会分析，又得其方法。

三、"感"处联想法

"感"处联想法，主要适用于教育随感类文章的写作。何谓教育随感？就是对教育教学现象与理论进行随感、议论的一种文体。其内容可以涉及教育教学的方方面面，其形式可以多种多样，但重要的是有"感"而发。

我的文章《优秀教师的标准》是一篇随感。文章由李镇西的观点"课上得好，班带得好，分考得好"—"转化后进生"—"能说""会写"的顺序写下来，逐层分析。表面看，是重复别人的东西，而实际上这恰恰是随感的特点。第一，引用李镇西的话，有说服力，大家一看很信服。第二，感想发自内心，有感而发；或深入思考，或联系案例，增强了认识深度。第三"借力为力"，善于借鉴借用，就是善于"把别人的观点延伸到自己的观点上"，借用别人的观点形成了自己的文章。这也是随感特质之一。

【案例】 优秀教师的标准

优秀教师的标准是什么？李泽厚说，教师有一点特别重要，首先要安心。李镇西说，好教师先要做到三点：课上得好，班带得好，分考得好。这是最起码的标准。这三点是立命之本。他还说，如果再加一条，就是后进生转化。能转化后进生，也是好教师的标准。从一个好教师成为名师，还必须有两点：能说，会写。一个名师必须出口成章，下笔有神。那么，我们说优秀教师要达到以下四点。

课要上得好。就是课堂教学要有自己的特色，要出类拔萃。在学校里，教师第一位的就是上好课，就是在学校各类课堂教学比赛中崭露头角。这就要求教师研究课堂教学的规律与路径。课堂教学说得简单一点，就是有所取舍，突出重点，用问题推动课堂，充分发挥两个积极性：教师设计问题的积极性，学生课堂自然生成的积极性。

班要带得好。就是班主任工作要出色，这也是一个优秀教师的立足点。班主任工作是最能展示一位教师管理才能的，也展示着教师的爱心与责任心。你所带的班级，纪律、成绩、班风都是一流的，你的班主任工作就成功了。

分要考得好。评价一位教师，班级成绩优秀是一个关键的指标。所以，一位教师千好万好，最重要的是你的教学成绩要好，这也是社会、家长、学校评价教师的一条至关重要的标准。要想成绩好，就必须有一套行之有效的指导学生学习的办法，就必须学会如何查缺补漏，补上成绩落后的短板。这就要在实践中学习先进教师的经验，认识自己的短处，反思矫正。

转化后进生。后进生，每一所学校都有，每一个班级都有。转化后进生，谈何容易？所以非下苦功夫不可，非付出时间与汗水不可。当然，转化后进生关键一点是找到后进生落后的直接与间接原因，是家庭的，是社会的，还是自身的？进而让后进生有学习的欲望与兴趣，这就要求教师学习一些心理学知识了。

上面这四点，是一位优秀教师的标准与条件，要真正达到这些标准，并非一蹴而就，需要五至十年的努力。而从一位优秀教师到一位名师，则需要再加两条，那就是"能说""会写"。

能说。就是于漪说的"出口成章"。假设你成为一个优秀教师了，人家要你发言，你怎么办？要说出来呀，这当然要靠教师的口头表达能力了。能说，至少要做到三点：一要做到有趣味，你的发言要声声入耳；二要认识有独见，要言之有物，言之有我；三要表达清晰、简明、畅达，就是不拖泥带水，不事无巨细，要突出重点，言之有事，言之有文，言之有理，言之有得。

会写。就是下笔成文，这也是成为一个名师的重要条件。你有很多教学体会，你要写下来；你有很多新的见解，你要写下来；你指导后进生成功了，你要写下来；你的课堂评为优质课了，你要写教学后记；你的学生获奖了，你要写指导体会；你的班级成绩斐然，你要写教学经验；甚至你的教育教学的失误，也可以写下来。这些都需要写，都可以写成论文发表。教学的过程，就是一个教师成长的过程。当然，教师写文章最重要的就是写教学论文。你要订一两本专业教学刊物，学学人家的文章是怎么写的，你要学习借鉴。

从一位普通教师，到一位优秀教师，再到一位名师，是需要一个过程的，过程最重要。于是，李镇西说，在这个过程里，你就要做到"四个不停"——不停地实践，不停地总结，不停地思考，不停地写作。思考最重要，之后才是写作。名师是做出来的，不是说出来的。

第二节　案例贵"析"

一、经验提纯法

经验提纯法，主要适用于优秀案例的分析，如班主任工作案例经验、教学案例经验、高考复习案例经验、科研课题案例经验等。

确定案例与分析。教育的最大欣慰就是教学与学生的成功。一篇篇课文，就是案例；一个个学生，就是一个个案例。案例的确定很重要，要选择优秀案例来具体分析。案例分析也要理出几个分论点，来支撑大观点。所以，一名优秀教师必须从一个个案例入手，来具体分析案例的典型性与普遍意义。

如何写案例？写好一个案例要做到以下几点：一要有雄厚的学科底蕴，要打通学科知识、能力与路径；二要洞察学科变化、学科精髓、案例典型，以案例形式，来展示自己的学术研究；三要研究各种案例类型，如高考思维案例、复习典型案例、学生成长案例、家校联动案例、教学专题案例、课堂实录案例等，教师能迅捷而明晰地分析案例的逻辑关系与思维层次，理出基本观点，围绕几点，深度剖析案例；四要厘清案例的逻辑关系——因果关系、辩证关系、对比关系，通过归纳推理与演绎推理，进行案例深度逻辑分析。

试举一例。淄博市一位考入北京大学的学生张可心，高考成绩671分。由此我试图对这个案例进行分析写作。一方面我让张可心的语文教师写一份经验的总结；另一方面，我把张可心的高考作文反复揣摩，写成了一篇文章《张可心高考语文143分的奥秘》，最后发表。这就是从一个案例入手，来阐明学科教学的规律与方法。

【案例】张可心高考语文 143 分的奥秘

　　张可心是 2015 年山东淄博七中的考生，她以高考语文 143 分的绝对高分获得了山东省高考语文第一名，被北京大学经济学专业录取。本文想重点谈谈她的作文奥秘。我猜想她的作文分数得了满分，或者接近满分。她的高考作文是这样写的。

实用主义和探索精神

　　面对缠绕难辨的藤须，小儿天真亡赖，执意分辨个一清二楚；父亲则成熟透彻，一语道破其食材本质。这一子一父截然不同的两种态度，殊堪玩味——在我看来，实用主义和探索精神可称为人生的两种姿态，互运兼施才能收获人生胜景。

　　从古希腊智者学派到胡适"多研究点问题"，实用主义源远流长、颇具争议。面对藤须之辨，奉行实用主义的父亲深谙世间事难得糊涂，分清亦无用。在这里，这种一切以目的、利益为中心的功利色彩，与其说是一种世故，不如说是行走世间朴素自保的人生哲学。人生苦短，若再不实际些，专注于目的，那么总会被旁逸斜出的枝杈干扰，失去前方明晰的焦点。

　　美国国父富兰克林可谓实用主义的代言人。作为科学家，他在晦涩艰深的理论层面探索不多，却凭众多实用的发明如泳镜、摇椅在科学史上独享尊名；作为政治家，他没有探索过什么破天荒的制度创新，却凭灵活变通、成事务实、专注结果的政治品质和踏实贡献成为至今人们还津津乐道的美国国父。

　　回首华夏，泼墨华彩的五柳居士直言"不求甚解"，励精图治的拗相公甩下"三不足"的万丈豪言。试想，倘若字斟句酌、研究不止，那么陶渊明恐怕只会成为一个汲汲古卷的穷酸书生；倘若只为寥寥天命、人言、祖宗就放弃切实富国强兵的改革，那么颇具市场精神的王安石变法也许根本不会横空出世。

　　如果说实用主义是一种相对封闭，目的导向的价值取向，那么探索精神往往更开放，侧重于好奇心和兴趣的指引。如果说实用主义者往往目的坚定、方向确定、路线固定、轻重分清，探索者则正好相反。正如小孩不更人事，稚嫩的眼睛里看到什么未知的东西都很有趣、值得探索，即便分清藤须本无意义，拉扯之下还会带来破坏，探索者就是这么忠于好奇，忠于乐趣，忠于真理。

　　科学史上众多开天辟地的成就无不起源于不经意间小小的执着探索。苹果落地，砸疼了牛顿聪明绝顶的脑袋，也砸出了震烁寰宇的万有引力定律；壶盖顶起，牵引了小瓦特好奇的目光，也牵引出来了整个工业时代的序幕。倘若牛顿眼中的苹果只是"用来吃的"，那么还谈何科技发现？倘若瓦特眼中的水壶只是"用来烧水"，那么蒸汽机断然不会横空出世。探索是发现真理的第一步，是创新求异的垫脚石。

然而，一味遵循实用主义，不免太过功利刻板，不仅索然无趣，而且循规蹈矩，难有创举；而始终以探索者自居，有时难免失了"小大之辨"，为无甚价值的事糊涂较真，且还藏破坏的风险。两者间缺此则畸，少彼则愚。

放眼今朝，市场经济大潮迭起，万众创新风浪不息，这个时代既呼唤实用主义也呼唤探索精神。唯有两者相济，方可自在遨游天地，书写精彩人生。

本文为何取胜？我觉得有如下原因。

(1)审题全面，立意明确。作者先概括了材料"面对缠绕难辨的藤须，小儿天真亡赖，执意分辨个一清二楚；父亲则成熟透彻，一语道破其食材本质"，两句话简单明了，直击两个方面——小儿、父亲的事实。然后确立主题"实用主义和探索精神可称为人生的两种姿态，互运兼施才能收获人生胜景"。实用主义与探索精神不偏不倚。山东阅卷组一类卷(53～60分)的标准是这样的：符合题意，中心突出，文体规范。在审题立意上，孩子和父亲的角度要各兼另一方；在形式上，要层层深入；在论证上，例证要新鲜、饱满，扣题准确。而二类卷(46～52分)的标准是这样的：符合题意，中心突出，文体规范。在审题立意上，孩子和父亲的角度完全分离，不能兼顾另一方；在形式上，结构不紧密；在论证上，论证不当或辩证性差。我们看到，一类卷与二类卷在审题立意上的区别就是，孩子和父亲的角度是否"各兼另一方"。兼顾了，就进入一类卷；完全分离，则进入二类卷。

可见，凡涉及两个或两个方面的材料作文，你最好在开篇或第二自然段有所兼顾，并说出观点与理由，可能更符合题意。如2015年的全国卷甲卷"给小陈一封信"，在信中你一定要兼顾老陈；全国乙卷"大李、老王、小刘，谁更具风采"，你一定要在文中兼顾三者。不能光说一者，不及其余。

(2)辩证分析，理性凸显。作者开篇就把两个人的对立观点统一起来了——"实用主义与探索精神互运兼施"。父亲与儿子的行为与观点明显相左，但对立而统一，这就是辩证法。当然，你也可以侧重一者，或支持父亲——尊重规律，看准目标，不被纷扰羁绊；也可以支持儿子——探究精神。但作者选取了两者之兼容，就突出了辩证色彩。她的理性辩证思维是从哪里来的？张可心的语文老师桑慕华这样介绍。

　　一上高三我买了一本《孙绍振论高考语文与作文之道》，看过之后又买了两本，分别送给了张可心和另一位学生。从《从偏重感性抒情走向理性分析》《从抒情文体向议论文体的历史过渡》《超越抒情，突出理性分析》《理性分析：立论的基础》《议论文的抽象思辨苗头》这几篇文章中了解了高考作文命题走向的变化，有针对性地训练学生的理性分析。我还从学校图书室借阅了《语文学习》各年的 7、8 期，看名师对高考作文的解析及考场高分作文，收获颇多，大有裨益。高考写议论文要得到高分或满分，不一定非要另辟蹊径，但一定要有理性分析、有思辨意识，并在作文中体现出审美的高度、思维的深度、积累的厚度。

　　这说明师生心中都有理性辩证的心理准备与应对策略，要知其然，还要知其所以然。张可心自己也说，她与同学们成立了一个辩论社，平时就有意分成两组，对一个辩题相互辩论，进行思辨训练。在文章中，作者不是把着眼点放在例子的陈述上，而是把重点放在理性分析上，事例也是在分析中给出辅佐分析。

　　(3)点面结合，以例促议。作者在用例论证方面十分讲究，古今中外的事例信手拈来，运用自如。最重要的是运用了点面结合法。一个"点"的事例——富兰克林。他是实用主义的代表，"作为科学家"如何，"作为政治家"又如何，列举事例是多么富有章法。而"面"的事例用了三组：从古希腊智者学派到胡适"多研究点问题"；泼墨华彩的五柳居士直言"不求甚解"，励精图治的拗相公甩下"三不足"的万丈豪言；苹果落地，砸疼了牛顿聪明绝顶的脑袋，也砸出了震烁寰宇的万有引力定律；壶盖顶起，牵引了小瓦特好奇的目光，也牵引出来了整个工业时代的序幕。

　　三组事例有一个共同的特点：就是先写出具体事实，然后再分析之。或直接分析，或假设分析，或引申分析，句句扣准观点，句句逻辑明晰，达到了用例促议的效果。

　　(4)层层深入，句式支撑。从结构上看，第一段立意，第二到第三段是论证"实用主义"，第四到第六段是论证"探索精神"，第七段是辩证看两者关系，最后结尾点明主题。行文如行云流水，行处当行，止处当止，堪称佳作。

　　再细致分析，从文章大结构上看，作者运用了两个句式：假设句式——"如果"

（"如果说实用主义是一种相对封闭，目的导向的价值取向，那么探索精神往往更开放，侧重于好奇心和兴趣的指引"）和转折句式——"然而"（然而，一味遵循实用主义，不免太过功利刻板）。前者是对上文的一个总结与转化，后者是对全文的一个转折与总括。看似简单的行文里面，藏着深邃的辩证色调与机敏的逻辑层次。

而从文章的每个引述、每个事例、每个分析看，几乎处处使用着不露痕迹的句式，一者增强了逻辑性，二是增强了可读性与文采。文章运用了下列句式：

"面对……""从……到……""与其说是……不如说是……""若再不……那么……""作为科学家……作为政治家……""试想，倘若……，那么……；倘若……，那么……""如果说……，那么……""如果说……则……""即便……这么……""倘若……，那么……""倘若……，那么……""不仅……，而且……"。

从这一点看，我要说，句式就是结构，句式就是分析，句式就是理性，句式就是文采。①

二、呈现导引法

案例类写作，贵于过程导引。可以反映从弱到强的过程变化，反映学科、班级机理变化等。如何展示这个过程？如何展示过程里的变化？如何展示教法与学法？就是要展示"法"之何在，就是在教学过程中渗透方法与导引策略。下面是我具体指导学生的一个案例，最后写成文章，发表在《语文教学通讯》，题目是《吕烨语文138分是如何创造的》。呈现这个过程，看看是如何渗透引导功能与教法学法的。

【案例】吕烨语文 138 分是如何创造的

吕烨是淄博市实验中学高三的文科学生，家是高青县的。由朋友的介绍，我在高考前，曾给这个高高的、很有独特个性的女孩指导了几次作文。没想到高考公布成绩，她的语文得了138分，总分617分。我估计她的作文考了60分，至少是58分以上。真是奇迹。这个女孩，身高大概在180厘米，据说还是班长。但就是作文分数忽高忽低，还经常跑题。她爸爸见我的第一句话就是"这孩子的作文真愁人"。我说，不要急，这孩子各门学科这么优秀，作文肯定没有问题，可能她不太明白为

---

① 王玉强：《张可心高考语文143分的奥秘》，载《语文教学通讯》，2015(31)。

何写作文吧，弄通了肯定没问题。

于是，我给她开始第一次作文指导。我讲为何写作文，如何写记叙文，如何写议论文，高考高分作文的要求是什么，等等。她显得有些茫然，我问为何，她说："我平时就喜欢写记叙文，不喜欢写议论文，议论文也不知道怎么写。"我也看了她写的几篇文章，确实记叙文还可以，但都是记叙了一些平常的事，没有十分令人振奋、提眼的地方，而议论文真是一片茫然。我还是从方法方面进一步引导。等到淄博市一模考试结束，她拿着作文又来了，审题还是有点偏题，她把提供的三个作文题目的内容混淆了，作文内容涉及了两个题目，不伦不类的，而文章也没有一个中心。

于是我重点讲了三个问题：一是作文题目是"抛玉引玉"，而不是"抛砖引玉"。就是说高考作文，有时给你的是理性的观点，有时是一个具象的材料，都是有一定观点渗透其中的。作文就是证明关系，是因果关系，还是解说关系。不管是命题作文，还是新材料作文，你的作文是证明人家给你的观点的，不是让你去再创造新观点的。于是她说："我们老师说了，作文题目是引子，你要自己发挥，就是'抛砖引玉'。"我说："高考作文是'抛玉引玉'，'玉'就是观点，不是'砖'，你的文章就是来证明'玉'是正确的。"二是好文章是如何写的。怎样才是好作文呢？扣题准，内容丰富，语言好，就是这三点。于是我结合具体作文题目进行讲解。我给她举了一个成功的例子。那是 2011 年的山东高考作文题目"这世界需要你"。一位淄博实验中学的学生语文考了 139 分，估计作文是 60 分满分，她是这样写的。

题目：这世界需要你。第一段：这世界需要你——诗意。诗意是一种心态，一种思想……第二段：这世界已经没有诗意了，充满了利益，充满了名利，只看到匆忙的身影，疲倦的面孔……第三段：我们没有了福楼拜的诗意了——福楼拜说："每天晚上写作，到了黎明，每天看日出"……第四段：我们已经没有了朱自清的诗意了。朱自清清华大学毕业后与夏丏尊一起办白马湖中学……第五段：我们要有诗意。我与同学们一起办起了"文韵"文学社，我还写诗呢。我的小诗是这样的……结尾：这世界需要——诗意。

当然，文章还有几个过渡段的，在这里我省略了。我的目的是要通过成功的案例，进行诱导。

三是作文要解决三个问题：是什么，为什么，怎么办。例如，《这世界需要你》开头一、二自然段，是解决"是什么"的问题，就是列出观点，树立观点；中间几段是解决"为什么"的问题，就是要解释"为什么"要这样；结尾两段是解决"怎么办"，要联系自己或社会的实际。另外，我还特别指出，要在倒数第二段，集中写一个理性段落，具体阐明观点，一般占四行。结尾两行就行。

果然，吕烨的高考作文，几乎是按照上面我讲的这三点完成的，并且她也使用了朱自清、夏丏尊在白马湖办学的事例，她是真正学会了借用化用。她的作文结构如下：

题目：立我之志，振我中华

第一段：引用了孟子的话"修身、齐家、治国、平天下"导入，要立我之志……

第二段：引用孙中山的话，说担当是振聋发聩的。（是什么）

第三段：（"面"的段落）。担当需要什么？你可看到"把栏杆拍遍的"稼轩，他那激愤的心可弥漫了你的眼；你可看到"秋风秋雨愁煞人"的秋瑾，她那激荡的心胸可震撼你的眉；你可看到奔走呼号的五四青年，陈独秀、李大钊们……

第四段：谁说青年人不能扭转乾坤？谁说青年人不能"主宰沉浮"？……要担当。

第五段：（"点"的段落）青年人要担当，就必须务实，从小处做起。列举了朱自清、夏丏尊如何办白马湖中学的事例，并且把夏丏尊艰苦的生活细节，写得很细致……（为什么）

第六段：（理性段落）请相信你扶起一位老人，你就酿造了一缕春风；请相信你学习更努力，你今后会酿造一片秋色；请相信……学会担当。

第七段：前进，前进，立我之志，待我手缚苍龙……（怎么办）①

---

① 王玉强：《吕烨高考语文 138 分是如何打造的》，载《语文教学通讯》，2012(25)。

第三节　论文贵"新"

一、归类整合法

归类整合法，就是对某一事物按照类别进行整合的方法。归类整合，涉及很多方面，如数学、物理、化学学科，可以从某一知识点入手，进行高考知识点考查内容的整合，可以对某一知识点进行情境设计题目的整合等；历史学科，可以围绕一个主题进行归类整合，如国家治理能力在不同时代的不同等；如语文学科对历届高考作文题的归类整合等。

对普通高中各科新的课程标准的解读与整合也相当重要。教师可以先分类，再按照自己感兴趣的部分进行内容的整合，理出条目纲要，进而完成论文的写作。课程标准是一份划时代的文献，是新时代高中教学政策性引领的指南。细致学习与践行高中课程标准是一个时期的重要内容，积极领会、深入思考、深刻把握相当重要。课程标准在育人目标、核心素养、学习任务群、教学与评价等方面，都有具体的要求，它是一个系统工程，值得深入体察、深邃领悟。下面是我整合的《普通高中语文课程标准》中对写作的要求，以此为例。

【案例】　课程标准对写作的新要求

（一）从核心素养看写作目标(略)

（二）从具体任务群看写作目标

1. 读书笔记

（1）撰写梗概或提要。"整本书阅读"任务群要求：探究人物精神世界，体会小说主旨，探究语言特点；用自己的语言撰写全书梗概或提要、读书笔记与作品评介，通过口头、书面形式或其他媒介与他人分享。

（2）撰写读书笔记。如"整本书阅读"任务群要求：阅读要有笔记，记下自己思考、探索、研究的心得。还要求应以学生利用课内外时间自主阅读、撰写笔记、交流讨论为主，不以教师的讲解代替或限制学生的阅读与思考。

（3）语言札记。在"语言积累、梳理与探究"任务群中要求：必修阶段主要写语言札记，随时记录点滴材料。选择性必修阶段可试写短文，整合和解释有关现象。

2. 文学写作

(1)尝试文学写作。在"文学阅读与写作"任务群中要求：本任务群旨在引导学生阅读古今中外诗歌、散文、小说、剧本等不同体裁的优秀文学作品，使学生在感受形象、品味语言、体验情感的过程中提升文学欣赏能力，并尝试文学写作。很明显，高中写作教学要突出文学作品的写作，就是写作诗歌、散文、小说、剧本等文学样式。

(2)撰写文学评论。在"文学阅读与写作"任务群中明确要求：撰写文学评论，借以提高审美鉴赏能力和表达交流能力。在"中华传统文化经典研习"任务群中要求：学习传统文化经典作品的表达艺术，提高自己的写作水平。阅读作品应写出内容提要和阅读感受。选择一部作品，从一个或多个角度讨论分析，撰写评论。要求从多角度探究，写分析评论。

(3)尝试续写或改写文学作品。在"文学阅读与写作"任务群中要求：了解诗歌、散文、小说、剧本写作的一般规律。捕捉创作灵感，用自己喜欢的文体样式和表达方式写作，与同学交流写作体会。尝试续写或改写文学作品。

(4)杂感与随笔。在"文学阅读与写作"任务群中要求：养成写读书提要和笔记的习惯。根据需要，可选用杂感、随笔、评论、研究论文等方式，写出自己的阅读感受和见解，与他人分享，积累、丰富、提升文学鉴赏经验。

(5)自主写作。在"文学阅读与写作"任务群中要求：文学作品的阅读与写作，应以学生自主阅读、讨论、写作、交流为主。

(6)写作次数。在"文学阅读与写作"任务群中要求：写作次数不少于 8 次(不含读书笔记和提要)。这在课程标准里面是极为罕见的规定。

3. 思辨性写作

(1)理性思维与批判性思维。在"思辨性阅读与表达"任务群中要求：引导学生学习思辨性阅读和表达，发展实证、推理、批判与发现的能力，增强思维的逻辑性和深刻性，认清事物的本质，辨别是非、善恶、美丑，提高理性思维水平。这说明高中作文的写作，其思辨性写作特别重要。

(2)立论与驳论。在"思辨性阅读与表达"任务群中要求：学习表达和阐发自己的观点，力求立论正确，语言准确，论据恰当，讲究逻辑。学习多角度思考问题。学习反驳，能够做到有理有据，以理服人。

(3)有条理表达。在"思辨性阅读与表达"任务群中要求：围绕感兴趣的话题开展讨论和辩论，能理性、有条理地表达自己的观点，平等商讨，有针对性、有风度、有礼貌地进行辩驳。辩论，就是分辨，就是思辨，就是辩证看问题。在这里突出了两点：一是辩证理性说理，二是礼貌风度说理，就是突出文体特点。

(4)写作次数。在"思辨性阅读与表达"任务群中要求：写作 3 篇以上，专题讨论与辩论不少于 3 次。

4. 新媒体写作

(1)撰写文字分析报告。在"实用性阅读与交流"任务群中要求新闻传媒类内容，在分析与研究当代社会传媒的过程中学习。如自主选择、分析研究一份报纸或一个网站一周的内容。分析其栏目设置、文体构成、内容的价值取向，撰写文字分析报告，多媒体展示交流。

(2)尝试传统媒体和新媒体写作。如会谈、谈判、讨论及其纪要，活动策划书、计划、制度等常见文书；应聘面试的应对，面向大众的演讲、陈述和致辞；新闻传媒类的，如新闻、通讯、调查、访谈、述评、主持、电视演讲与讨论、网络新文体(包括比较复杂的非连续性文本)等。

5. 小论文写作

(1)尝试写作学术性小论文。要求：整理提炼专著研读或专题研讨的成果，借鉴专业学术论文的形式写成学术性小论文，相互交流。这是课程标准第一次提出"学术性小论文写作"的要求。

(2)撰写学术性小论文课时。在"学术论著专题研讨"任务群中要求：学术性小论文写作为 6 课时。这个安排，可见写作学术性小论文的重要性。[①]

二、个性探究法

个性探究法，就是依据自己的兴趣爱好，对某一方面进行个性化、独特性研究

---

① 丁华芳、王玉强：《课程标准对写作教学的新要求》，载《语文教学通讯》，2019(4)。

的思维方法。突出的特点是"个性"与"探究"，如对教材的个性化分析探究，亦是如此。

个性探究，贵于独特。例如，中小学的语文、历史、思想政治学科，国家统编教材已经实施，教师应对教材进行深度分析，挖掘出新篇目的新思路、新结构、新内涵，呈现教师的个性化认知。

个性探究，贵于深度。如何对教材深度分析？要基于三点：一是深度挖掘教材，厘清全文内涵；二是深度厘清思路，挖掘个性思维；三是注重个性发现与创新。进而列出观点提纲，确定分论点，进而表达创作。

案例《论〈大卫·科波菲尔(节选)〉的双线结构》，其"个性"着眼点在于小说的线索，其独特性在于"双线结构"，这要通过作者的深度阅读、深邃挖掘、理性提炼来完成。如何"探究"？首先要理出大卫·科波菲尔与米考伯夫妇不同的人生线索与轨迹；其次，还要"探究"这两条线索的交叉融合点、感情交汇点。我们说，发现"个性"很重要，而准确表达"探究"过程更重要。

【案例】 论《大卫·科波菲尔(节选)》的双线结构

高中语文统编教材节选的《大卫·科波菲尔》，是选自长篇小说的第十一章，其原名是"我开始独立生活，但我并不喜欢这种生活"。仔细阅读这篇课文，给人最大的印象是"双线并行，交织融合"。只要分清这两条线索，其情节、其结构、其主旨、其蕴含，将迎刃而解。

(一)双线并行，交织融合

我们说，有很多小说都是一条线索，也有的小说是一明一暗的线索，而这篇课文，却是两条线索相互交织，一同运行的，是谓"双线并行，交织融合"。

双线并行，其双线是——"我的生活"线索与"米考伯的生活"线索。这两条线索基本是并行存在的。当然，这两条线索也不是平分秋色，也不是先写谁后写谁，而是随着情节的变化而水到渠成的。当然，从作者角度讲，这一章节就是要展现两种同样社会底层民众的生活：一者是童工的生活，就是"我的生活"轨迹；一者是社会底层民众极度贫困的生活现状，那就是"米考伯的生活"。

这两条线索是相互交织融合的。这两条线索没有明暗的区分，没有主次的区分，没有先后的区分，就是随着不同的生活遭遇自然而然形成。"我的生活"线索，是由于母亲去世，继父把"我"遗弃，送"我"到货行来做童工，于是开始了 10 岁的"独立生活"，而这无依无靠、孤苦伶仃的独立生活，却是"我并不喜欢"的生活。而由于"出租"房子的原因，"米考伯的生活"线索出现了。于是这两条线索迅速交织在一起，于是"我"随着米考伯夫妇的贫穷、困顿、被逼债、被入狱的情节而深入而伤心而苦痛。为何两条线索交织在一起？就是共同的命运、共同的社会地位与共同的精神依托使然。

（二）"我的生活"线索——为自己的命运而内心苦痛

"我的生活"这一条线索，其核心就是"我开始独立生活，但我并不喜欢这种生活"。这是怎样的"独立生活"？为何大卫·科波菲尔不喜欢这种生活？

那是被继父遗弃的生活。小说一开头就写到"像我这样就如此轻易地遭人遗弃，即使是现在，也不免使我感到有点吃惊"。"小小年纪"指的是大卫·科波菲尔才 10 岁；"遭人遗弃"是指他继父无辜遗弃了他。之前的情节是大卫·科波菲尔的母亲去世了，阴险冷酷的继父却霸占了大卫·科波菲尔家的财产，让年仅 10 岁的大卫·科波菲尔做童工了。

那是污垢倒霉的生活。从大卫·科波菲尔做童工的工作环境看，房子破旧——货行的房子"又破又旧"，地板和楼梯"都已腐烂"；老鼠横行——"成群的灰色大老鼠东奔西窜，吱吱乱叫"；"我"的感觉——"这儿到处都是污垢和腐臭"，那"倒霉"的日子。

那是紧张忙累的生活。文章第三自然段，用了很多动词来形容童工的生活——"这全是我的活"。这些动词是"检查""扔掉""洗刷""摆弄""装满""贴标签""塞上""盖上""装箱"等，这一系列的动作，这流水线的行为，说明了什么？动作迅速，机械繁忙，对一个 10 岁的孩子来说极其劳累。

那是理想破灭的生活。大卫·科波菲尔生活在这样的环境下，与以前的"幸福的孩提时代"做对比，与自己的"伙伴"斯蒂福思、特雷德尔做对比，与自己的理想希望做对比，感到"绝望""羞辱""痛苦"——理想"破灭"了。主人公要做一个怎样的人？就是大卫·科波菲尔"喜欢怎样的生活"？那就是文本中说的——"一个极有才华，观察力强，聪明热情，敏感机灵的孩子"，"想成为一个有学问、有名望的人"。可见，主人公是希望自己有才华、有学识、有教养、有名望、有想象力与上进心的，而残酷的现实却把他拉入社会的最底层，这些理想只是幻想了，于是"我的眼泪就直往下掉""我呜咽着，仿佛我的心窝也有了一道裂口，随时都有爆炸的危险似的"。这是无情的继父、无情的社会现实给主人公上的一课。

那是极其拮据、每天用一便士一便士计算的生活。文中有几处专门提到钱，一处是正式雇佣之后的工资，每星期六先令。主人公用了几处重复"是六先令还是七先令"。为何要重复？就是工钱太少，不够开销。用六便士雇人扛箱子，用六便士吃一顿中餐。再一处写钱，是说自己的早餐与晚餐——"每天我一人独享的早餐是一便士面包和一便士牛奶"，"买一个小面包和一小块干酪，放在一个特定食品柜的特定一格上，留作晚上回来时的晚餐"。这就是贫穷、辛酸、无比痛苦的生活。

那是孤苦伶仃、孑然一身的生活。大卫·科波菲尔的继父只是给写了信，联系了他的住宿问题，之后就再也不管了。文本几处这样写道——"整个一个星期，我就得靠这点钱过活，从来没有人给过我任何劝告、建议、鼓励、安慰、帮助和支持"，没有人来关心安慰我；"我的处境孤苦伶仃"，没有人给我温暖。

(三)"米考伯的生活"线索——米考伯的困难增加了我精神的痛苦

"米考伯的生活"这一线索，其核心是在展现当时英国底层社会民众贫穷、艰难、悲惨的生活状况。米考伯是因大卫·科波菲尔租赁卧室而起，因交流而结缘，而友谊，而患难与共的。米考伯的生活轨迹是较曲折的，基本是这样的：因"出租"房间相识，因贫困相知，因欠债入狱，因破产而释放。米考伯是一个生活在当时英国社会底层的普通而正直、极度贫困又不失乐观的人，同时也有着当时社会普遍存在的羡慕上层高贵生活的一面。

因"租房"相识。因大卫·科波菲尔的继父给米考伯写了一封信，要租用他的小阁楼给 10 岁的大卫·科波菲尔住。于是，米考伯出场了。一种关怀、体贴、善良、真诚的展现栩栩如生。

因贫穷而相知。米考伯家境十分贫困，他的家"像他一样破破烂烂"，楼上的房间"一件家具也没有"。米考伯太太是一个"面目消瘦、憔悴的女人"，有四个孩子，一个四岁的男孩，一个三岁的女孩，一对吃奶的双胞胎。还有一个仆人，是孤儿。平日甚至吃饭都成了问题，米考伯太太曾这样说："除了一块荷兰干酪的皮儿外，食物间里真是连什么渣子都没有了。可干酪皮儿又不适合给孩子们吃。"这就是下层社会市民的贫穷现状。

因欠债而沮丧。米考伯因家境而欠债，小说有一个要债叫骂的场面描写，一看就是市井真实的叫骂之声。生活就是这样沮丧、无助、拮据、伤心、悲惨，但米考伯也苦里寻乐，痛苦之后也有自寻乐观的一面。这里用了对比的手法，鲜明地展现出米考伯的双重性格，既有羞愧、沮丧的一面，又有油滑、世故、装作高贵的一面，展示了社会底层市民扭曲的人物性格。

因债务而入狱。米考伯的困难"终于到了危急关头"，就是被关入"赛德克高等法院监狱"。入狱就是因为"契据"欠债的事。因破产而释放。米考伯太太"她娘家人"也出面援用"破产债务人法"，请求释放。而最终"获得自由"。

当然，"米考伯的生活"这条线索，并不是单线运行的，大卫·科波菲尔的精神痛苦也是随着米考伯一家起伏变化而变化的。小说到了高潮，就是米考伯入狱，而"他的心碎了，我的心也碎了"，可以说大卫·科波菲尔是"痛苦着别人的痛苦，快乐着别人的快乐"。如何认识与拯救他们？他们的现状是如何造成的？社会应当承担怎样的责任？作家又应该如何实现使命担当？——这便是大卫·科波菲尔的"精神痛苦"与作家批判现实主义作品所蕴含的潜台词吧。[①]

三、逻辑论证法

逻辑论证法，是用缜密的逻辑思维，来对事物与现象进行归纳、演绎、辩证的论证思维方法。

逻辑论证法的特点有三：一是鲜明性，就是一篇论文观点要新颖而鲜明；二是严密性，就是论证结构与层次一定要严密，就是分论点是并列与递进，一定要清晰，不要表达出现"包含""重叠"现象；三是科学性，内容科学，有价值。

论文写作如何进行深度表达，提升表达力？锤炼表达力要注意三点：一是表达力之于深邃研究。就是说，文章的表达力必须置于对研究对象的理解之上。例如，对考试的研究，其涉及的内容很广，如命题思路、答题思路；命题范围与趋势；概念、判断理解；试题的情境创设研究；各个学科的关键能力研究；创新性试题研

---

① 张婧娴、王玉强：《双线并行，交汇融合——论〈大卫·科波菲尔（节选）〉的双线结构》，载《语文教学通讯》，2021(2)。

究；实用性与时代性内容研究；逻辑思维之辩证研究；批判性思维研究；作文命题导向研究，等等，这些研究一定要从经纬、范畴、角度等方面深度思考。二是表达力之于逻辑性。就是一篇论文一定要呈现逻辑层次。具体说，就是分论点一定要呈现逻辑内涵，或并列，或递进，或对比，或演绎，都是可以的。三是表达力之于语言，语言一定要简明、连贯，要言不烦，语言得体。

下面的案例呈现了逻辑考查的各个方面，行文呈现了递进性。可以说，逻辑评价是语文高考命题的一个新亮点。如何认识逻辑思维评价？逻辑思维评价如何在高考试题中呈现？如何更好地认识逻辑思维评价的角度与方式？此文以2020年全国新高考Ⅰ卷语文试题为例，深度解读其逻辑评价的定位、内涵与呈现形式。既展现了高考逻辑评价的趋势，又深度挖掘了题目背后隐藏的逻辑内蕴与逻辑命题向度。

【案例】 逻辑评价的定位、内蕴与呈现样态

为何逻辑思维倍加受重视？这应追溯于课程标准与统编教材的新要求。《普通高中语文课程标准(2017年版2020修订)》指出："运用基本的语言规律和逻辑规则，判断语言运用的正误，准确、生动、有逻辑地表达自己的认识。"[1]为此，教育部统编教材《高中语文选择性必修(上册)》专门设置了逻辑单元"逻辑的力量"，其单元要求是："学习逻辑，可以使思维更缜密，论证更严谨，语言表达更准确。"[2]

可见，逻辑思维重在应用与表达。而逻辑评价在高考语文测评中是如何定位的？其深刻内蕴、呈现方式怎样？2020年全国新高考语文试题是一次很好的实践。它让我意识到深度分析新高考语文试题的逻辑命题思路，深度挖掘其背后所展现的逻辑思维及评价导向，分析其逻辑命题的深刻内蕴，特别重要。

(一)把握概念——明确逻辑思维的基本细胞

学习逻辑，就是让我们的思维更加合乎逻辑，那就是明确概念，准确判断，正确推理。而把握明确概念是首位的。可以说，概念是逻辑思维的细胞，概念只有通过词语才能表达出来。什么是概念？"概念就是通过揭示事物的本质属性而反映事物的思维形式。"[3]概念是具有抽象性与概括性的。

---

① 《普通高中语文课程标准(2017年版2020年修订)》，6页，北京，人民教育出版社，2020。
② 《高中语文 选择性必修(上册)》，81页，北京，人民教育出版社，2020。
③ 《高中思想政治(选择性必修3"逻辑与思维")》，22页，北京，人民教育出版社，2020。

如何对概念进行考查？2020 年全国新高考语文Ⅰ卷"现代文阅读Ⅰ"中的第 1 题，虽然没有直接说"概念"一词，但实际上是对"概念"理解的考查。这个题目考查了四个概念的相关解释，分别是"地理现象""沿革地理""历史地理学""地理环境"。但这几个概念又不是严格的下定义，只是结合文本进行解说与阐发。当然，命题人在设题时，并不是对文本进行简单的归纳与整合，而是从概念的角度进行理解与判断。A 项是对的，其选项是"《禹贡》和《汉书·地理志》都对以往的地理现象做了追溯，包含沿革地理的知识，也含有历史地理学的成分"。而原文是这样说的："《禹贡》虽以记载传说中的大禹治水后的地理状况为主，但也包含了对以往地理现象的追溯，含有历史地理学的成分。""《汉书·地理志》对见于典籍记载的重要地理要素，包括古国、历史政区、地名、河流、山岭、古迹等都做了记载和简要考证。"很明显，《禹贡》和《汉书·地理志》都对以往的地理现象做了追溯，也含有历史地理学的成分；但在选项中却增加了"包含沿革地理的知识"。通过下文看，可以知道沿革地理"主要是疆域政区、地名和水道的变迁"，其"包含沿革地理的知识"是对的。而 B 项中"借助它来开展儒学和历史研究"说法不完整，应该是"与儒家经典和传统正史的理解有关的地理名称和地理知识"。C 项学科意义上的历史地理学"兴起于西方"不当，文中没有涉及。D 项说"地理环境由自然环境和城市环境构成"，其中原文中根本没有"自然环境"和"城市环境"这两个概念。而实际上"地理环境"是指一定社会所处的地理位置以及与此相联系的各种自然条件的总和，包括气候、土地、河流、湖泊、山脉、矿藏以及动植物资源等。可见，"地理环境"不包括"城市环境"这个概念。

1. 下定义——准确表达概念的内涵

概念的内涵是什么？"概念的内涵是指概念所反映的事物的本质属性，它反映事物'质'的规定性，说明概念所反映的那种事物究竟'是什么'。"[①]要真正明确概念的内涵，消除概念在内涵方面的歧义，就需要运用"下定义"的方法。下定义，是从内涵方面明确概念的逻辑方法。如何给一个概念下定义？下定义最基本、最常用的方法是——"种差"加"属概念"。下定义，一般用判断词"是"来联结。什么叫"种

---

① 《高中思想政治(选择性必修 3"逻辑与思维")》，24 页，北京，人民教育出版社，2020。

差"？"种差指同一属概念下的种概念之间的差别，即'被定义项'与其同属的其他种概念之间的差别。"①说得简单点，就是这一概念区别于其他事物的"本质属性"。这里的"属概念"是指被定义项的属概念。"种差"和"属概念"相加构成定义项。

如何考查下定义？在 2020 年全国新高考语文 I 卷"现代文阅读 I"中的第 4 题，就考查了下定义的内容。其要求是"请结合材料内容，给历史地理学下一个简要定义"。怎样给"历史地理学"下定义？首先要找到历史地理学的"种差"与"属概念"，然后进行整合。材料中涉及的有关"历史地理学"的内容有不少。如何找到历史地理学的"种差"与"属概念"？实际上就是找到历史地理学根本属性与特征。具体一些就是学科属性、研究特征、研究对象、研究目的，可以这样分析：历史地理学跟"现代地理学"的关系，是"现代地理学的一部分""涉及地理学的各个分支"，可以确定它的属概念"现代地理学的分支学科"；研究特征是"把空间和时间结合起来的特征"；研究对象是"对地理事物和地理现象的空间关系的研究"；研究目的"不仅要复原各种以往的地理现象，而且要寻找它们变化发展的原因，探索背后的规律""要从产生、形成、演变的过程来探寻其规律"。当然，这是从文章整合角度整理的答案，国家提供的真正的答案是："历史地理学是现代地理学的分支学科，具有时空结合的特征，以自然和人文地理现象的产生、形成及其演化的过程为研究对象，探寻这些现象产生、形成及其演变背后的原因和规律。"

2. 外延判定——界定概念外延的范畴

概念的外延，是指一个概念所概括的思维对象的数量或范围。例如，"国家"的外延就是指古今中外的一切国家。一个概念的内涵越大越丰富，则其对应的外延就越小。而在 2020 年全国新高考语文 I 卷"现代文阅读 I"中的第 3 题，就考查了概念的外延问题。题目是这样的："根据材料内容，下列各项中不属于沿革地理研究范畴的一项是：A. 历代州域形势变迁研究；B. 赤壁之战地名考释；C. 隋唐时期海河水道研究；D. 黄土高原沟壑演变研究。"如何解答分析此题？我们首先要了解"沿革地理"的概念内涵，然后才能判断哪些内容是其"研究的范围"，就是判断哪些内容符合"沿革地理研究范畴"的外延范围，哪一项不符合其外延范围。什么是"沿

① 《高中思想政治(选择性必修 3"逻辑与思维")》，26 页，北京，人民教育出版社，2020。

革地理研究范畴"？原文有这样一些陈述："沿革地理研究的内容关系到国计民生，也是治学的基础，例如历史地名的注释和考证、历代疆域和政区的变迁、黄河等水道的变迁，特别是与儒家经典和传统正史的理解有关的地理名称和地理知识，都被看成是治学的基本功""主要是疆域政区、地名和水道的变迁"。那么，具体分析这些材料，加以提炼规整，可以梳理出这些内容——"沿革地理研究范畴"所涉及的"外延"有历史地名的注释和考证、历代疆域和政区的变迁、黄河等水道的变迁等。而题目中"A. 历代州域形势变迁研究；B. 赤壁之战地名考释；C. 隋唐时期海河水道研究"，这三项都属于"沿革地理研究范畴"；而"D. 黄土高原沟壑演变研究"则是自然风化的演变，不属于"沿革地理研究的内容关系到国计民生"的范畴。

（二）运用归纳与演绎推理——形式逻辑的两大思维方式

推理要合乎情理，这是人类的重要心智活动。什么是推理？"从一个或几个已有的判断推出一个新判断的思维形式叫作推理。推理所依据的已有的判断叫作推理的前提，推出的新判断叫作推理的结论。"①推理的结论是由前提推出来的，前提和结论之间就存在着一种逻辑联系方式，这种逻辑联系方式叫作"推理结构"。演绎推理是必然的推理，归纳推理（除完全归纳推理外）和类比推理是或然推理。由此可见，推理就是从"真前提"推出"真结论"。

1. 如何进行归纳推理

归纳推理就是从个别性知识推出一般性结论的推理。2020 年全国新高考语文Ⅰ卷"现代文阅读Ⅰ"第 2 题中的 B 项 C 项，就是运用的归纳推断。B 项是"通过对比 1935 年《禹贡》半月刊所用的中英文刊名，可以看出这个刊物兼顾传统与现代的学术视野"，这是正确推断，从原文中可以找到相关"传统与现代"的内容。C 项是"改革开放以来，我国历史地理学的一些研究在国际上领先，主要得益于学科分支的开拓和研究领域的扩大"。C 项尽管是归纳推断，但概括不全面。"主要得益于"不仅是"学科分支的开拓和研究领域的扩大"，还遗漏了"继承和发扬沿革地理注重文献考证的传统""引入先进的理论、方法和技术"等内容。

---

① 《高中思想政治（选择性必修 3"逻辑与思维"）》，44 页，北京，人民教育出版社，2020。

2. 如何进行演绎推理

演绎推理就是从一般性的原理出发，推出某个特殊情况下的结论。2020 年全国新高考语文Ⅰ卷"现代文阅读Ⅰ"第 2 题中的 A 项 D 项，基本上是运用了演绎推理。且这两项内容在原文中没有涉及，需要从原文中找到"已知前提"，再判定这个"推断结论"（新判断）是否正确。A 项是"如果我们今天想要了解战国时期某个诸侯国辖域的大致情况，《汉书·地理志》应是重要的参考书目"。原文是"成书于公元 1 世纪的《汉书·地理志》对见于典籍记载的重要地理要素，包括古国、历史政区、地名、河流、山岭、古迹等都做了记载和简要考证，并不局限于西汉一朝"，"还能知道先秦的某一个地名在现在的什么地方，能知道秦汉以降的疆域范围"。我们知道西汉以前就是"战国时期"，且《汉书·地理志》成书于"公元 1 世纪"，肯定记录了"公元 1 世纪"之前的战国时期"古国、历史政区"的内容。故 A 项的演绎推理是正确的。而 D 项的推断就更难，原文中根本没有这个内容。D 项是"从历史地理学的角度研究某一地区运河开凿的路线选择，可以为该地区未来的运河网规划提供重要参考"。这道试题可以运用演绎推理的方式来完成。就是从"历史地理学"的概念内涵入手，了解"已知前提"——"历史地理学"就是"对地理事物和地理现象的空间关系的研究，要从产生、形成、演变的过程来探寻其规律"；故推理出"推断结论"——"研究某一地区运河开凿的路线"这一地理现象，探寻其演变规律，肯定"为该地区未来的运河网规划提供重要参考"。

（三）逻辑脉络——有条理、有层次的思维表达

说话与写文章要有逻辑性，这是一个人逻辑素养的综合体现。逻辑思维，就是人们在认识过程中借助于概念、判断、推理等思维形式能动地反映客观现实的理性认识过程。逻辑思维的特点是确定的、有条理、有根据。逻辑思维包含很多方面，写文章有逻辑层次，有条理、有章法，很重要。在 2020 年全国新高考语文Ⅰ卷"现代文阅读Ⅰ"中的第 5 题，直接考查了"行文脉络"的逻辑结构。其题目是"请简要梳理材料一的行文脉络"。考查文章的行文脉络，实际上是在考查文章的逻辑结构与逻辑层次。如何分析文章的行文脉络？一是根据段落的段首句，进行整合；二是围绕文章的中心、主旨及主要内容进行整合。

先要概括文章的逻辑结构与行文层次，再概括段落层次的写作内容。文章的逻

辑结构与行文脉络，一般会涉及并列、递进、对比等结构，还有层进式、叠加式结构等。结合文本，我们发现此文本是层进式结构，行文脉络：首先，对"历史地理学"的溯源，以古代地理文献引出传统的沿革地理；其次，将沿革地理与历史地理学对比，指出历史地理学依托现代科学；最后，按年代介绍我国历史地理学在现代以来的发展，以及改革开放后取得的巨大成就。分析与考查行文脉络的目的在于让考生充分认识文章的逻辑结构与思维方式，就是让考生明白写文章要思路清晰，论点明确，论据充分，论证更符合人们的认知规律与逻辑规律。

当然，逻辑评价的定位、内蕴与呈现方式不仅限于这些方面，还有很多值得我们广泛深入研究的内容。如在信息类文本阅读题里面，还有这样的题目，如"选出能支持第三、第四自然段中心论点的一项""对原文论证的相关分析不正确的一项""分析某自然段的结构层次"等，也都涉及逻辑思维的考查与评价。可以说，新高考语文试题不管是对逻辑思维概念、判断、内涵与外延、归纳推理与演绎推理的考查，还是对文章行文脉络、论证层次与逻辑结构的考查，逻辑评价已经在高考中愈见彰显，值得切实关注与深度挖掘。①

第四节　随笔贵"散"

教师的写作生活，还应更丰富一些，那就要写一点随笔。随笔包括纪实性随笔、议论性随笔、文学性随笔等。范畴可以围绕教育展开，也可以围绕教师的视野、足迹展开。写随笔也是提高教师表达力的途径。

一位优秀教师的情感一定要丰富，要对生活中的各个方面感兴趣。现在很多报刊，包括《人民教育》《中国教育报》《中学语文教学》《语文学习》《语文月刊》等都开设"随笔"栏目，发表教师们有关业余生活的随笔作品。

随笔类文章如何写？一个字就是"散"，形散神不散。首先，立意要好，主题必须要积极、阳光，符合时代要求；其次，其结构层次要清晰，结构严谨；最后，语言通畅，文笔优美。以下文为例。

---

① 蔡东刚、王玉强：《逻辑评价的定位、内蕴与呈现样态》，载《中学语文教学参考》，2021(19)。

【案例】　天地一沙鸥

这就是黄河入海口吗？为什么没有震吼的涛声？为什么没有奔腾入海的雄伟？为什么这样平缓，这样静雅？

黄河在我的眼前流过，我站在五六米高的"瞭望台"上，眼前是无际的在黄河岸边轻轻起伏的芦苇荡，一丛一丛的沙柳，还有在平坦的湿润的沙岸上翔天的几只沙鸥。

沙柳，算是入海口的乔状植物了，她是一道生动的风景，是寂寞平原的靓丽点缀。她低矮，成林，没有一般柳树那样挺拔的主干，秀颀的身姿，但她却一丛一丛的形成方阵，连接起来形成一种气势，一种境界。据说，这是自然的沙柳林，是从上游流下来的枝干自然繁衍而成的。但她有着无穷的生命力，一旦遇到土壤，她就生根，发芽，繁茂，沐浴着阳光，展示着一种自信，一种舒雅，一种"不以无人而不芳"的景致。

这里的乡村与城市也是这样啊。垦利区、河口区都是最近十几年新设的区，从名字看就是新建城市。垦利，垦利，开垦才有利呢；河口，就是接近黄河的入海口了，沿河而居，亲吻着这母亲河。这里的居民，有的是石油工人的家属，有的是新迁徙过来的渔民，就像身边随遇而安的沙柳，蓬勃着，繁衍着，也快乐着。

我们来到了入海口，这里就没有植物了，只有一望无际的平川。当我们低头看脚下的土地时，都是细细的沙土。我不由地捧起一把，土真是细啊。如果是湿湿的沙土，还能攥成团，但却是很松散的；如果是干燥的沙土，则是成不了团的，只是如细沙一般分散。

这是黄土高原流下来的沙土吧。她从遥远的西部走来，是想寻觅新的处所，还是栖居遥远的梦幻？是无奈的流逝，还是有意的追索？我问那平缓的水流，我问这脚下的土地，没有回声，没有语言，只有几只海鸥在或近或远的天空，自在地畅翔。

这千万年，或更早形成的黄河，一定是要到面前的大海寻觅什么吧。她带着风，带着雨，带着泥沙，带着源头的清凉，带着奔突的混浊，经过多少山峦，容纳多少细流，奔涌而来。

我在这里寻觅，寻觅那黄河入海的秘密。

于是我坐上快艇，向黄河入海口的深处挺进。快艇如飞，溅起的浪花，如同壶口奔泻的瀑布一般。如果没有快艇的冲浪，三月里阳光温柔下的黄河，真是水波不兴。

随着快艇的飞跃，我的视野在阔大，在延伸，那黄河的平静，那黄河的阔大，那黄河的襟抱，在我的视线里升腾，在我的胸襟里点燃。

这时的黄河两岸，沙土越来越浅。但一层一层的水流冲刷的纹理十分清晰。那是昨日的水位高度吧？昨日的水流一去不复返了，"逝者如斯夫"啊。那昨日的宣泄与升腾，冲撞与裹挟，已经成为过往。那春天的枯水，那夏天的汹涌，那秋天的萧瑟，那冬天的冰凌，都在这层层的沙岸上刻下印痕。只不过这些印痕又随着季节的变换，一年一年的，一天一天的，被冲刷，被侵蚀，又被显露，被湿润而已。

站在这即将入海的黄河上，这平静而舒展的黄河上，我忽然觉得，黄河犹如人生的少年、青年、中年与老年，犹如时间的召唤，岁月的回响。

少年的黄河，应该是潺潺汇聚的源头吧。冰川融化的点点滴滴，沟沟坎坎的百川小溪，在茅草生长的滩涂，在牦牛哞哞的山脊，黄河带着寒气，也带着绿意；带着澄碧，也带着意志，向东方奔流，怀着一种憧憬奔流。

青年的黄河，应该是上游水清的一段吧。我曾经到过兰州，在中山桥上遐思。黄河是狭长的，奔突的，凶猛的，也是清澈的。沿河的大型风车是一道风景，曾经的提水工具就是顺应自然的风车。我站在那庞大的风车面前，倾听着那哗哗的水流，不费一点人力与电力，全凭自然的飞动，就把天然之水提到水渠里，是灌溉，是饮用，还是洗菜、做饭？不管怎样，黄河在演绎着无私，捧着一颗心来。

我还到过著名的刘家峡水库，坐在快艇上，犹如在碧波里游泳，在蓝天上飞翔，海鸥为你护航，清风为你拂面。青年就是清澈见底，就是浩瀚无边，就是充满自信与青春的活力。

而中年的黄河，应该是壶口瀑布的汹涌吧。波澜起伏，大浪淘沙，是向成功吹起的号角，是九曲黄河万里沙，既充满着坎坷、磨难、迂回，又增添着勇气、力量与喷薄。我没有到过壶口瀑布，曾经见过电视上震人心魄的画面。但我却在飞机上见过九曲的黄河，那蜿蜒的动脉，那如飞的雄姿，是对生命的抗争，是对命运的挑战，也是对过程的享受吧。

她是在昭示幸福需要磨砺吗？还是故意在千回百转中锤炼意志与不屈？黄河，永远选择的是义无反顾。不管遇到丘山万壑，还是一马平川。

那么，老年的黄河应该是这平坦、缓和、静谧的入海口了，她就在眼前，就是这舒缓的、平静的，也是壮阔的水流。

我忽然想到北大教授林庚的四句话，"少年精神、建安风骨、盛唐气象、布衣情怀"。我想，黄河还是很符合这四句话的。那源头的蓬勃朝气，不是如同少年精神吗？那上游的清澈慷慨，不是如同建安风骨吗？中游的奔突与大气，就似盛唐的豪放气派；下游的淡泊宁静，其境界则如布衣般的情怀高格了。

尼采曾经说，精神有三变：骆驼，狮子，婴儿。他认为精神应该先变成骆驼，再变成狮子，最后变成婴儿。骆驼是承传包袱；狮子则是自己做出自己的决定，对自己负责，承担重荷；婴儿是意味着完美的开始。他说，人生亦是如此。

我站在黄河入海口，觉得这河流尽管好似布衣般的平静，但她是一种怎样的境界啊？她把自己勇敢地融入了大海，融入了更大的胸魄啊。她是消亡了吗？不，她是有了另一种新生，犹如完美的开始。

俗语说，老小孩，老小孩。就是说，老人的心态就如同小孩子一般，如同婴儿一般。我这时就觉得，这黄河就是老小孩，她又把自己变成了一支溪流，把自己变成了婴儿，投入了大海，投入了母亲的怀抱。这是一种境界啊，就如同尼采说的，婴儿般的完美。把自己又融入了大海，自己变成了大海之一滴，沧海之一粟。

快艇来到了黄河的尽头。黄黄的水流已经变成了淡青色的大海了。我的眼前已经是博大、无际、平阔的大海了，这里已经没有了河两岸的界限了。一边是黄色的水流，一边是淡青色的无穷碧波，黄河终于找到了自己的归宿，那是襟抱的归宿，那是精神的归宿，也是境界的归宿啊。

我终于明白了黄河的意义，原来她一直在寻觅，在探索，在痴狂地怀揣梦想，那梦想就是博大，就是把自己的一切，把自己的全部，把微薄的躯体，奉献给博大。

她曾经为田畴，把自己的血液奉献；她曾经为城市的饮水，把自己的身躯蜿蜒；她曾经为蕴藉，把自己的心脏澄明；她曾经为收获，把滋润的琼浆绵延。

她飞奔的一路，播撒着爱，披泽着情，寄寓着无限的微笑与快乐。但她还是不满足，她还要把全部身心，奉献给大海。她知道，生命的一滴，只有融入了大海，才永不枯竭。

我终于明白了"黄河之水天上来，奔流到海不复回"的意义。

暮色渐染，清风淡起。走在返回的路上，黄河两岸采油机在自然的转动，一时灯盏齐明，风车发电机在微风的吹拂下轻轻地旋转。

黄河就在我们身边静静地流，在看不见的低矮的沙柳的暗影里静静地流，在沙鸥的翅膀下静静地流。我还想变成一只黄河的沙鸥，还想看看淡月下流动的平缓的脉搏。①

---

① 王玉强：《天地一沙鸥》，载《语文学习》，2010(11)。

第七章　专业写作之路径

第一节　表达之载体

文章，是书面表达的重要载体；教育专业刊物，是教师发表文章的重要载体。教师要展示自己的才气，要发表文章，必须研究专业刊物。

教师的专业写作就是一种表达。这种表达，不是仅仅为了晋升职称，也是为了教师的专业提升，为了教育的高质量发展。当然，专业写作也会促进教师职称的进步与晋升。现在评选正高级教师，有一条件是共同的，那就是在全国中文核心刊物上发表文章。哪些刊物是中文核心期刊？各个学科都是不同的。

明确核心期刊。教育类部分中文核心期刊如下所示。管理类：《人民教育》《教育研究》《教学与管理》《中小学管理》《中国教育学刊》《课程、教材、教法》《教学月刊（中学版）》；语文：《中学语文教学》《语文建设》。数学：《数学通报》《中学数学教学参考》；英语：《中小学外语教学》《外语教学与研究》《中小学英语教学与研究》。物理：《中学物理教学参考》《物理学报》。化学：《化学教育》《化学学报》。生物：《生物技术通报》《中学生物教学》。政治：《思想政治课教学》《中学政治教学参考》。历史：《历史教学》《历史研究》。地理：《中学地理教学参考》《地理学报》。

要细致地研究专业刊物。教师要想发展自己，必须在刊物上发表论文。如何发表呢？教师可以自己先订几本学科刊物，然后积极阅读研究刊物。我的经验是至少你要研究这本刊物一年的时间，知道刊物需要什么文章，喜欢发表什么文章，文章的长度是多少。进而研究自己的教学与刊物发表的文章，有哪一些是自己可以或者说是能够写的，就是达到"我也能写"的心理冲动。研究刊物最重要的是，从中找到自己喜欢或擅长的方面，找到与刊物发表文章的切合点。这个切合点是阅读，还是写作？是文本理解，还是高考研究？你要找到自己擅长的方面。只有找到这个切合点，找到这个突破口，那就好办了，你就按照论文的语言与风格，去完成论文。

静悄悄地写作。写论文也并不是一件容易的事，要选取相对安静的环境，自己一个人，静静地写作，不要别人打扰。我的写作感受是，必须在夜晚或者星期天、节假日，自己在书房里写作才行。人声嘈杂，在办公室里是永远写不成的。论文的语言，也是有讲究的。就是不要描述的语言，要借鉴论文的语言风格，表述方式，阐明事例，申明主张。写论文也不是一次就成功的事，必须有恒心。

围绕一个中心主题写作。论文的写作是有规律的。我的经验是文章必须有一个中心与主题。一篇文章一定要围绕一个中心写作。例如，我曾写过一篇有关高考作文的文章《辩证性——高考作文命题的一个重要特点》，这篇文章是谈高考作文方面的，并且是侧重一个角度"辩证性"来谈的，这就有了主题与中心了。我曾在《中学语文教学》发表过十几篇文章，每篇文章都是围绕一个中心或主题写作的。

题目是思想的脸庞。文章的题目很关键，它是文章的眼睛，也是你的思想的脸庞。要根据不同的内容，选定不同的文章题目。例如，我写了几组读书的片段，发给《语文学习》杂志，这本刊物是讲究诗意的，每一篇文章都是充满诗意的，灵动的，新颖的。这本刊物是很难发表的。我给这组读书的片段选取了一个名字《窗前谁种思想树》。这是来自李清照的诗句，由"窗前谁种芭蕉树"改为"窗前谁种思想树"，一词之改，大有深意，也把文章里的大家思想给突出出来了。编辑来信说，这组读书的文章是很新颖的，他们从来也没有发表过这样的文章，他申请一下看看能否发表。结果给全文发表了。

要有新颖的独见。论文要有创新的新颖的东西，才会容易发表。创新的东西有三点：一是新的发现。就是自己对教材、对注释、对文章的主题等等，有新的发现，新的主张。但这些观点一定要有证据。二是综合评述。就是把对教材里某一章节、某一篇文章的不同材料与不同观点，进行梳理，总结出自己的观点。或者是对每年的高考作文进行独到的分析，也可以作为自己的研究方面。三是自己的教学设计，新的探究与做法。这也是与别人不同的方面，就是自己教学中的一些创新或独到的做法。

最佳字数是两三千字。论文的发表也有相对的字数限制，一般的论文最好在两三千字。你写的时间长了，有经验了，也可以根据刊物的不同有所调整。因为有些刊物工作人手很少，就是三四个人。他们根本没有时间对你的稿件进行大的修改，也不会简单地删节。所以你要保证一遍成功，一字不改。那么，你要对投出的稿件反复修改才好，更不能出现错别字，那也是致命的。

连续投稿增加命中指数。我的一个经验就是连续对一个刊物连续投稿，至少三次。当然必须是不同的文章了。为何？因为一本刊物，你反复投稿，一月一篇，连续寄发。他们就会觉得你是十分真诚的，是很用功的，也是很坚持的。估计你的第四篇文章就可能被发表了。我曾经做过此事，也收获了。当我给《中学语文教学》反复投稿三四次之后，果然开始发表了。我曾经问主编孙移山，为何三次投稿后就开始发表了呢？他说："主要是你的文章符合发表的要求了。第一篇你的文章肯定幼稚，之后你再写就有进步了，你再学习别人的文章，研究刊物的经验，你再写，再改，等你写完第三篇时，你的文章就达到发表的水平了。"这才是根本原因啊。

写作应该是你的常态。你不要渴望一蹴而就，也不要浅尝辄止，你确实要把研究作为事业来对待，你的教学才会长久，你的教学艺术才会常青。写论文只是你的教学教研的一个小小的浪花，你只要把教研作为自己教学生涯的终极目标，那写论文就会是水到渠成的事。

第二节　表达之自觉

教师的专业写作与表达，是始于自觉的。说得直接一点，就是教师的内驱力。如何进行专业写作？到底写什么？来源何在？实际上，专业写作来源于你的教学积累与学术自觉。我从 1981 年就开始进行教学论文写作，在后进生转化、学生作文、活动介绍、教材研究、课堂教学、读书笔记、高考研究、课标研究、作文指导、教学随笔、课本诗创作等各个教育教学领域，都进行过专业写作，并在国家级、省级报刊上发表论文 400 余篇。我想就《中学语文教学》为例，说说我在这本中文核心期刊上发表的论文吧。

专业写作最忌讳眼高手低，写作就是写自己教学、生活的真实感受与感悟。专业写作就是对自己的专业进行个性化、独特性认知与深度钻研之后的思想表达。我想用哲学家维特根斯坦的一句名言来形容：贴在地面上步行，不在云端里跳舞。

第一次认识《中学语文教学》是在 1980 年的大学图书馆里。因为我是学中文的，于是就特别喜欢看语文刊物。《中学语文教学》的刊名是叶圣陶先生手书的，叶老的书法延承着颜体的风骨，大气而磅礴，不激不厉，风规自远。我很喜欢书法，也很喜欢临摹颜体字。当时看到刊物里面有新的教学见解与实用的教学方法，我就不时地摘抄记录。于是自 1981 年起，我就自费订阅了《中学语文教学》。当时还是在大学，家里一学期给我 20 元，我竟然一下子订了两本刊物《中学语文教学》与《语文学习》。可见，当时这两本刊物对我的吸引力之大。从此至今，这两份刊物我始终钟情倍至，愈久弥香。

我是 1982 年参加工作的，《中学语文教学》1983 年第 4 期、第 11 期就发表了我两个学生的作文。当时是此刊举办中学生征文活动，题目是"记我们的一位好语文老师"。我于是就迅速发动高一学生参与这一活动。第一次学生作文，学生写得很不成功，不管是内容还是表达，不管是文体还是选材，作文都没有展示出特色与个性。于是我就查找有关写教师的名家作品，给学生工工整整地抄写并张贴出来。我给学生印了魏巍的散文《我的老师》，引导学生学习分析，借鉴如何选材，如何表达。为了更大地激励学生，我还写了一篇下水作文，记叙了我的高中语文老师如何施教、如何指导写作的情景。通过这些引导，第二次学生作文有了较大的提升。于是，我就亲自把几篇优秀文章抄写下来，贴上邮票，寄到了《中学语文教学》。当时想，这个刊物是全国著名刊物，我们又是无名小卒，投稿也不一定投中，我们只是通过这一训练提升学生的写作水平吧。但惊喜的现象出现了：姜霞写的《当我翻阅日记的时候》发表在 1983 年第 4 期上；刘庆英写的《老师，我们怀念您》发表在第 11 期上。学校沸腾了，学校团委张贴了喜报，学校大黑板上也把获奖文章全文抄写在了上面。我的心也沸腾了，我想，学生的成功也是我的成功啊。文章的发表对学生的影响是巨大的。例如，姜霞原本是学理科的，但大学毕业后却到了北京一家报社当起了编辑，走上了出版之路。

我第一次发表文章是在 1984 年。第一篇文章就刊发在《中学语文教学》第 6 期上，题目是《文章来自细致的观察》，副标题是"从一则写作练习谈起"。那是我写作迈出的第一步，也是我教学研究迈出的第一步。《文章来自细致的观察》缘起于一个叫牛冠文的学生，他写了几篇挖地鼠的寒假日记。我就引导他把一般记叙性的文章，逐步改写成一篇文质兼美的科学小品《地鼠》。把这个引导的过程介绍出来，写成了那篇文章，此文后面还附了牛冠文的《地鼠》。现在打开这期刊物，油然升腾起一种久违的温馨。

我在《中学语文教学》发表的第二篇文章是《谈谈我们的课外小报》，刊发在1984年第12期上。那篇文章我记得改了三遍，才发表成功。

在1984年我连续发表了两篇文章，又是才工作两年的年轻老师，引起了我的母校北镇师专中文系的关注，系领导邀请我回母校为在校学生做报告，介绍教学、教研的经验，介绍在异地工作的甘苦。我的家在山东邹平县，却分配到了邻县高青县，但我无悔，实际上因为离家很远，交通又不便，我一年只能回家两次。于是大部分节假日、星期天都泡在了教育教学上。磨砺才能出智慧，磨砺才能出才干。

我在《中学语文教学》发表的第三篇文章是《辩证性——高考作文命题的一个重要特点》，刊发在1991年第11期上。此文主要介绍了高考作文的一个命题特点，分析了高考作文的辩证色彩。就是现在的全国高考卷，很多作文命题还是凸显辩证的元素。我曾经接触过一位全国高考作文命题专家，他说，学生作文如果让他写一个方面他还能写好，如果给他两个方面的材料，甚至是正反两个方面的话题，他就很难自圆其说了，但是高考作文往往在这些方面设题。

《看〈背景〉说〈背影〉》《蒲松龄故居的楹联与题诗》，是我在《中学语文教学》发表的第四篇、第五篇文章，分别刊发在1992年第2期、第12期上。《看〈背景〉说〈背影〉》是教学资料的介绍，那是我看了朱自清的弟弟朱国华在《人民政协报》上发表的一篇文章《朱自清写〈背影〉的几个细节》，摘录了部分细节材料，如《背影》叙述的时间、关于交卸与奔丧的背景、关于买橘子与紫皮大衣、关于东奔西走、关于老父亲读《背影》的情景等。《蒲松龄故居的楹联与题诗》也是一篇备课资料。当时我已经调往淄博市教研室，我曾经去过淄川的蒲松龄故居，深受教益，如何把淄博的文化进一步传播呢，我就查了一些资料，写了此文。写鬼写妖高人一等，刺贪刺虐入骨三分——郭沫若那洒脱的书法，那酣畅的笔墨永远使人难以忘怀。

《丰富、全面、新颖——16年全国高考作文综述》，是发表在《中学语文教学》的第六篇文章，刊发在1994年第1期上。这是一篇比较长的文章，占了刊物的4个版面，6300余字。我知道刊物用稿量的要求，知道长文很难刊登，但可能是因为此文跨度比较大，也可能编辑觉得我是刊物的老作者，或因为此文价值大一些的缘故吧，此文终于发表了。就是现在看，在国家大型刊物上，这篇文章大概是我发表的文章里面最长的一篇。此文总结了 16 年以来的高考作文命题特点，从四个方面进行了阐述：一是表达方法趋于全方位考查；二是命题内容有两大分野，一者是社会命题，一者是教育命题；三是命题作文与材料作文并驾齐驱；四是命题形式多样化。

因为我的教研成果多，中学一级教师与中学高级教师职称都是破格评聘的。《中学语文教学》还专门刊发了《蓬勃发展的山东省青语会》一文，文章全面介绍了山东青年教师的成长。在文中还提到了几位青年优秀教师的名字，如程翔、翟小宁、李卫东、阮翠莲等，我的名字也忝列其中。当时觉得这是一种荣耀，是一种鼓励，更是一种肯定。

《新概念作文对我们的启示》是我在《中学语文教学》发表的第七篇文章，刊发在 2000 年第 3 期上。当时上海《萌芽》杂志发起了新概念征文活动，特别是第一、第二届新概念作文，确实给中学作文教学带来了不小的震动。应该肯定的是新概念作文确实推出了不少中学生作家。那篇文章是从正面立意的，我得出了三点启示：一是要给学生创造一个自由宽松的空间；二是要给学生创造一个个性张扬的环境；三是要给学生创造一片展现想象的天地。我是很喜欢新事物的人，关于新概念作文我曾在不同的刊物上发表了七八篇文章。

《从〈考试说明〉的变化看命题趋势》发表在《中学语文教学》2003 年第 3 期上，这是在此刊发表的第八篇文章。主要分析了考试说明的变化，分析高考的发展与方向。

《新课标对语文高考的导引作用》是我在《中学语文教学》发表的第九篇文章，刊发在 2006 年第 11 期上。当时高中课程标准刚刚实施，于是我结合我们实验区的实际，结合高考的变化，总结了三个特点：一是多样选择，二是应用能力，三是探究能力。

这几篇文章之后，我又在此刊上陆续发表《在马丁·路德·金演讲的地方伫立》《学点理性句式》《叶里藏花一度》《现实生活与学生热点的时代表达》等不少文章。

细细想来，《中学语文教学》给了我大海般的襟抱，给了我无尽的学识与境界。

忽然想起《论语·子罕》里的一句话："仰之弥高，钻之弥坚。"

第三节　表达之独创

怀特海说："一个前进中的社会需要依靠这三类人：学者、发现者和发明者。"[①]要表达独特，就要寻找好专业写作的突破口。因为你要进行专业写作，就要把自己的思考、感悟、反思、发现、独创写下来。最关键的是，你要分析你自己喜好的方面，如语文学科，你最喜欢什么？教材分析、文本解读、语言积累、课堂设计、创新发现、作文研究、高考研究等，你要深度思考，做出选择。当然也可以齐头并进、交叉写作。以高考研究为例，你是喜欢现代文，还是文言文；是古诗，还是现代诗歌；是社科文，还是文学作品的小说散文；是喜欢研究作文命题，还是喜欢学生如何写作；等等，都可以写，但你一定要找到自己最愿意思考的方面。实际上，任何一个方面都是有规律与路径的，关键是你找到自己专业写作的突破口。下面通过三个小故事，展示我是如何寻找发表空间与突破口的。

1. 初三的飘飘雪花

20 世纪 80 年代，我刚刚工作的时候，给《中学语文教学》投了一篇稿子，一周之后就接到了退稿信——不用。当时，正是放寒假的日子，我就回家过春节了。

在家里过春节，自己总是心不甘。这个写作的话题很好啊，为何编辑不用呢？我肯定写得角度太平了，或者没有突出新意，或者语言不够好，或者是不精炼，不清晰，等等。怎么办呢？重写吧，再换个角度，用新的视角去写，写得清晰些，与众不同些，细致些。于是，一个春节都没有过踏实。

大年初三，窗外雪花飘飘。我就开始"闭门造车"了。这篇文章就是《谈谈我们的课外小报》，分了三个标题：文选报"范文阅读"；文摘报"阅读欣赏"；习作报"小草在歌唱"。介绍了我班高一、高二、高三手抄报的情况。那时候还是用稿纸抄写的呢，不能出现一个错别字，不能有一点涂抹。之后我心满意足地投到北京编辑部了。果然，命中了，发表了。

---

①　[英]怀特海：《教育的目的》，庄莲平、王立中译，131 页，上海，上海文汇出版社，2012。

这说明了什么？我在写作时，就是有一股劲始终冲着，自己觉得非要完成这件事不可，就是不达目的不罢休，用毛泽东的诗句就是"不到长城非好汉"。

2. 你也是一颗闪亮的星

记得《语文学习》杂志曾经向全国中学生征文，进行"微型作文大赛"，同时也进行教师写作指导论文评选。当时我正在教学茅盾的散文《风景谈》。于是，我就让学生学习茅盾先生的写法，写一个生活片段，或者叫生活的横断面。

当时，学生第一次写作，大部分作文不成功。我就指导学生重写，自己也下水示范。第二次作文效果非常好，我就把同学们写的优秀作文亲自誊抄到稿纸上，投到了杂志社。当时我的学生张泽军的微型作文《工地暮色》获得了这次全国中学生微型作文大赛的一等奖第一名。他的这篇文章当时还被人民教育出版社收入到了高一配套的课外阅读教材中了呢。

但我写的指导学生写作的文章，尽管也获奖了，却不是第一名。我当时就又心不甘了。为何我的学生作文获得了第一名，而我自己却不是第一名呢？于是我决心一定要再写一篇文章，还是写微型作文指导的，一定要让编辑发表不可。我仔细阅读了获一等奖的 17 篇微型作文，总结了他们成功的经验，从"敏锐、单纯、深邃、慰藉、凝练"五个方面，分析了这些微型作文的特点，写了一篇《碧天里的星星——17 篇全国微型作文读后》。果然，很快收到了编辑部的录用通知。我想，碧天里，星星满天，也一定有你闪亮的那一颗吧。

平时我对作文特别感兴趣，就作文教学发表的文章就有很多，如《改革作文教学的几点尝试》《整句——高考作文中的一道亮丽风景》《学点理性句式》《学会"如果"》等。这件事告诉我，认识你自己，更要认识自己的长处，让长处发芽。

3. 找到火山的喷发口

记得有一次参加山东省某届中语会年会活动，与当时在山东崭露头角的一名青年新秀，住在了一个房间。很高兴，我们敞开心扉，无话不谈。我问他最近忙什么。他说："在写一本书。"这着实让我吓了一跳，他这么年轻就写书了。我问他写什么书呢？他说："我已经写了十万字了，名字叫《语文百思》。"我说好啊好啊，有胆量，有气魄。但在谈话之后，我的心里却在自问：你的教学专著在哪里？你的研究成果在何方？

于是，整个年会过程中，我都在私下里思考这个问题。我的教学、教研如何提炼？我的专著该从何下手？如何体现自己的特长？又如何让读者能快乐愉悦地读下去？怎样的专著对教师教学、学生学习有用？之后，我确定了一个目标——就是我的书一定要让教师、学生都能读；文章一定要在千字以内，一定要短小精悍；文笔一定要有韵味，有内涵；内容一定要实用，要凸显自己的创新与个性；一定不要发表论文的汇集，要写崭新的文章。

就在会议期间，我就开始写作了，并且一发而不可收。几天时间，我就写了十几则教学艺术镜头。这些镜头都是我指导一线教师在全国中青年教师课堂教学大赛和山东省优质课获得一等奖时的场景。如何设计课堂，如何解读文本，如何指导学生迅速提升作文成绩，如何凸显个性化教学，如何读书，等等，文章都有涉猎。

进入写作状态，就要有一种积极地写作冲动。你一旦找到了这种冲动，就找到了一个突破口，素材、语言、情感就会像火山爆发一样涌来。那时，我沉浸其中了，享受其中了。这之后一年，不管是工作之余，还是节假日；不管是开会，还是听课，一有灵感，我就立马速记下来。360个日日夜夜，我写了厚厚的三个笔记本。正是有了这种写作的冲动，我的专著《语文，丰富的表情》，终于由上海教育出版社出版了。

一年之后，我拿着出版的新著与那位青年新秀交流时，他都有点惊愕了。他说："王老师，你怎么这么迅速啊，我的书还是那十万字呢，没再写啊，最近特忙。"我说："我要感谢你啊，是你刺激了我的大脑神经，让我有了一个追赶的目标与方向，让我梳理了一下自己几十年的教学教研的生涯，点点滴滴，弥足珍贵。"

4. 我独创的作文法

如果你要问："你的教研长处是什么？"我会不假思索地说："作文。"实际上，我有不少作文的观点。"作文＝1＋1＋1"就是我作文教学的核心。我认为，作文就是证明关系、解说关系、因果关系。

"1＋1＋1"是什么？《道德经》云："道生一，一生二，二生三，三生万物。""三"意味着众多与无限。"作文＝1＋1＋1"，对于记叙文而言，这三个"1"就是三个及三个以上的细节；对于议论文而言，这三个"1"就是三个分论点或论据。因为高中作文在短短的800字里，既要扣题，又要内容丰富，又要语言好，怎么办？只有尺水波澜，才有精彩纷呈，只有视野开阔，才有底蕴雄厚。要浓缩，要提炼，要升华。例如，冰心的散文《笑》，其结构形式就是由三个细节构成的：眼前画中的安琪儿微笑；五年前一个孩子抱着花儿微笑；十年前茅屋的老妇人倚着门儿微笑。朱自清的散文《冬天》，其结构形式也是由三个细节片段构成的：冬天的夜晚，一家人煮豆腐的温馨情景；又一个冬天夜游西湖的情景；在台州一家四口温馨相处的情景。当然，"1＋1＋1"还可以是一个事件的三个侧面、三个角度等。

议论文的"1＋1＋1"也有例证。吴晗的《谈骨气》就列举了三个事例：文天祥的事例，不食嗟来之食的事例，闻一多的事例。周国平的《人的高贵在于灵魂》也列举了三个事例：欧基米德和第欧根尼、王尔德、少女读书和青年看画的事例。我知道文无定法，但也是有"法"的，只不过无成法，"法"在灵动与妙手。①

第四节　表达之诗意

苏霍姆林斯基说："热爱自己学科的教师，具有一种非常宝贵的品质。"②可以说，每一个教师都是热爱自己的学科的，但热爱之后还有挚爱。我觉得一位优秀的教师，对自己的学科要达到挚爱的程度。

"课本诗"是我的挚爱，这是我给语文学科创造的一种新的解读样式，给语文教学增加了诗意。这是语文教学艺术的一种个性化、独创性表达。课本诗，这个名词是我的发明与独创。这种形式是如何引发的？一首小小课本诗，能引发蝴蝶效应吗？

记得一次到济南参加高考语文阅卷，晚上出去散步，在一个小小的书店，看到了一本书《中学生必读的 100 首抒情诗》。我就随意拿起来翻了翻，其中一篇张况的《鸿门宴》抒情诗引起了我的兴趣。诗曰：

鸿门虚掩/中国历史上最著名的一场宴会/在里面举行/智慧/半开半闭/糅合成战车的轮辙/碾碎西楚霸王高傲得天真的梦//一抹酒香/薰散项庄剑上疲软的硬伤/

---

① 王玉强：《一定要到那山顶去看看——我的那些语文教研冲动》，载《语文学习》，2014(10)。
② [苏]苏霍姆林斯基：《给教师的建议》，周蕖、王义高、刘启娴、董友、张德广，174 页，武汉，长江出版传媒、长江文艺出版社，2014。

宴席上/四十万侍应/笑声中藏着一把警觉的/刀/只为一位客人/斟酒//宾主双方的心思/超越了/酒和肉/在霸业的江面上惊心动魄地/浮浮/沉沉。……帝国沉重的夕阳/巨陨般/砸/下/来/杀机/顿时如同麦芒伏地/流产为一场/白日大梦/可圈/可点。

课文也可以写成诗？并且可以写得这样深刻、抒情、新奇、独特，真令人震撼。于是，我立马买下了这本书。

回来后，我翻来覆去地读啊，读啊。看看人家是如何把课文转化成自己的作品的。如何体现核心？又如何呈现自己的独见？这样的课本诗，我也可以试试吗？一种写作的冲动油然而生。于是我一口气就写作了十几首课本诗。《语文学习》杂志认为这是一种创新，自2007年起至今，就发表了我有关"课本诗"的七篇文章。

课本诗，是对课文的一种再思考，再创造。她不是教材的翻版，也不是内容的复制，而是一种重新解读的升华，一种个性化的教材重读，一种语言感染语言的创作。

当然，热情有高潮，也有低谷。当我写作了三十多首课本诗之后，就松懈了，不愿写了，淡漠了。是一位特级教师提醒我继续写下去的，他说："你写的课本诗特别有味道，是一种独创。你能不能把所有的高中课文都写成课本诗啊？"我愣了，所有的课文？难啊。

这之后，我扪心自问，自己能把全部课文都写成诗吗？沉默，又沉默。然而沉默之后我有了更坚定的回答：试试吧，一定行。于是，我几乎用了一年的功夫，把几个高中版本的语文课标教材找来，反复阅读，反复揣摩，反复修改，终于写出了高中语文教材一百余篇经典篇目的课本诗。最终汇集为《诗解语文——王玉强课本诗150首》，交由华东师范大学出版社出版了。现在该书已在全国发行了两万三千册，第三次印刷了。一首诗能引发蝴蝶效应吗？我的回答是肯定的。下面是写给新教材新篇目的一首课本诗，已经发表。

躺在三十年前的柜子里面
——读曹禺《雷雨》

一朵小小的梅花，

盛开在纺绸衬衣的襟袖间，

跳跃着，跳跃了三十年，

是侍萍缝制时的心跳忽现，
还是周朴园怀念纯真的那份情感？
是真情藏在里面，
还是叶公好龙仅为留恋？
为何步步紧逼、惊愕再三？

三十年念经，三十年吃素，
三十年关窗，三十年打坐，
三十年很少说话，
三十年还记得四月十八的生日，
三十年还穿着当年的旧衣服，
用着当年的旧家具，
三十年伴着侍萍的相片，
度过了多少个不眠夜晚。
因他心中独守着——
那朵稚嫩、秀气、单纯、规矩的梅花，
灵光闪念。

他爱的是先前年方十八的梅花，
纯美，娇艳，
并非今日的落魄惨淡。
自编的幽梦被惊雷震唤，
才知道一切的罪恶都是命运的周旋。

是命运的无意使然？
还是人力的遭遇必然？

他是内心真爱，还是道貌岸然？

貌似平静的背后难道没有浪头的翻卷？
泯灭的人性哪能用金钱买单？

两个周朴园：
一个躲在明亮的窗子的背面，
一个躺在三十年前的柜子里面。
分裂着性格，分裂着情感，
演绎着矛与盾的双簧变脸。

这便是曹禺说的"残忍"吧，
不是报应，不是因果，
而是一部"残忍"的又不得不发人深省的
人生惨淡。
要问主人公是谁，
有人说，除了人物之外，
还有雷雨、命运与自然法则。
试问，不公平的命是什么，
那就是诡秘的戏剧错乱
与上帝安排的必然与偶然。

难道自己的命运，
真的无法自主决断？
难道悲欢的起源，
如雨中的浮萍，左右无端？①

---

① 王玉强：《课本诗——草尖上的一粒露珠》，载《语文学习》，2011(10)。

第五节 表达之常态

教育家怀特海说："自我发展才是最有价值的智力发展。"①教师的专业写作应是我们的常态，要让书面表达成为教师的常态。表达写作的常态有很多方面，而我的表达常态就是写下水作文。谁让我是一位挚爱语文的教师呢？现在我在基础研究院工作，凡是命制的所有作文题，我都写一篇示范性作文。何谓"下水作文"？就是教师同学生一起写同题作文的一种表达方式。

表达之常态在于主动。你要问我：你坚持写下水作文多少年了？我答：30 年了。我从担任淄博市教研员以来，就开始写同题下水作文了。可以说，如果我把这些作文整理出来，可以出版一本作文书了。

教师写作范文，是改进作文教学的好方法。教师通过写作文，就能更多地了解情况，有利于学生的作文指导。特级教师王栋生曾提出一个设想：请每一位高考作文阅卷老师先写一篇下水作文，当一回"考生"，然后正式阅卷。这是一个极富创意的构想。

(1)教师下水作文，有利于深入研究题目，吃透评分标准。教师考虑问题肯定比学生复杂，同一道作文题，学生不会有过多的考虑，而教师则知道哪几种立意应当是最"切题"的，哪几种立意是"基本符合题意"的，什么情况属于跑题偏题，等等。

(2)教师下水作文，利于作文讲评。教师下水作文，能够更好地了解学生的写作状态。如何选材立意，如何谋篇布局，如何表达方式，就有了亲身的感受与体会了。这样就有助于教师作文讲评。倡议教师下水作文，对倡导新型高效的作文教学，更新观念，提高作文教学效率，是会有积极作用的。写作是一种生命律动，也是一种自我丰富与发展的过程。教师除了专业论文之外，还应当能自由地运用各种文体写作。

下面附一篇我的下水作文。

---

① [英]怀特海：《教育的目的》，庄莲平、王立中译，1 页，上海，文汇出版社，2012。

题目：哲学家尼采曾以骆驼、狮子和婴儿比喻人生三阶段，也称精神三境界。人生初期如骆驼，能坚毅负重，积淀砥砺；人生辉煌期如狮子，勇敢凶猛，担当创造；人生晚年如婴儿，天真自足，淡泊生活。人生这三个境界，你最喜欢哪个？请写一篇文章说明理由。

积淀骆驼的境界

哲人尼采，洞察乾坤，深邃思想，谁不说泽被后世？他的三境界之说，可谓深刻：骆驼，狮子，婴儿。这三者之精神境界，我最喜欢——骆驼境界。

何以喜欢骆驼境界？因为她是最基础的阶段。人生之初最需要积累与沉淀。试问：非积土何以成山？非积水何以成渊？正因为雄厚之积淀，方为"狮子""婴儿"阶段打下坚实之根基。

骆驼的境界就是吃苦耐劳，负重坚毅。何人不是从未知到已知？从少智到多智？求木之根本？一哲人曾说："西西弗的专注，是一种新的自我价值的树立。一切意义在爬山的行动之中。"愚公精神难道不是吃苦耐劳挖山不止？夸父精神不也是天天逐日？苦难的两万五千里长征，难道不是红军胜利的积淀？作家路遥"每天工作18个小时，分不清白天和夜晚，浑身如同燃起大火，五官溃烂，大小便不畅通，深更半夜在招待所转圈圈行走"。正是因为他用21个昼夜的不休止劳作，才有小说《人生》的问世与获奖。人生要想成功，首先要有骆驼的负重精神。

骆驼的境界就是锤炼意志，积累沉淀。天将降大任于斯人也，必先苦其心志，劳其筋骨，饿其体肤。锤炼方来意志，磨砺成就担当。总书记的知青岁月就是锤炼。开荒、种地、铡草、放羊、拉煤、打坝、挑粪……这日常劳作难道不是意志的磨炼？谁的青春没有泥泞？谁的青春没有磨难？他从来没有放弃读书和思考——这是梁家河的评价。骆驼精神就是锤炼与坚毅。

"骆驼阶段"就是打好基础，积淀思想，为"狮子阶段""婴儿阶段"筑牢根基。试问：没有骆驼阶段的勤劳付出、积累沉淀，能有"狮子阶段"的开拓创造与勇猛无惧？能有"婴儿阶段"的自由自足与晚晴夕照？

难道现实不是如此？正因为李宁在拼搏之初有骆驼般的承受，才成就后来"狮子般"的李宁品牌；正因为女排经历骆驼般的负重，无数次摔倒与爬起，才有"狮子般"的奥运冠军。蘑菇云的升腾，能缺少"邓稼先"们骆驼般的砥砺精神吗？中兴公司的芯片之痛，不也是因为缺失自我磨砺的核心技术而受制于人？

我最喜欢骆驼境界，并不是说"狮子境界""婴儿境界"不重要，而是说骆驼境界是"狮子境界""婴儿境界"的精神基础。沙漠驼队，敢于负重，积淀前行，我最喜欢。

第八章 专业写作生活

第一节 借力

何谓借力？就是借助力量，来完成自己的目的。写文章也是如此。为何要引用名言、事例、典故？是借力为力。下面这两篇文章，就是用了典范的"借力"手法。

借力于文。案例一的《读书与写作例谈》就是一个范例。文章借用《张晓风散文》中的一些文字，转而思考如何写作，如何写出细节，如何有文采，是真正的"借力于文"。

借力为文。案例二的《如何写读书札记》就是借用阅读中的部分材料，进而加工整合，形成了新文章。具体是——把引用的材料作为一个例子，然后加入自己的规整与思考，提炼出一个新的观点，这就形成了新的文章。这也是读书札记的写法之一。

【案例一】 读书与写作例谈 （借力于文）

在某校听课，我顺手拿起一本学生课桌上的书，这是一本《张晓风散文》。难得啊，在学生拥挤的课桌上，在满目的课本与训练册中间，她犹如一朵鲜花，亮丽而显眼，独特而散发着幽香。

打开扉页，写着一位老师的名字。学生说：这是我们老师买的书，我借来看看。我微笑地对这位学生点头。

在听课的过程中，我有一个习惯，就是观察学生课桌上的书，观察学生的作业与笔记。就是在最短的时间与空间内，找寻着一种亲近的感觉。如果发现课桌上有课外书，我的脑海就特别兴奋，为学生，也是为自己。为学生而兴奋，是觉得这个学生喜欢读书，这肯定是个不凡的学生，有思想的学生。为自己而兴奋，是觉得在课堂上，在听课的间歇，随便翻翻一本书，是十分惬意的事，是开阔视野的一个小小的窗口。

我总觉得，如果有一本书在课堂上陪伴我，我就不寂寞了。我在这里要说，我并不是不认真听课，我只是在听课的间歇，或者是老师布置学生讨论或准备问题时，偶尔翻翻手中的书。最近，有个学校邀请我给学生做个读书的报告。读书有很多很多好处，如果真有一本书就放在你的手上，并且可以快速地阅读，那再惬意不过了。

我一会儿翻看，一会儿停下，如果在书中发现了好的语言、好的段落，我就快速记在我的本子上。段落较长的，我就记几句话为引子，以备课后查询。读书，对学生而言，第一要务就是要把好的句子，或优美的段落，画下来，或者记录下来，以便以后借鉴或化用。下面是我阅读这本《张晓风散文》记录下的一些句子，有些是课后从网上查询的几个段落：

我从有记忆起，母亲就是一个吃剩饭的角色。红烧肉和新炒的蔬菜简直就是理所当然地放在父亲面前的，她自己的面前永远是一盘杂拼的剩饭和一碗擦锅饭。（张晓风《母亲的羽衣》）

天下的母亲不都是那样平凡不起眼的一块砧板吗？不都是那样柔顺地接纳了无数尖锐的割伤却默无一语的砧板吗？（张晓风《母亲的羽衣》）

爱一个人原来就只是在冰箱里为他留一只苹果，并且等他归来。爱一个人就是在寒冷的夜里不断在他的杯子里斟上刚沸的热水。爱一个人就是在拨电话时忽然不知道要说什么，才知道原来只是想听听那熟悉的声音，原来真正想拨通的，只是自己心底的一根弦。爱一个人就是把他的信藏在皮包里，一日拿出来看几回，哭几回，痴想几回。（张晓风《一个女人的爱情观》）

二月的冷雨浇湿了一街的路灯。（张晓风《初绽的诗篇》）

一筐在前，一筐在后，她便夹在两筐璀璨之间。半截青竹剖成的扁担微作弓形，似乎随时都在准备着要射发那两筐箭镞般的待放的春天。淡淡的清芬随着她的脚步，一路散播过来。（张晓风《初绽的诗篇》）

苏堤、白堤便是经两位大诗人督修而成的诗意工程。诗人，本是负责刺探人类心灵活动的情报员，他知道人类内心的隐情密意。他知道人类既需要大地的丰饶稳定，也需要海洋的激情浪漫，于是白居易挖了湖了，又筑了堤，后来苏东坡又补了

一堤。有名的白堤、苏堤就是指这两条带状的大地。（张晓风《六桥——苏东坡写得最长最美的一句诗》）

千古文人，际遇多苦，但我却独怜蔡邕，书上说他："少博学，好辞章……妙操音律，又善鼓琴，工书法，闲居玩古，不交当也……"后来又提到他下狱时"乞黥首刖足，续成汉史，不许。士大夫多矜救之，不能得，遂死狱中"。身为一个博学的、孤绝的、"不交当也"的艺术家，其自身已经具备那么浓烈的悲剧性，及至在混乱的政局里系狱，连司马迁的幸运也没有了！甚至他自愿刺面斩足，只求完成一部汉史，也竟而被拒，想象中他满腔的悲愤直可震陨满天的星斗。可叹的不是狱中冤死的六尺之躯，是那永不为世见的焕发而饱满的文才！（张晓风《替古人担忧》）

抄写这些句子或文段有何用？读书又对自己与作文有何见效？这就是读书的第二点——浸染与陶冶。

我觉得读书有三用也。一者是提升自己的思想与境界也。思想是最高的坐标，一个人的境界气度多大，决定于他的精神世界。二者是开阔视野与增长才干。天文地理，大千世界，学富五车，汗牛充栋是也。三是提升为人之道，为文之道，做学问的方法、路径是也。我们说读书有很多益处，那么，就结合上面这些抄写的文字看，如何借鉴与化用呢？这就是读书的第三点——借鉴。具体看，上面这些文字对中学生写作来说，是很容易借鉴与使用的。

例如，对母亲的描写，你是不是有所发现或有所触动呢？如果让你写一篇母亲的记叙性文章应该如何写呢？就是要真实地写，真情地写，写出细节来。写完一个细节之后，要抒情议论一番。你看人家作家都用两个反问句来抒情呢。

再如，"爱一个人"的段落，也是几个组合的细节描写啊。我们的生活里有很多这样的细节，你可以用概括叙述的方式，用排比句的形式，集中一个段落写写人物的行为举止，进行多侧面的描述。对挑担者的刻画，这个场面作家是怎样正面描写的？先写两个筐，一前一后，再写人物。那是挑着丰收吗？那是挑着诗意啊。对苏堤、白堤的议论抒情，也可以在议论文里作材料引用。谁人为百姓做了贡献，人们就永远尊崇他——那是苏轼最美的一句诗，那是行动的诗，镌刻在大地上的诗。

还有蔡邕的例子，一个博学的、孤绝的、"不交当也"的艺术家。在黑暗的岁月里，他曾经挣扎，曾经愤懑，曾经自辱以求续汉史，但风吹散，云吹散，才气被吹散。孰之过？孰之非？天无奈，地无奈，只因生于乱世中，即使有满腹抱负，满腹经纶，满腹才杰，何人识？何人睬？何人理会？这些材料都是可以作为议论文中的事例，被引用、被例证的。

读书与写作有很多关联，有的是直接的，有的是间接的。如果从一个学生的角度来思考如何读书，又如何与写作联姻，你不妨试试这种方法：先抄写，再蕴含，再借鉴。

这是我的一个读书与写作的小小感悟。实际上，读书的厚度决定你人生的厚度，读书的历程决定着你人生的历程。哲学家爱默生说：真正的船只，是造船的人。我们都是造船的人，只要慢慢做起来。①

【案例二】　如何写读书札记　（借力为文）

一边读书，一边写文，这就是我的写作体会。一次开会，一上午的报告。在听报告的同时，打开一本书。一边读书，一边把书中好的细节、名句记录下来，然后再加上自己的感想，一篇读书札记就写成了。

教师会说，写论文就这么简单？就是这么简单。当时我给这篇论文取名为《有境界自成高格——读书札记》。我写到了宗白华、陈寅恪、梁漱溟、冯友兰、曹禺、巴金、蒙田等几位大师级的人物。如何写呢？就是"抄"嘛。你首先选定这些人物的小细节，然后根据你的理解，分析议论。例如，"宗白华的散步"，我是这样写的。

据说宗白华先生喜欢散步，尤其喜爱漫步于啸林湖畔和文物古迹之林。随着清丽飘逸的《美学散步》问世，这位美学大师作为散步者的形象更活灵活现了。（这是我的文字，先写一段议论概述）刘小枫撰文《湖畔漫步的美学老人》写了宗白华先生的风尘身影——"一天，我例行去看他，不巧未遇。宗师母告诉我，他上外面走走去了。我回转去，不料刚到未名湖，就看到宗先生身着旧式对襟布衣，肩上搭着个小口袋，拐着手杖，正匆匆往家走。看上去，他显得十分疲累，尽管他对我说出去散了散步，可我却看不出一点散步者的心态。"（这是抄的文字，侧重叙述；这里注意一定要注明作者、文章出处，最好还要注明书名与页码）

宗先生的散步，是清散悠闲吗？不是。是超然物外吗？不是。他喜欢康德，伴

---

① 王玉强：《读书与写作例谈》，载《语文教学通讯》，2015(1)。

着孤灯一盏；他喜欢海德格尔，多思，少说，保护语言；他评价孔子的思想高超又实际，入世又不俗。宗先生表明过散步的态度：自由自在，无拘无束，可以偶拾得鲜花、燕石，作为散步的回念。（这是我的议论的文字，侧重对上文的总结，再联系人物的其他事例，进行概览，进而表明自己的态度主张。还要注意语言要活泼，表达要灵活，多用句式，多用修辞，等等。关键还是我的观点与认识要符合人物，也有自己的独特认知。）

我后面还写了"陈寅恪的猫""冯友兰的执着""巴金的手模""蒙田的角色说""曹禺的命运说""梁漱溟的直爽""刘半农的学位"等，这样就组成了一组名人的真生活，高境界。其实，写这种摘抄式的"论文"也有技巧，基本就是在摘抄的文字前后或陈述，或点评，或议论，或抒情。这篇随笔式论文在《语文学习》2009 年第 2 期发表了。

在长期的教育教学过程中，我形成了良好的习惯，就是"买书—读书—写书"。我的一个理念就是：凡是买一本书，一定要写一篇论文，或读书札记，首先要把书钱挣回来啊。当然，这是很狭隘的想法，但是，这种想法，会迫使自己来集中精力写作。于是写作成了我的常态。

我建议，教师们要把"读书"与"写书（或写论文）"结合起来，把"读书—写书"联系在一起，不要仅仅当"藏书家"啊。

第二节　张力

何谓"张力"？《现代汉语词典》解释为"受到拉力作用时，物体内部任一截面两侧存在的相互牵引力"。何谓写作上的"张力"？可分为内容上的"张力"与语言表达等形式上的"张力"。内容上的"张力"，可以指内容全面、丰厚、充盈、饱满；有矛盾，有冲突，有时代感，覆盖面广；寓意深刻，虚实之映衬、古今之照应、时空之变化、对比之鲜明等方面，有内涵与神韵等。语言表达等艺术形式上的张力，可以指字、词、句、篇的艺术性，用词用语表达丰富，对比明显，借助丰富的修辞，文采彰显。下面的语句，其表达的张力明显：

生命中伟大的光辉不在于永不坠落，而在于坠落后能再度升起；生命不在于它的长度，而在于它的宽度和厚度；人生而自由，但无往不在枷锁之中；深深的话我们浅浅地说，长长的路我们慢慢地走。

真正达到内容与表达的张力，是每一位文字工作者的重任与求索。下面两篇随感其张力何在？《行胜于言》其结构是：由汪曾祺的"兼容并包"—北大的"兼容并包"—蔡元培的"兼容并包"—清华大学"行胜于言"—引出观点行动于"吸纳"—李泽厚批评"不吸纳"现象—归纳观点"吸纳博大"，实质是"兼容并包"在"行胜于言"。从内容上看，涉及内容多，显示出内容的多元性；从主旨看，兼容并包，重在行胜于言，强调的是如何行动；内容丰富，充满张力。

《教育家应有的姿态》其张力何在？仅从语言看，表达活泼，方式多样，不呆板，善变化。从"教育家"的各个方面展开，灵动而敏捷。例如，"一个鼓励，一个支点，一个启发，一个追赶的目标"，内涵丰富，善用排比；"认识自己的优势与劣势"，是正反对照；"思考一个个个体，与一个个整体"，有思维方式；"他会由此及彼，他会触类旁通，他会以一当十，他会见微知著"，有逻辑关系，有气势；"会把纷繁的事例规整，把复杂的事情简单化、直觉化、感情化、共性化"，虚实结合，深入浅出；"人是写作的动物"是引用；"日知录"则用典等。语言张力尽显矣。

【案例一】　行胜于言　（内蕴之张力）

最近听课，教师介绍了一篇课外文章——汪曾祺的《玉渊潭的槐花》。上课时老师让学生阅读了汪曾祺的《我为什么写作》，我深受启发。其文如下。

我事写作，原因无它：从小到大，数学不佳。钻研文学，读书很杂。偶写诗文，幸蒙刊载。百无一用，乃成作家。弄笔半纪，今已华发。成就甚少，无可矜夸。有何思想？实近儒家。人道其里，抒情其华。有何风格？兼容并纳。不今不古，文俗则雅。与世无争，性情通达。如此而已，实在无啥。

汪曾祺 1939 年至 1943 年曾在西南联大中文系学习了五年，因体育不及格、英文不佳，只得补学一年。经过一年的学习，两门功课过关。但这年毕业生要到陈纳德的飞虎队做英文翻译。他未报名，根据学校规定，只能算肄业。汪曾祺虽未获得毕业证书，但在校期间，他读书之博之杂，让后人称道，加上受沈从文指点，其打下了丰厚的精神底子。

我们从他的文中也可以看到"读书很杂""兼容并纳"这些词语，这便是汪曾祺成功的诀窍。一个人可以没有毕业证，但不能没有良好的学习态度，良好的生活态度，那便是——兼容并纳。

教育教学也是一个兼容并包的过程，是逐渐丰厚自己的过程。你只有长期树立兼容并包的思想，你的思想才会成长起来。学校亦是如此，兼容并包可以指人才的吸纳，还可指观点、思想、个性、风格等的容纳。

一个学校的兼容并包，北京大学便是示范。北大倡导"兼容并包，学术自由"，北大校长蔡元培曾演绎了一个故事。据汪孟邹回忆，1916 年年底的那些天，蔡先生差不多天天来看仲甫(陈独秀)，有时候来得很早，我们还没有起来，他就招呼茶房，不要叫醒，只要拿凳子给他坐在房门口等候。陈独秀当时是《新青年》主编，他没有在大学教过书，也没有学位，但蔡元培执意要聘他，聘他担任北京大学文科学长。开始，陈独秀回绝：不干，因为正在办杂志。蔡元培说：那没关系，把杂志带到学校里来办好了。于是陈独秀来到了北大。

当我们今天看到北大的繁华，一定不要忘了这位世纪老人，在晨曦中，在等待另一位叱咤风云人物的出山。我曾到过北大的未名湖畔，凝望过蔡元培先生的雕像，面对着早晨第一缕阳光洒下来，我想到了兼容并包的意义。

一个学校，要成为优秀的学校；一个教师，要成为优秀的教师，有很多方面起作用，但一定要有兼容并包的胸襟与魄力。你只有吸纳、借鉴了，你的视野、才学、个性与风格才能凸显出来啊。

我也曾经到过清华大学，在学校大礼堂前的草坪上，有 1920 级毕业纪念物——日晷。在日晷上有篆形的铭言"行胜于言"四个字。"行胜于言"不是不言，而是言必求实，以行证言。早在 20 世纪 30 年代，朱自清先生说"清华的精神是实干"。我们说实干也包括吸纳。

李泽厚曾尖锐指出了大学生存在的问题，他说哲学系的缺点是"空"，历史系的弱点是"狭"，中文系的缺点是"浅"。他主张：读书要博、广、多，写文章要专、细、深。所以，你首先要吸纳，然后才能"站在巨人的肩头"。胸襟博大，万物吸纳，才能拥有大海的微笑，大海的人生。

【案例二】 教育家应有的姿态 （言语之张力）

我问自己，教育家应有什么姿态？我觉得应具备这样几点。

他是一个读书的人。通过读书，更认识别人，也更认识自己。认识别人，可以给自己一个鼓励，一个支点，一个启发，一个追赶的目标；认识自己，主要是认识自己的差距，认识自己的努力方向，认识自己的优势与劣势，从而更深刻反思自己，从而迎头赶上。

他是一个思考的人。日日地思考，思考人生的意义，思考一个个个体，与一个个整体。因为他只有思考，才会有发现。教学教育只有思考，才能变成自己的意识，才能变成自己的行动，才能变成自己的独见。

他是一个善于联想的人。他会由此及彼，他会触类旁通，他会以一当十，他会见微知著。这与经历有关，更与认识的觉醒有关。联想的能力是洋溢在日常的琐屑之中的，离开了具体的事由，就无从联想。联想，是生活与工作的翅膀，翅膀飞翔了，世界才无穷大。

他是一个会讲故事的人。他的最大优点是把丰富多彩的故事讲清楚，并提炼出道理来。我们的校园，每天都在发生着故事，有的人善于发现故事，捡拾故事，聚焦故事，绵延故事。要讲好故事，必须发现故事，编织故事，提炼故事，抓住故事的关键点，铺陈与升华，形象与自然。

他是一个敏锐的人。他是一个不寂寞的人，有激情的人，有热情的人，关注别人胜过关心自己的人。敏锐的触角最重要。我们很多人，都被事物性工作磨平了敏锐的感觉。实际上学校里的很多故事，都是金子，但很多人却没有认为这是金子，反而认为都是沙子。

他是一个会表达的人。他会把纷繁的事例规整，把复杂的事情简单化、直觉化、感情化、共性化。写作，是人的天性，人人都有写作的欲望。现在研究者说，人是写作的动物。这就是说，人首先有写作的本能。所以要善于把这个本能调动起来，让笔爱上稿纸，让文字爱上键盘，把内心的话语，把心底的波澜表达。为何古人把文集叫作《日知录》？就是日日求知，日日得知，日日述之写之。

他是一个有个性的人。个性是一个人区别于别人的特质，个性超人之处是不平凡。别人不想，他想；别人不做，他做；别人不坚持，他坚持；别人不涉及，他涉及；别人想不到，他能想到。每个人都有区别于别人的一面，把你的这一面发现，放大，你就成了个性鲜明的人。

　　他是一个互利的人。你说他不为利益，也不是全部；你说他光为他人，也不是全部。但他很干净，是靠自己的思想与才干，勤奋与智慧，赢得利益的，是自己的劳动成果。他是心中有大追求的人，不为狗苟蝇营而费神的人。

　　他是一个有思想的人。是站在时代潮头思想的人。思想，是教育家的特质。一个人站得多高，才能看得多远。站在何处呢？就要站在潮头，站在时代的前列，站在教育的现实看未来。站在时代的步伐上思考，不是仅仅从一个学校思考问题，而是从全国教育的层面思考问题；或者从一个教育的侧面，从个性中、特殊性上，思考普遍性与共性问题。

　　他是一个行动的人。他会永远在行动，不满足，不自欺，不停步，不墨守成规。有人说，我们都是生活在时间的刻度上。行动就是在时间上留下的刻度。行动就是时时向前走，永远在路上，永远在春夏秋冬的时间里穿行，永远在发现，在传播，在创造，在时间的刻度上留下记忆与印痕，留下只有自己的那份执着与思维，留下独具的个性的思想与升华，历久弥新。

　　他是一个哲学家。哲学家的品质是辩证性，是理性，是不僵化，不死板，不形而上学，又是灵动，是灵活，是因地制宜，是因时成变。哲学家的头脑，就是从人类的需求，从精神的层面思想与行动。①

---

　　① 王玉强：《教育家姿态》，载《山东教育》，2015(18)。

第三篇　专业教学之道
——铸造创新力

　　何谓教学之道？简言之，就是"教而明其法，学而得其道"。教师教学要明确其教学策略与教学方法，明晰教学任务与教学目标，明白教学思路与思维方式，要大胆创新，大胆改革。教师要致力于教法与学法的创新，大教育家夸美纽斯对教学方法津津乐道，他说："假如有些孩子对于某个问题不能答复，他就应该问全班的学生，当着其余学生的面去赞扬答得最好的学生，使他们的榜样能刺激其余的学生。"①教法与学法的归结，就是让学生明其道、得其法、凝其思、通其神、展其效。

---

①　[捷克]夸美纽斯：《大教学论》，傅任敢译，141 页，北京，人民教育出版社，1984。

第九章 教法之创新

第一节 母体教学法

一、概念界定

母体教学法，就是把一个文本当成完全母体进行教学设计，形成一类文本的样板，从而对相关文体起到孵化与辐射作用的教学方法。母体是孕体，有孕育全部的含义。

母体教学法，是教学设计的问题，要尽量做到全面，涵盖面要尽量大而广。就是给一个经典的文本，赋予一个"类"的概念来认识。通过研究"个"案，让它突出"类"的特点，形成辐射面更大的教学范畴。

二、基本特质

母体教学法特质何在？母体教学法特质有三：一是全面性。就是说，一个文本的母体教学设计要尽量全面一些，尽量照顾到这种文体所覆盖的问题与各个方面。二是规律性。就是每一个母体教学设计，尽量给学生以思考的思路与答题的路径，尽量让学生从规律的角度答题做题。三是参照性。参照性就是有参照与参模的作用与意义，就是给子体文本或子体教学以参照，来孵化，来辐射。母体教学的作用就是起到示范性作用，以一当十，把"一"做好，这样才能当"十"达"十"。

以语文学科为例。如果我们深度研究一篇小说，研究出小说教学的一般教法，研究出小说命题的一般规律，将善莫大焉。下面我就以《祝福》为个案，尽量赋予它小说这种文体所涵盖的全部内容，从而对所有小说阅读文本起到了引领、指导与辐射的母体作用。

三、参模孵化

我们对鲁迅小说《祝福》进行深度钻研，进行"母体教学"，就是设计出很多的题目，各种"变式"设计尽量全面，从而对小说类阅读，对"子体教学"起到辐射与孵化作用。下面是根据语文核心素养设计的母体教学思路。

(一)语言理解

(1)"我真傻，真的"祥林嫂反复说着这样的话，有何作用？(提示：词语解释＋性格＋情感态度)

(2)"祥林嫂，你放着吧！"她像是受了炮烙似的缩手，脸色同时变作灰黑——这一细节的描写对刻画人物有什么作用？

(3)"也许有罢，——我想。我于是吞吞吐吐地说。"这句话有何含义？

(4)鲁四老爷为什么大骂康有为？

(5)祥林嫂失踪，"四叔踱出门外"，"踱出"有何意味？

(二)思维发展

(1)《祝福》中细腻的环境描写，包含着深刻的寓意，请结合文本，选两处分析其与主题的关系。

变体设问：祥林嫂在祝福的年关悲惨地死去，如何理解这个小说的结尾？

(2)鲁四老爷、四婶、柳妈都是小说中的次要人物，但是都间接地与主人公有联系，甚至左右了祥林嫂的命运，试以"柳妈"为例，联系全文，谈谈你对这个人物的看法。

(3)小说把祥林嫂的死放在前面叙述，后面回忆祥林嫂的生活片段。作者这样安排有什么用意？请结合全文谈谈你的看法。

变体设问：①作者在结局上的这种处理是否合理？请结合小说的具体内容，谈谈你的看法和理由。②作者为什么要采用这种写法？请结合全文，谈谈你的看法。

(三)审美鉴赏

(1)请以祥林嫂形象为例，谈谈小说塑造人物形象时运用的表现手法。

变体设问：小说是如何具体塑造祥林嫂这个人物的？

(2)小说以"祝福"为标题，有什么寓意？简要分析。

变体设问：小说以"祝福"为线索连接人物，安排情节，怎样理解？

(3)在《祝福》中，作者选择"我"作为叙述人，而不用其他人，如鲁四老爷、四婶等，这是为什么？

变体设问：小说中常常以第一人称"我"来进行叙述，本文的"我"不是主人公，根据你的阅读体验，"我"是怎样一个人？这样写有什么作用？（线索人物，增强真实性；展开情节，是事件见证者；同情主人公，社会批判者；主题深化作用。）

(四)文化理解

(1)有人说"祥林嫂是旧中国农村劳动妇女的典型形象"，请结合作品做简要分析。

变体设问：①小说在刻画祥林嫂这个形象时，突出了她的哪些性格特征？请简要分析。②祥林嫂是一个什么样的人？请结合全文简要分析。

(2)鲁迅是人们公认的语言大师，他驾驭我们民族语言的能力是无与伦比的，为我们提供了运用祖国语言文字的典范。请结合小说《祝福》分析鲁迅的语言艺术。

变体设问：《祝福》在语言上有什么特点？体现了鲁迅小说的哪些艺术风格？

(3)春节是我国的传统节日，而本小说为何把人物放在这个节日来写？

变体设问：年关祝福的祭祀文化是我国礼俗文化之一，请结合文本说说祝福祭祀文化与人物塑造的关系。

第二节　变式思维教学法

一、概念界定

变式思维教学法，就是在课堂教学过程中，突出教育教学方式的层递性与类比性思维，突出题目变化与多样变式的教学方法。变式思维教学法的核心，就是"变式"，就是变换角度与设问方式。

二、基本特质

变式思维教学法，其特点有三：一是思维的类比性。就是突出思维的类比与联想，加大变化的方式。二是思维的多向性。就是尽量列出题目设计的几种类型，加大思维的多向性与多面性。三是思维的有效性。就是从有效性角度出发，进行思维的归类与整合，强化学生思维的有效与效益。

当然，变式思维教学法有很多种方式，这里仅呈现一种方式。就是从初级变式思维教学，过渡到较高级变式思维教学。就是由一篇熟悉的浅易古诗思维变式教学，辐射到另一篇较难的古诗思维变式教学，形成"参模"与"破模"的关系。

三、参模孵化

（一）参模阶段

参模阶段，就是提供变式思维教学参模样板，提供一例具体的整篇文本的变式思维教学设计及答案，让学生思考、消化、提高认识。如让学生阅读题目及答案，充分认识语文学科从词语理解、语句鉴赏、思想感情、审美能力等方面的设题，以及为何这样答题的依据，总结规律性命题思路与答题思路。我们选择的是王安石的《梅花》，其变式思维设计是这样的。

梅花（王安石）

墙角数枝梅，凌寒独自开。遥知不是雪，为有暗香来。

1. 简要分析第二句中"凌""独"二字的妙处

提示：①"凌"为冒着，顶着之意。"独"是独自。（内容）②"凌"和"独"描写了严冬群芳纷谢，只有梅花凌寒开放的景象，歌颂了不怕困难，倔强不屈的傲然风骨。（情感）

2. 谈谈"雪""暗"二字的意蕴

提示：①雪：洁白，高洁，作者将梅比作雪，与雪花相映生辉，写出了梅的冰清玉洁。（内容）②"暗"即幽，写出梅花的香味清幽，用"暗香"点出梅花香味暗暗袭人，奉献美丽，展示无私奉献品格。（内容）③"雪"与"暗"，一明一暗，清晰与朦胧交错，造成忽隐忽现的动感。梅之洁白与奉献精神表达得淋漓尽致。（形式、情感）

3. 请简要赏析诗歌的最后两句

提示：①"遥知不是雪"，运用了比喻从视觉角度（形式）地写梅花的纯净洁白。（内容）②"为有暗香来"，诉诸嗅觉，（形式）写出梅花的纯净暗香清幽的香气。（内

容)③两句结构严谨，写了梅花高洁风姿和奉献精神。(情感)

4.为什么以"梅花"为题

提示：①梅花，色香俱佳，不畏严寒的坚强性格和勇于奉献的进取精神。(内容)②托物言志(形式)，此时王安石再次罢相，作者孤独心态、艰难处境与傲雪的梅花有着共通的地方，故借梅表达坚强、洁白、奉献精神。(情感)

5.作者对"梅花"有着怎样的评价

提示：①运用托物言志的手法(形式)写出墙角梅花不惧严寒，傲然独放，洁白无瑕，奉献香气的特点。(内容)②赞扬了梅花既有美丽的外表又有精神的追求，表达诗人傲骨坚强、高洁、奉献精神。(情感)。

6.全诗用了怎样的手法，作用是什么

提示：①运用托物言志的手法。(形式)②诗人以梅花自比，表达了诗人即使处于艰难环境中也保持坚强、高洁、奉献自己的品行。(情感)

7.《梅花》表达了作者怎样的思想感情

提示：①借梅花象征与自比。(内容)②表达变法失败，十分孤独。但他仍倔强坚强、坚守高洁、追求无私深情。(情感)

8.结合本诗谈谈意象、形象与情感的关系

提示：三者紧密相连，又有不同。①本诗意象是"梅花"，以梅喻人。(形式)②梅花形象正是作者人格的化身。(内容)③表达诗人面对困境坚贞坚强、坚守高洁、无私奉献的情感。(情感)

9."诗言志，词言情"本诗是如何言志的

提示：①运用托物言志。(形式)②以梅花自比，表达了诗人处于艰难、恶劣的环境中依然坚持高洁、恪守奉献、不畏困境的精神。(情感)

10.对比分析

南宋人李壁评此诗说："《古乐府》庭前一树梅，寒多不觉开。只言花似雪，不悟有香来。荆公略转换耳，或偶同也。"其言下之意，是说王安石的诗有抄袭这首乐府诗的可能。你的看法呢？请简要评析。

提示：①这首古乐府只不过就梅花而咏梅花，形象和意境都没有跳出梅花本身。(内容、形式)②王安石诗的梅花凌寒独自开，显示了诗人对梅花的赞美，作者

托物言志借梅花表达了不惧恶境的心境，所咏的是有我之境，不只是客观的描写。（内容、形式、情感）

从这些题目看，所有的题目，基本的答题方式就是：形式、内容与情感。从内容看，就是表层意蕴与深层意蕴。表层意蕴——词义，句意，文意；翻译、解释、基本内容等；深层意蕴——作者的态度，思想，情感，价值观念。从形式看，古诗鉴赏的表现手法有：修辞手法——比喻、拟人、对偶、夸张、借代、双关等。表达方式——抒情方式——直接抒情、间接抒情(借景抒情、借古讽今、托物言志)；描写方法——白描、工笔、正侧结合、点面结合、动静结合、虚实结合；描写角度——视觉、听觉、嗅觉、味觉、远近、俯仰等；表现手法——想象、联想、象征、渲染、烘托、对比、衬托、用典、比兴等；结构技巧——卒章显志、以景寓情、抑扬、铺垫。

(二)"破模"阶段

"破模"阶段，就是借助变式思维参模样板，自我创新思维题目。就是对另一篇文本整体进行个性化设计与个性化理解。让学生自我阅读、自我设计出新的思维创新题目，并自我制定答案。具体看，就是要求学生在课堂上借鉴《梅花》一课的变式思维设计，对一新篇目进行辐射、模仿设计，具体就是对杜甫的《登高》进行变式创新思维设计，并自己写出答案。不要光照抄问法，独特性设计至少有两个新题，课堂上是这样交流展示的。

《登高》(杜甫)

风急天高猿啸哀，渚清沙白鸟飞回。无边落木萧萧下，不尽长江滚滚来。万里悲秋常作客，百年多病独登台。艰难苦恨繁霜鬓，潦倒新停浊酒杯。

下面是学生自己拟定的思维变式设计。

1. 语言建构与运用——变式思维设计

诗中"风""猿""沙""鸟"这些自然意象起到了什么作用？（衬托，悲人；写秋景，展示悲秋。）"哀""悲""病""独""苦恨""潦倒"这些带有感情的词语要表现什么？（悲秋中作者的苦与悲）"万里悲秋常作客，百年多病独登台"这一联展示作者"悲"在何处？（悲秋惨，悲作客他乡，无家可归；悲自己多病，悲孤独，悲无朋伴登台。）"万里""百年"的作用是什么？（万里指空间，漂泊沦落，百年指时间，病魔缠身；暗指社会动荡，百姓颠沛流离。）"艰难苦恨繁霜鬓，潦倒新停浊酒杯"中的"苦恨""潦倒"指什么？（指漂泊与多病、孤独。）

2. 思维发展与提升——变式思维设计

"无边落木萧萧下，不尽长江滚滚来"怎样写的时空环境？（空间落木无边；时间流逝不尽。）为何这一句是千古名句？（悲四季自然匆匆，时间不再，人生苦短；呼唤珍惜时间与生命。）诗歌前两联与后两联是怎样的关系？（前四句写景，后四句抒情。）

3. 审美鉴赏与创新——变式思维设计

为何以"登高"为题？（登高更思乡；悲秋悲己，反映社会动荡与百姓艰难生活。）《杜诗镜铨》中评："高浑一气，古今独步，当为杜集七言律诗第一"。请结合本诗具体解释。（高浑一气，情景合一；古今独步，时代与人生密切，情寓于中；律诗第一，全诗工对严密。）杜甫言"语不惊人死不休"，结合本诗说说他的创作态度？（七言律诗，四联全部工对，堪称古今七律第一；用词推敲严密，如"独""萧萧""滚滚"；作诗严谨态度。）从本诗可以看出杜甫诗歌的风格是什么？（沉郁顿挫；视野宏大，言己即言社会；悲己悯人情怀。）

4. 文化传承与理解——变式思维设计

以《登高》为例，说说古代诗人的悲天悯人情怀。（悲秋即悲人；借自己的悲惨漂泊遭遇，看社会动荡给百姓造成的创伤；自然、社会大视野，展示人在自然、社会、人生面前的无奈无助，人生苦短、时间无情的悲凉。）作者是在九九登高节写的这首诗，请谈谈文化节日与诗歌文化价值。（文化节日会引起思乡之情，更深更烈之情在节日环境里更悲；文化价值：引发文化思考，文化在诗人中的重视；反思时代不同，文化价值则不同。）本诗与王维《九月九日忆山东兄弟》都是写登高节，有何异同？（同：同一节日，都是思乡；异：前者侧重自身多病漂泊，社会动荡，更悲；后者侧重思念兄弟，惊叹会缺少自己。形式体裁七绝七律，也不同。）杜甫为何称谓"诗圣"？我们如何学习诗人的人格风范？（杜甫一生忧国忧民，堪称诗史，人格高尚；诗艺精湛，格律第一，被后世尊为"诗圣"；学习诗人心忧天下，爱国情怀。）

第三节　三重观照教学法

一、概念界定

什么是三重观照教学法？就是在具体的教学设计与课堂教学过程中，利用思维的微观、中观、宏观等三重观照学习方式，对文本做出层递性设计的教学方法。

二、基本特质

三重观照教学法，是对教学设计与课堂教学实施而言的。如何进行微观、中观、宏观的独特课堂教学？如何进行三种不同观照的教学设计？从高中语文教学角度看，三重设计就是要紧紧围绕语文核心素养而展开。

微观设计，就是细小方面的设计。就是围绕文本中"语言建构与运用"的设计，具体而言，就是从细微、细小角度对有关语言、修辞、句式、情节等问题的设计。

中观设计，是指最中、至中的设计。从语文角度看，就是涉及"思维发展与提升""审美鉴赏与创造"的设计，具体而言，就是指情节的发展、情感的变化、人物性格、人物形象、文章结构、行文线索、段落整合、思维逻辑、概念推理、时空内涵等方面的设计。

宏观设计，是指从大的角度、大的视野进行的设计。从语文看就是突出"文化传承与理解"的设计，具体而言，就是指文化传承、主题辐射、作家风格、语言艺术、人生价值、历史价值、文学评论等方面的设计。

三、参模孵化

【案例一】《大卫·科波菲尔（节选）》三重观照设计

(一)微观设计

(1)有译本这样翻译开头的第一段。对照一下课文，挑选几处翻译不同的地方，并按照"信达雅"的要求，说说哪几处翻译得较好？

现在我已相当练达世故，几乎丧失了为任何事感到吃惊的能力了；但是我当时那么小就这么被人轻而易举地给抛弃了，就是现在也叫我多少有些吃惊呢。一个才能优异的孩子，一个具有很强的观察力的孩子，机敏、热心又纤弱，身体和精神很容易被伤害，却没有一个人表示出半点为我着想，我至今觉得不可思议。没人为我着想，而我年方十岁便成了默德斯通——格林伯公司的小苦力了。

(2)第三自然段，写了这些动词要表达什么？扔掉、洗刷、摆弄、贴上、塞上、盖上。

(3)"我竟沦落到跟这样一班人为伍，内心隐藏的痛苦，真是无法言语表达"中"这样一班人"是怎样的人？

(4)米考伯一连说了"简而言之"，这是口头禅吗？说明了什么？

(5)47 页第三段，反复出现钱数，"六先令""七先令"反复两三次，"六便士"两次，其目的是什么？

(6)"米考伯先生又伤心，又羞愧，甚至悲惨得不能自制；可是在这过后还不到半小时，他就特别用心地擦亮自己的皮鞋，然后哼着一支曲子"，这说明了什么？为何"我"给"我们家什么吃的都没有了"的米考伯太太钱，她为何不要呢？

(7)为何米考伯夫妇住在监狱里比住在监狱外面更"舒服一些"？

(二)中观设计

(1)说说下列理性句子的含义。

①不过经验能让人懂得一切。②石头是榨不出血来的。③墙上全用模板刷了一种花形，就我那年轻人的想象力来看，那就像一个蓝色的松饼。

(2)米考伯为何说引以为戒的话？意蕴是什么？一个人要是每年收入二十镑，花掉十九镑十九先令六便士，那他会过得很快活，但要是他花掉二十镑一先令，那他就惨了。

(3)小说是如何塑造米考伯这个人物形象的？

(三)宏观设计

(1)本文选自第十一章，原题目是"我开始独立生活，但我并不喜欢这种生活"。"独立生活"是什么生活？作者"不喜欢这种生活"，那么，作者"喜欢"什么生活？为何课本上的题目不是这个题目，而是叫"大卫·科波菲尔(节选)"？如果换一个题目，你想拟定什么题目？

(2)这特殊的"独立生活"对今后大卫·科波菲尔成为作家有什么作用与影响？

(3)作品是如何塑造大卫·科波菲尔的？

(4)细节描写、对比手法、幽默手法的语言运用，增强了这篇小说的艺术性。请从文本中找出几例，并说说其艺术效果。

(5)有人说，狄更斯的语言十分丰富，是第二个莎士比亚。苏联学者伊瓦肖娃说：没有多少作家在风格多样性上、词汇量的完备与丰富上，以及表达的鲜明与独创性上，能够与狄更斯相比。请结合本文，结合上面一个方面，说说作家的风格上、语言词汇上、表达鲜明与独特性上的特征。

【案例二】《复活》三重观照设计

(一)微观设计

(1)这段肖像描写，是课本外的，是她出庭时的肖像描写。作者曾反复修改过二十几次。说说人物性格的特点与这段肖像描写的作用。

一个小小的、胸部丰满的年轻女人，贴身穿一套白色的布衣布裙，外面套一件灰色的囚大衣，活泼地走出来，站在看守的身旁。她脚上穿着布袜和囚鞋。她头上扎着头巾，明明故意地让一两绺头发从头巾里面溜出来，披在额头。这女人的面色显出长久受着监禁的人的那种苍白，叫人联想到地窖里储藏着的番薯所发的芽。她那短而宽的手，和大意的宽松领口里露出来的丰满的脖子，也是那种颜色。两只眼睛又黑又亮，虽然浮肿，却仍然放光(其中有一只眼睛稍稍有点斜睨)，跟她那惨白的脸儿恰好成了有力的对照。

(2)有人说，玛丝洛娃每一次拒绝聂赫留朵夫的赎罪请求，都有新的内容，都细致地刻画了玛丝洛娃所遭受的精神创痛；每一次拒绝都引起玛丝洛娃灵魂的颤悸，并有力地影响着她精神复活的过程。结合文本具体内容，简要分析。

(3)为何玛丝洛娃向聂赫留朵夫讨十卢布钞票？

(二)中观设计

(1)聂赫留朵夫是怎样一个人物形象？

(2)聂赫留朵夫"复活"了什么？

(3)阅读全书，说说玛丝洛娃"复活"了什么？

(三)宏观设计

(1)小说结尾，为何安排玛丝洛娃和政治犯——流放的革命者结婚？

(2)《复活》展示的文化社会背景是怎样的？复活思想与托尔斯泰的思想有何关联？

第四节　以文解文教学法

一、概念界定

何谓"以文解文"教学法？就是用文本中的相关文字与内容，来解决文本问题的一种思维方式与教学方法。是教会学生借助或利用文本中的相关内容，如词语、句子、段落、修辞等具体语境的含义或隐含意蕴，来解决文本所涉及的有关问题。

二、基本特质

以文解文教学法的特质是：一是借助文本功能。一个文本最重要的信息是来自文本，主要凭借文本本身的信息，适度联系外围资料，来理解文本。二是超越文本功能。一个文本的教学不是目的，而更重要的是借助"这一个"来提升理解词语、理解句子、概括文本主要信息，提高学生的整合、概括、鉴赏、评价能力。教学首先要理解文本，做到通达、晓明、贯通，之后才能超越文本。

先看一例。到本市某高中学校听课，学校提供的展示课是《再别康桥》。这是一位年青女教师的课，课堂的基本思路是这样的。

(1)找一学生读一遍文本(节奏有些快)。教师又范读了一遍(教师提示要注意高低节奏，感觉教师范读得较好)。

(2)开篇：为何第一段用了三个"轻轻的"？(学生回答，主要是难解难分。教师出示多媒体文字：徐志摩的话——我的眼是康桥教我睁的，我的求知欲是康桥给我拨动的，我的诗人意识是康桥给我胚芽的。)

(3)进而教师问：你从哪些地方读出了作者对康桥的深情呢？请找到相关意象体味。(学生找了"金柳""笙箫""水草"等。教师特别对"水草"重点关注，问"为何作者甘心做一条水草？"学生回答"自由自在，无拘无束"。教师注意引导学生如何朗读"甘心"。之后教师给学生提示鉴赏的方法：意象＋手法＋情感。这一点很好，但应该在学生鉴赏之前提出引导为好。)

（4）用胡适的话总结主题：胡适评论徐志摩说："他的人生观真是一种单纯信仰，这其中只有三个词，一个是爱，一个是自由，一个是美。他梦想这三个理想的条件能汇合在一个人生命中，这是他的单纯信仰。"教师概括主题：现实——寻梦。提出了自己的观点：没有诗的生活是贫乏的。

下课时，我问一个男生，你说说"那河畔的金柳，是夕阳中的新娘，'新娘'指什么?"学生一时茫然，进而说是指"康桥"。我也无奈地说，你好好看看，"新娘"指的是"金柳"啊。可见，一堂课，教师苦口婆心而教，而起码的几个词语，学生还是没有理解。实话讲，这篇课文已经有很多优秀的教学案例。

这就涉及一个教学基本原则：是借助大量的外围材料来解读文本，还是主要依据文本本身内容"以文解文"？是为教这一篇课文而教，还是以这篇课文为凭借，来提高学生的阅读鉴赏能力？我想，大家肯定会说后者是对的。

三、参模孵化

为了更深刻理解文本，我们可以做如下设问。

为何是"再别康桥"？（因为作者是第二次告别。）"轻轻的我走了，正如我轻轻的来"中"走"与"来"心情是一样的吗？（"来"是愉悦的；"走"是失落的。）为何把"金柳"比拟为"新娘"？（比喻、比拟；柔美，新亮，希望。）"在我的心头荡漾"，"心头"荡漾的仅仅是"金柳"吗？入"心"的应是什么？（是借助金柳，表示对剑桥与美的赞颂与崇尚，心灵的崇拜。）"那榆荫下的一潭，不是清泉，是天上虹"，拜伦潭就是清泉，为何说是"虹"？（比喻，实写与虚写；清泉倒影彩虹，说明作者崇尚拜伦那样的诗人，诗人彩色的梦。）"彩虹似的梦"是怎样的梦？指什么具体内容？（如崇拜拜伦那诗人的梦、从上文看出那自由的梦、崇尚剑桥的梦等。）"寻梦"，作者寻到"梦"了吗？（寻到了，一船星辉，一船放歌。这里侧重追寻，主要是指追寻自由的快乐与探索新境的愉悦。）"向青草更青处漫溯"意思是什么？（就是环境的更深处，就是寻找新境，探幽新境，深入未发现的境地。）"放歌"与"沉默"巨大的反差告诉我们什么？（对比，比拟；一面热情奔放，一面寂然无声；顿然消失，依依惜别。）"轻轻的"与"悄悄的"有什么不同？（都是声音小；前者侧重动作的轻微；后者侧重静悄悄，不打扰别人，独自的寂寞，就是一个人痛惜别离的心情。)

这些思考都要搬到课堂上去吗？当然不是，这就要精妙设计。从全文看，就是用设计推动全文，用问题带动课堂。第一个案例中，教师整体设计是没有问题的，就是在一些细节上不能实施"以文解文"教学法。

例如，"你从哪些地方读出了作者对康桥的深情呢？请找到相关意象体味。"这个问题太大，好像把全文都给学生了，学生一时难以把握，不如教师再举一个事例，如"金柳与新娘用了什么修辞？两者有何共同点？表现了作者怎样的情感？"这样就把一种思维方式告诉了学生——即表层意蕴与深层意蕴。

表层意蕴是从文字表面理解的，如使用了什么手法，重要词语的含义是什么；深层意蕴要从情感、态度、主旨、思想的角度理解，就是挖掘出作者内心的情感与态度。"金柳何以在心头荡漾"？这就揭示出了深层意蕴，那就是作者内心充满对剑桥蕴藏的知识与美的渴望，充满着依恋与爱。这样，就给学生一个理解鉴赏的示范了。进而学生就可以依次鉴赏开来了。

教师还可以设计一个涉及主题的大问题：作者"不带走一片云彩"，那么作者"带走"的是什么？如果我们从"以文解文"的角度来理解，那就可以从全文来推断，作者带走的是：我的心头荡漾——康桥的美，对剑桥所蕴藏的知识的崇尚；水草——对自由的渴望；拜伦潭——诗人彩色的梦；青草更青处——对新境、探幽与创新的渴望；沉默——对离别的惋惜之情。故作者带走的是：剑桥的美与对剑桥知识的崇尚，自由的憧憬；诗人的彩色的梦，对探索新境的渴望，以及对康桥生活的留恋、惜别之情。

此文发博客了，一位网友发来评论："王老师，其实我心里一直有个疑问，如果在讲课的过程中你预设的题目的答案跟学生想的答案不一致，这时候如何巧妙地过渡呢？比如'水草'这个意象，我在讲解的时候，学生们说长在康河里，不愿离去，表达对康桥的赞美，那么我该如何去往'自由'上靠拢。每当自己的答案跟学生回答的答案不一致时候，自己心里慌了，无所适从。叨扰了。"

我很高兴，觉得自己的研究有了一些价值。我的回复如下：如何理解自由的水草？要学会"以文解文"啊。前文有"招摇"一词，不就是自由自在地摇动吗？"我愿做一条水草"，作者没有说"长一条水草"，也不是"做一根水草"，"甘心做一条水草"就满足了。"条"，也有柔美、自由的内涵。这是表层意思，而深层意蕴，结合上下文"招摇"，就是做一条自由自在、无拘无束的水草，表达了作者对自由的无比渴望与喜爱。

第十章　学法之创新

第一节　定向法

一、概念特质

教育家怀特海说："教育是教人们如何运用知识的艺术，这是一种很难掌握的艺术。"①所以，探求学法特别重要。

定向法，是借鉴爱因斯坦"定向学习法"而来。定向法就是对自己所学的知识围绕目标进行筛选，重点学习能够把自己摆渡到目标的东西，抛弃远离目标、负担过重的东西，集中智慧和精力攻克定向的目标。

定向法特点有二：一是关键性，抓住关键、主干知识；二是集中性，选定对自己最有利的目标，集中迸发，直取目标。

二、实施路径

基本路径：确定目标—定向内容—定向措施—完成目标。

基本内容：确定目标——梳理学生某一方面存在的问题，加以规整，形成基本目标定位；定向内容——确定关键能力的基本内容，这个内容是达到目标的关键一环；定向措施——提供基本措施与办法，提供解决问题的基本工具与基本做法；完成目标——通过实施定向计划，达到最优化结果。

三、案例阐释

这是我给全市教师展示的一节作文公开课。题目是《学会"如果"句式》。这是高

---

① ［英］怀特海：《教育的目的》，庄莲平、王立中译，8页，上海，上海文汇出版社，2012。

中作文教学中的一个主干、关键能力，是作文中"文采"得分之关键。

案例作用：其一，定向功能。这是教研员面对全市语文教师出示的公开课，选材新颖而独特，符合"定向"要求。其二，示范功能。这节课后，很多教师都纷纷模仿这节课。这节课的核心就是让学生学会"如果"句式的特点与路径。

四、案例展示

课题：学会"如果"句式

师：我们今天就来学一学"如果"句式怎么用。大家读一段文字，读完以后，评一下我写的这段文字有什么优点。

"袁隆平如果仅仅是为了个人的生活美好，不会穿着水鞋，戴着草帽，农民着，科学着；他如果仅仅是为了钱而生存，就不会拿着500万的科技大奖还生活得那么朴素而又纯净；如果他也像普通人一样不善于思考，杂交水稻也不会靠近他。"

师：这段文字很简单，请每位同学说一个优点。简单一些，几个字概括就可以。

生：排比。

师：好！这位同学说得太好了，三个"如果"是排比。

生：反面衬托。

师：和谁衬托啊？"如果他能像普通人一样"，好！反衬。

生：层层递进。

师：好！这位同学说得好，平时肯定很会写作文。

师：写一段假设性的文字不是那么好写的。必须要具备这几个优点：要排比，要递进，要关注细节，要注意想象，还可以运用对比和比较。这一共四句话，总结了这些优点。

同学们今天就学习这种方法，下面我给同学们介绍四个材料。

师：第一个材料，是关于梭罗的，梭罗是美国的一个作家，他放弃了优厚的生活，专门到一个地方去生活，这个地方叫瓦尔登湖。他在湖的旁边写作，他写了这样的文字。

"在任何大自然的事物中都能找出最甜蜜、最温柔、最天真和最鼓舞人的伴侣，对于健全而无序的耳朵来说，暴风雨真是一种音乐呢。我在屋里待了一整天，这雨既不使我沮丧也不使我抑郁，对于我真是好得很呢。我忽然感觉到大自然是如此的甜蜜而又如此的受惠，就在这滴答滴答的雨声中。"

这个材料的关键词是什么？作家为什么不在繁杂的都市生活而在农村写作呢？这是为什么呢？仅仅是听雨吗？

生：贴近自然。

师：好，上课就要这样认真思考。上课是什么？上课就是接近伟大的灵魂。第二个材料如下。

贝利生了个儿子，很多人都向他祝贺，说："小贝利出世了！将来又是一个球星！"贝利清醒地说："他不可能当球星，球星出自贫困之门！"请找出关键词。

生：清醒。

师：为什么是清醒的？

生：一般人容易被胜利冲昏头脑。

师：这位同学平时肯定是十分清醒的人，请坐！下面请按照刚才我读的"如果……，如果……，如果……"的句式，围绕刚才任何一个材料的关键词写一段话，可以借助想象、细节、递进等方法去写。（15分钟后，学生展示仿写的语段）

生1：如果梭罗没有挣脱嘈杂城市的束缚，瓦尔登湖的涟漪也不会在他的心中荡漾；如果梭罗没有漫步湖畔清爽的阳光里，那么恬静的清明也不会属于他；如果梭罗倾向于那些为金钱而束缚的人们，他也不会拥有属于他的那些冷雨。

师：这位同学表达确实不错。比较抒情，排比、递进也用得好。想象差一点，9分。

生2：如果贝利没有在生活中时时刻刻保持着清醒，他不会成为备受世人注目的球王；如果没有在球场上时刻保持着清醒，他也不会多次捧起"大力神"杯；如果在人们的赞美声中贝利不是每分钟都时刻保持着清醒，那么他的后代就会真的忘记了如何在困难中奋起，在贫困中胜利。

师：这位同学能得10分，很全面。

生3：如果梭罗没有走进大自然，他就不会有清新自然的文字；如果梭罗沉醉于纸醉金迷的城市生活，就不会感受到置身田园的欣慰；如果梭罗没有在烈日当空晒下辛勤地劳作，猛烈的暴风雨将不会是最好的伴侣，使他充实，他的耳朵就听不到美好的音乐。

师：这位同学写得很好，9.5 分吧。

我们的教学要想真正优质，必须要收获学生的成长，一点一滴地、一课一课地让学生真正感受到自己进步了，成长了，教育的全体优质才会到来。①

第二节　聚类法

一、概念特质

聚类法，是借鉴"聚类分析"的学习方法而来。何谓聚类法？就是将物理或抽象对象的集合分成由类似的对象组成的多个类的过程。简言之，就是把相关内容按类别形成类的聚合，并进行集中学习的学习方法。

何谓聚类分析？聚类分析是人类与其他动物之区分标志之一。从孩提时代开始，一个人就下意识地学会区分动植物，并且不断改进。这一原理如今在不少领域得到了相应的研究和应用，如模式识别、数据分析、图像处理、Web 文档分类等。

聚类法之意义。聚类法适用于自然学科和社会科学。首先是分类问题，"物以类聚"，分类问题在自然科学和社会科学中，大量存在着；其次是异同问题，由聚类所生成的簇是一组数据对象的集合，这些对象与同一个簇中的对象彼此相似，与其他簇中的对象相异。聚类技术正在蓬勃发展，对此有贡献的研究领域包括数据挖掘、统计学、机器学习、空间数据库技术、生物学以及市场营销等。

聚类法之特点。概括之两点：一是聚类性，重点是抓住事物的分类，突出类别与聚合；二是明辨性，聚类的目的在于有效、简约、明辨与明晰性。

二、实施路径

基本路径：确定聚类内容—分析聚类特点—攻克聚类路径—完成聚类目标。

① 王玉强：《学会"如果"》，载《语文建设》，2007(Z1)。

基本内容：确定聚类内容——梳理学生某一类别存在的问题，加以规整，形成基本聚合内容；分析聚类特点——确定聚类内容的基本特点，分析探究；攻克聚类路径——提供基本措施与办法，提供解决聚类问题的基本工具与基本做法；完成聚类目标——通过实施聚类计划，达到解决问题的最优化结果。

三、案例阐释

下面是一节议论文写作各种议论句式"聚类"提升的学法公开课，题目是《学点议论句式》。此课堂实录发表在全国中文核心期刊《中学语文教学》上。本课之后还附有一篇教学反思。

案例作用：其一，聚类功能。就是进行作文问题的集中分析，找出作文知识点之"短板"的议论句式问题，形成多种议论句式类型。其二，导向功能。这节课只是一节范例呈现，目的是起到作文教学中的关键能力的导向引领，探寻聚类之课型的基本导向。

四、案例展示

课题：学点儿议论句式

师：科学家阿基米德说，给我一个支点，我能撬起整个地球。写作的支点有很多，今天我们学习它的一个支点，叫作"学点议论句式"。（板书）

议论文的写作有很多方面，今天我们就学一点——议论的句式。议论句式可以使文章更加有理性，也会增加议论的深度。下面，我先读一个语段，看看这段文字有什么特点。这是一篇写"从容"的文字，这段文字是这样写的，读后同学们思考一下这段文字有什么特点呢？

从容是一种境界，从容是一种品行，从容是处在纷繁复杂社会唯我纯净的一种洒脱。从容是庄子的龟游弋于泥泞的那种自在；从容是李白在长安一觉醒来后继续行走在名山大川的那种洒脱；从容是邱少云面对熊熊烈火自己咬牙忍痛，让生命染成鲜红旗帜的那份责任；从容是十几岁的女子刘胡兰面对铡刀不动声色，走向生命永恒的那份淡定。

生：用了事例，用了排比。

师：是怎么用事例的呢？

生：抓住了一些人物的细节。

师：对了，抓住人物的细节，并且有一些想象。这种形式呢，就是用"是什么——是什么——"形成了一组利用人物细节构成排比的句子。

师：我再给大家读一段，大家看看这段文字有什么特点。

当江南的细雨霏霏飘落，秦淮两岸香拥翠绕，是谁在碧水秋云间黯然伤怀于那舴艋小舟中？当塞上的风沙卷起，羌笛悠悠吹满落霜，又是谁身披蓑笠狂歌大江东去，挑灯醉看吴钩犹利？

生：用了"当……是谁……"的句式，语言很美！

师：语言美在何处呢？在这里一个是用了议论的句式，一个就是运用了联想。想象诗人在江南、在塞北的场景，运用风花雪月来衬托。想象就要借助一定的环境，借助景物来渲染烘托。这样，文字就有了灵性，有了弹性与张力，就有了灵魂。另外"是谁"还有递进的某些韵味。

师：再听一段，这是写《提篮春光看妈妈》的一段文字。

是谁陪我栉风沐雨，静看春华秋实？是谁为我驱寒散热却独自承受坎坷？是谁忙里忙外、脚步匆匆？是谁日渐苍老、为我面容憔悴？我感觉到了，那是我的妈妈——我慷慨的母亲，慷慨到把母爱化成光环，永无终点；我感觉到了，那是我的妈妈——我吝啬的母亲，吝啬到只愿一个人咀嚼生活的艰辛，永不言悔。

作者用了四个"是谁"，这是为了什么？

生：为了突出母爱的伟大。

师：一篇文章要一下子抓住阅卷老师的眼睛，关键要有文采！在这里作者用了四个"是谁"，一下子概括了母亲的全景，一下子把母亲的形象在读者面前展现出来。有文采，也有内容。

师：同学们再说一说，这些"是谁……是谁……是谁……"是怎么写的呢？

生：他是从生活中的小事写起，也用了很形象、很概括的句子。

师：对。作者用了很好的形容词，像"栉风沐雨、日渐苍老、面容憔悴"等。作者是很在乎语言的，是吧？关键是作者有一种使用句式的意识。使用句式是一种很好的写法，它可以用概括的笔墨，把形象的文字、生活的细节、丰富的感情流畅地表达出来。

师：再如，高考作文山东卷的《时间不会使记忆风化》，有位考生也用了排比议论的句子。

我忘不了文天祥的爱国正气，忘不了他那首掷地有声的《正气歌》；我忘不了圆明园的残垣断壁，忘不了三天三夜的那场大火；我更忘不了庄严凝重的天安门，忘不了世纪伟人站在那里宣布新中国的成立。

同学们看，作者用了六个"忘不了"，都是一个平面的吗？

生："忘不了"是不一样的，每组两个先概括，再说细节。

师：对，先概括的去说，如写"圆明园的残垣断壁"，这是概括的议论，然后是"忘不了三天三夜的那场大火"，这是细节描摹。总结这种句式就是——先概括陈述，再写具体细节。试问，作者光概括地写"忘不了圆明园的残垣断壁"就行了，为何还要写"三天三夜的大火"呢？为什么要写得那样细致呢？

生：从细节出发，使人不断地联想，也让人记忆深刻。

师：对。细节在文章中是很有分量的，如果用句式进行合理的包装，你文章灵动的文采就体现出来了。当然，还有一些句式，像"君不见…… 君不见……""想起了…… 想起了……""曾记否…… 曾记否……""为什么…… 为什么……"等，也是很好的表达形式。

在这里我要说，议论文中使用句式，是一个考生有文采的标志。使用句式有三个好处：一是内容极度浓缩化，就是在最短的文字里，融入了最多的内涵，容量大，信息广，充分展示了考生的视野；二是文采斐然，阅读朗朗上口，有气势，有张力，有韵味；三是借助人物或生活细节，内涵更加丰富，联想更加开拓，给人更大的想象空间。

议论文的句式是多样与多彩的。在这里我们重点学习平行式句式和递进式句式。平行式句式可以用这种数学符号来表示：1＋1＋1＝观点。就是平行用两个或三个以上的事例，平行式增加。

递进式句式可以用这种数学符号来表示：1×1＋1×1＋1×1＝观点。就是每个事例可以用两句话，进行递进式议论，当然，整体看几组句式还是并列的。这只是议论句式的几种形式，其他的句式还有很多，也很复杂，我们今天先学习这两种形式。

下面给同学们提供几个作文题目，大家来训练一下。题目是"淡泊""魅力""情在不言中""必须跨过这道坎"。用这些句式写议论性散文的排比也可以，写纯议论文的也可以。同学任选一个题目，注意渗透这两种议论的句式方式，注意写细节。

（10分钟后，学生读语段）

生：写的题目是"淡泊"。

忘不了陶渊明在田园里东篱采菊的背影，忘不了季羡林感动中国人物获奖时的那句"受之有愧"，忘不了印度甘地面对"国父""圣雄"的称号，依然抛弃荣誉，奉行苦行僧式的个人克己生活，主张非暴力思想，平息内战。淡泊是埋藏在人们心中的一粒种子，定能长出鲜艳的花儿，让人生更美，淡泊是一缕春风，定能驱散心灵的乌云。

师：好，这个同学用了第一种方式，选了三个事例，先国内，后国外，注意了细节，挺符合要求的。甘地这个例子用得好，在甘地的个人生活中有一些独特的现象，包括素食，独身，默想，每周有一天不说话，只穿印度土布做的传统服装，用纺车纺纱，参加劳动，等等。他的思想影响着世界，可以再具体一些。

生：写的题目是"魅力"。

当你面对奔腾的黄河，你是否感到那生生不息的魅力；当你行走在田间小径，你是否感受到陶潜那份洒脱的魅力；当你伫立于零丁洋边，你是否感受到文天祥那份刚毅正直的魅力；当你的耳畔响起不屈的交响曲，你是否感受到贝多芬那份与命运抗争的魅力。

师：这位同学的字写得很漂亮啊。这段文字紧紧扣住了"魅力"，使用了第二种递进句式，用"当你……你是否……"的句式形式，读起来很有气势，有力量。就是在写人物上再铺垫一下，"陶潜""贝多芬"出现还是有点突兀，可以增加点内容。

生（学生读）：写的题目是"必须跨过这道坎"。

在人生的道路上，我们不得不，而且必须跨过一道道人生之坎，曾记得廉颇跨过那道心灵之坎，传出了"将相和"的千古佳话；曾记得华罗庚跨过那道诱惑之坎，千里迢迢报效祖国，终于完成生命的夙愿；曾记得……

师：这位同学还没有写完。

生：写的题目是"必须跨过这道坎"。

是谁在寒烟衰草的北国，手持旄节，跨过了饥饿、寂寞、孤困这道坎，而保持了忠义的节操；是谁在零丁洋头怒喷元兵，跨过鞭笞、凌辱、诱惑这道坎，而保持威武不屈的正义；是谁在历史的篇章里手握如椽大笔，跨过宫刑耻辱这道坎，而保持秉正实录一代史官的品质。

师：这两个同学都写了"必须跨过这道坎"，第一个同学用了第一种并行方式，第二个同学用了递进方式。很明显第二个同学有细节，材料也丰富，要比第一个同学写得好一些。

通过同学们的练习，我看到了希望，同学们大都掌握了这两种句式形式。只要我们利用好议论句式这个小小的支点，一定会使议论文更充实、更具文采。同学们再见。

深层反思：

(1)这节课设计的目的是什么？要问这节课这样设计的目的——就是给学生提供迅速提升语言与文采的方法，就是通过一节课让学生达到基本入门的诀窍，就是经过简单的、容易操作的议论句式，迅速达到优秀议论文语段所期望的水平。

(2)为何这节课定位在训练"一点"上？作文的事情很多，这节课为何定位在这"一点"呢？我根据基层学校的实际需求，针对高考作文的具体要求，特别是针对学生作文大量存在的平铺直叙、简单直白、语言干瘪的状况，通过长期的摸索与思考，对作文教学逐渐形成了自己的认识与观点，那就是——一课一法，法法相加，遂成一家。

一课一法，就是一节作文课要凸显一种写作方法，让学生通过一种方法的学习，迅速达成一定的要求。法法相加，就是日积月累，环环相扣，让学生把学到的方法贯通起来。遂成一家，就是法法反复训练，点面结合，逐渐让学生形成自己的写作个性与写作风格。这几年，我是借助语段教学来重点突出"法"的教学的，重点出示了"一课一法"写作课。实际上，大道至简。教师就是要做到深入而浅出，让学生真正觉得语文很简单，很轻松才好。

这节课的设计有层次吗？我设计的课很简单，很好操作，很实用。就是三步。

一是参模。就是提供模仿的依据与凭借——优秀案例，供学生学习模仿。这里要分两步走：搜寻，活化。搜寻，就是寻找符合课堂要求的优秀片段案例，这是最难的。案例可以从作家写的文章里找，也可以从高考满分作文里找，还可以从学生的习作里找，还可以从教师自己的下水作文里找。实际上，"从容是一种境界，从容是一种品行"的这段文字，是我自己写的一段，是从《从容》的下水作文中抽取的。《学点议论句式》的其他几段，有的是作家写的，有的来自满分作文。活化，就是语段形成梯度，不平面化的，不死板，有张力，给学生以更大发挥的空间。相同相近的句式类型可以展示，不同多样的句式形式也可以展示。尽管句式简单，也要让学生仔细分析句式的表达，分析句式是如何呈现的，这是第一步，也是最重要的一步。如果分析不到位，就很难对学生起到正确的引领。本课第一个语段"从容"是简单的句式组合，而"当江南的细雨霏霏飘落""是谁陪我栉风沐雨""我忘不了文天祥的爱国正气"三个语段的句式形式，就呈现多样化了，这在告诉学生，句式是千变万化的，是多姿多彩的，所以这就是"活化"的妙处。

　　二是授法。就是教师授其法，引其道。交代具体的写作方法，让学生得到写作的捷径。我们经常说，要授之以渔，要给学生点金术，要交给学生点金的"指头"，但往往庞杂烦琐，要么全盘托出，要么纯粹个例，没有把共性的、独到的发现交给学生。在这里又涉及两点：一是类聚，二是法式。类聚，就是尽量把相同的形式归类、整理、聚合。本课我把几种议论句式进行了列举与聚合，这是为了让学生集中地了解与借鉴。如"君不见…… 君不见……""想起了…… 想起了……""曾记否……曾记否……""为什么…… 为什么……"等。实际上，学生还可以就此引申丰富起来。当然还有"当……当……""为何…… 为何……""难道…… 难道……""那是……那是……""难忘…… 难忘……"等。当然，这是显性句式，如果学生用例很娴熟了，还可以取消句式，进行隐性句式的排列。法式，就是尽量给学生总结一个公式，让学生有章可循。当然，可能有很多朋友会说，这是八股，是教条，文章无法，等等，但对学生来说，对大多数还没有"得其法"的学生来说，还是需要"法式"的。当然，天下没有一成不变的法式，而况作文的法式呢？但我想，要先"入格"，然后再"出格"啊，有规矩才能成方圆啊。你的学生连"格"都没入，何谈出"格"呢？所以，我对议论句式简单概括出两种形式，一种是并行式，一种是递进式。并且用公式来简单形象的呈现出来：1＋1＋1＝观点；1×1＋1×1＋1×1＝观点。

三是得法。就是学会模仿，借助提供的句法归类，自己成功创作语段，迅速掌握提升语言文采的方法。从这堂课的实践看，还是基本达到了提升文采的目的。当然，一个学生的语言与文采，仅仅通过一节课的努力是不会一蹴而就的，这只是一个开端，只是提供了一种提升的环境，只是有了一种途径。从四个学生当堂的句式语段训练看，基本达到了本节课的目标，学生运用句式的灵活性，语言表达的流利程度，表达内容的层次感，还都是可以的。在这里，我还想说，课文也应是我们学习议论句式的典范。下面是余光中《听听那冷雨》中的一段文字，我们要学习他多少议论的句式呢？

杏花春雨江南，那是他的少年时代了。再过半个月就是清明。安东尼奥尼的镜头摇过去，摇过去又摇过来。残山剩水犹如是。皇天后土犹如是。纭纭黔首纷纷黎民从北到南犹如是。那里面是中国吗？那里面当然还是中国，永远是中国。只是杏花春雨已不再，牧童遥指已不再，剑门细雨渭城轻尘也都已不再。然则他日思夜梦的那片土地，究竟在哪里呢？在报纸的头条标题里吗？还是香港的谣言里？还是傅聪的黑键白键马思聪的跳弓拨弦？还是安东尼奥尼的镜底勒马洲的望中？还是在故宫博物院的壁头和玻璃柜内，京戏的锣鼓声中太白和东坡的韵里？

语言是魅力无穷的，也是学无止境的。德国思想家伽达默尔说："谁拥有语言，谁就拥有世界。"①

第三节　转化法

一、概念特质

转化法，是借鉴物理学的"转化法"而来。物理学的转化法，指在物理学科把难于测出的物理量转化为易于测出的物理量的实验方法。这是由难而易的转化。

而我们说的"转化法"，是指把甲事物的内容，通过一定的方式方法，进而转化为乙事物的学习方法。这是由甲事物改变为乙事物的转化。这样的转化，更具有普

---

① 王玉强：《学点儿议论句式》，载《中学语文教学》，2010(12)。

遍意义。

转化法之特点：一是转化性，重点是如何转化，用什么方式转化；二是简明性，就是方式简单明确，比较容易操作。

二、实施路径

基本路径：确定转化对象内容—分析转化机理—提供转化工具与方式—完成转化目标。

基本内容：确定转化对象内容——就是找到某一项转化对象，这是要转化的具体内容；分析转化机理——就是分析转化案例，抽取转化的因果关系、条件关系等；提供转化工具与方式——就是为转化提供途径、工具、方式与手段；完成转化目标——形成新的转化成果，形成转化效能。

三、案例阐释

《学会转化——如何把别人的材料转化成自己的作文素材》这个案例是具体分析一首抒情诗如何从原材料中来的，进而把这首抒情诗，转化成另一主题的材料。本课侧重把原材料写成诗句，进而再转换主题，强化应用功能。

这首抒情诗选自我的专著《诗解语文》，此书是把教材里的课文都写成了诗歌，也算是一种再创造。但很多教师觉得很难让学生阅读本书，觉得高不可攀。尽管每首诗后面都有一个"思想链接"，很精彩，但学生总是觉得那是别人的东西，无法马上变成自己的写作素材。于是，我在桓台县二中给高三学生出示了一节公开课。这节课的课堂实录最初发表在《山东教育》，之后被人大复印中心《高中语文教与学》全文转载。这节课就是给学生一种思路——如何把别人的材料转化成自己的作文素材。课堂上还涉及了"担当"的话题，恰巧，当年的山东卷高考就考了"担当"的作文题。实际上不是幸运，而是一个机遇。我们的课堂随时都有机遇的，随时都有成功的。我们教师教学的关键就是把成功背后的秘密，给学生呈现出来，让学生真正得到那把金灿灿的开启能力金矿的钥匙。

案例作用：其一，转化功能。这是一切学科学习的核心问题，如何转化知识与能力，如何把别人的思维与能力，转化成自己的思维与能力，研究其深度尤为重要。其二，典范功能。这节课只是一节范例呈现，是具有典范性的，目的是起到引导与示范作用。

四、案例展示

课题：学会转化——如何把别人的材料转化成自己的作文素材

师：这节课我来教同学们一种转化的方法。请同学们读读我写的一首诗《好一位韩文公》，大家读一读。

好一位韩文公，/你还在践行道的承诺/《论佛骨表》啊，你是用区区生命，/完成了一次道德的薪火递接；/退鳄鱼，风中那座功德碑，/目视潮州的潮起潮落，/至今还在默默评说。

师：大家概括一下，我用了韩愈的什么事例呀？

生：写了《论佛骨表》，还有退鳄鱼。

师：这体现出韩愈什么精神？

生：有勇气，敢进谏。

师：面对有生杀大权的皇上，他仍然敢于进谏，为什么？

生：为百姓苍生，天下社稷。

师：就是说这个比生命还重要。同学们读读下面这段文字，看看我是怎么把别人的材料，转化成自己的小诗内容的。

韩文公，忠犯人主之怒而勇夺三军之帅，三贬三变而"修齐治平"的理想不变，更以一手汪洋恣肆、奔放奇崛的雄文啸傲于世。苏轼说他：文起八代之衰，而道济天下之溺。柳宗元说：独韩愈奋不顾流俗，犯笑侮，收召后学，作《师说》，因抗颜而为师。愈以是得狂名。皇上派人去迎法门寺佛塔中的舍利，准备入宫供奉三天。可是，韩愈以为万万不可，就慷慨激昂上了一道《论佛骨表》，激怒了皇帝要处死他。幸亏得到裴度等大臣的营救，最终被贬为潮州刺史。韩愈初到潮州上任之日，正是潮汕江河鳄鱼成灾之时，当时此地黎民百姓，因为继承了远古的迷信传说，认为鳄鱼为水中之神灵。他写了一篇《祭鳄鱼文》，根除鳄患。后人为纪念韩愈驱鳄之举，而建立起了功德碑。（思想链接）

师：同学们读得很好，很认真。同学们讨论一下：我是怎么转化的？怎么转化

成自己的文字的？这是别人的材料，小诗是我的，这里面有什么奥妙与技巧？（学生讨论）

生：摘取了对自己有用的东西。

师：对，摘取最有用的东西，我觉得这个同学太厉害了！我都没想到，叫"摘取"（回黑板前，板书"摘取"）摘取的有用的东西，你还可以说得再细一点。

众生：《论佛骨表》……

师：《论佛骨表》、退鳄鱼，是吧。很好，请坐。还有同学有新发现吗？

生：提取了中心内容。

师：中心，请坐。她说主题、中心。好一个韩文公，你还在践行"道"的承诺，下面又说完成了一次"道德"的薪火递接，"功德碑""道德""功德"这三个"德"表现了什么？

生：主题。

生：就是从原材料中提取出韩愈的精神。

师：在这里我给大家说说，实际上我是用了一种暗含的句式（板书"句式"）我再给读读：好一位韩文公，你还在践行"道"的承诺，"是你"写了《论佛骨表》，你用区区的生命，完成了一次"道德"的薪火递接；"是你"写了《退鳄鱼文》，风中那座功德碑，怎么样怎么样。实际上我暗含了一种句式——"是你……是你……"，如果我写了"是你，是你"好像就不太像诗了，是不是啊？这里面还暗含着两个细节，是分层表达的。"是你……是你……"是一种句式形式。有的同学会说，王老师，这是你写的诗啊，我怎么转化呢？

你看我再换一个主题，就变成你的诗了。换一个题目，叫"责任"。是不是现在老师经常让你写"责任""担当"一类的作文题目啊。我换成"担当"改一改：好一个韩文公啊，你还在担当着你对生命的承诺，是你写了《论佛骨表》啊，用区区的生命完成了一次担当责任的薪火递接，《退鳄鱼文》，风中那座功德碑，目视潮州的潮起潮落，是不是至今还在诉说担当的职责！

师：大家想一想，我是怎么偷换主题概念的？同学们讨论讨论，琢磨琢磨。（学生讨论）

生：把文中一些代表主题的关键词，换成自己要说的观点。

师：对，把中心观点换掉。这个同学是不是平时写作文写得特别好啊，你叫什么名字啊？（学生笑答：周文超。）

师：好。我在黑板上写下这个词，叫"概念转换"，或者说是观点主题转换，假如说我换一个题目"以天下为己任"，那你怎么转化？

生：我试试——好一位韩文公啊，你在践行"以天下为己任"的承诺，《论佛骨表》啊，你是用区区生命完成了一次"以天下为己任"的薪火递接；退鳄鱼，风中那座功德碑，目视潮州的潮起潮落，至今还在默默评说。

师："评说"后面再加上一句。

师生一起："以天下为己任"。（哈哈）

师：当然，这是比较原始的转化形式，有套作的嫌疑。我的目的还是从一个例子入手，来提取我们需要的东西，那就是总结如何把别人的材料迅速转化成自己写作材料的途径与方法。当然，更高级的转化是用自己优美的语言表达自己写作的主题。

我们来总结一下刚才我们讨论的结果，首先要从原材料中"提取细节"，抓住关键词语；其次是"运用句式"，分层呈现事例的细节；最后是证明你要证明的观点，达到"概念主题转换"。具体呈现形式就是：提取细节＋运用句式＋概念主题转换。①

第四节　发现法

一、概念特质

发现法，是借鉴美国认知主义心理学家布鲁纳在《教育过程》一书中提出的"发现法"，这种方法要求学生在教师的指导下，能像科学家发现真理那样，通过自己的探索和学习，发现事物变化的因果关系及其内在联系，形成概念，获得原理。

本文说的"发现法"是指教师引导学生主动发现问题，以及发现事物内在逻辑、

① 王玉强：《学会转化——如何将他人材料转化成自己的作文材料》，载《山东教育》，2012(29)。

因果、异同等内在关系，并且主动修正完善的学习方法。其目的是引导学生去发现事物关系、规律与共性问题。

数学特级教师孙维刚说："把舞台让给学生——每道例题、每个定理和公式，都要引导学生自己动手完成后，到讲台上讲。"①这就是让学生去发现。发现法的特点：一是独创性，重点是引导学生发现问题之所在，发现事物内在机理；二是主动性，发现的根本是激发学生的主动性与积极性。

二、实施路径

基本路径：确定学习内容—学生发现—分析内在关系—解决问题路径。

基本内容：确定学习内容——就是提供教学内容，提供具体情境；学生发现——这是核心环节，也是交给学生学法的重要环节，让学生主动发现问题；分析内在关系——教师的作用是与学生一起分析事物的内在关系，如因果关系、对比关系等；解决问题路径——发现问题的目的是解决问题，要与学生一起研究解决问题的路径。

三、案例阐释

课堂教学是最实际、也是最实用的教学载体，课堂教学一定要引导学生发现共性问题，并加以矫正。《如何学会细节写作》是一节作文细节指导课。这节课是从一个问题入手展开的。我到一个学校视导，翻看了高一两个班的作文，发现学生在记叙文写作中不会聚焦细节，不会提炼细节，只会就一个事情前因后果泛泛其谈。这样，我就用两个"问题语段"为引子，与一个优秀语段做对比，让学生主动去发现内在的关系与机理。谈认识，说问题，然后晓之以方法，明之以路径。

案例作用：其一，发现功能。课堂就是要让学生主动发现问题，发现问题是教学的第一步；其二，点拨功能。这节课只是一节范例呈现，目的是引领教师多给学生发现空间、创造空间。

---

① 孙维刚：《如何让学生聪明起来?》，载《教师博览》，2000(4)。

三、案例展示

课题：如何学会细节写作

师：现在咱们来看看同学们在写作中存在的问题，并针对这些问题来具体矫正。这次作文题目是《为他人开一朵花》。先找几个同学读读自己的作文。

生：（第一段）悦耳的铃声回荡在清晨的校园里，我一边手忙脚乱地翻书包，一边用不太友善的声音问道："下节课上什么？""数学。"回答我的是同桌，一个矮小瘦弱的男生，戴眼镜，学习不差……"我的书呢？"我找不到我的书了，我急得出了汗。……"要不先看我的吧！"同桌和蔼地说。……下课了，我反复找我的数学。……晚上又回家找，终于找到了……

生：（第二段）呃，起风了。"天冷了，多穿件衣服。""哦。"我不经意地答道。无意中与父亲对视，看到父亲那慈祥的眼，思绪缠绵。下晚自习的一个夜晚，屋外淅沥沥的下着雨，窗外的几棵树在风中摇瑟，我站在门前，任凭冷风钻进我的裤腿，看着其他同学陆陆续续地被接走，不由得焦急起来，此时我看到远处一个熟悉的身影，是父亲，我跑到父亲的伞下，望着父亲的眼，没有说什么。

师：第一个同学写得细节太散，文章只有一句扣题"要不先看我的吧！"是为他人着想的举动，是爱心的举动，是同学为他人"开一朵花"。而第二个同学又写得细节太概括，一个段落写了两件事——父亲提醒我多穿件衣服；下晚自习，爸爸来接我。

师：如何写细节？（发问之目的——让学生去发现）

生：应该写得具体一些，要细一些。

生：细节要把"点"放大。就是要把场景、细节扩大开来。

生：一是要把细节定格放大，不要一句话就写完了；二是要突出主题，如果写一个人，必须再找几个事例。

师：好，同学们很有发现啊。我们看看一篇小随笔，"眼神"的细节描写给人很深的印象。同学们分析一下用了什么方法？（再让学生去发现）

红绿灯停车，转头看看右侧副驾驶座上八岁的孩子。再转头望向我左侧的车窗外，旁边公交车上一对父子也如同我们一样左右平排坐着。父亲看儿子的眼神很暖。绿灯，我的车过线离去。忽然间告诉自己要记住那被我抛在身后朴实的眼神。那种暖从不会因为外部原因有任何的改变。我忽然回头狠狠地看着我的儿子，笑。

生：他先写"场景"，再写"细节"，最后"抒情"。

师：很好啊，这是很理性的发现啊。同学们可以学学这种方式——"场景＋细节＋抒情"。再修改一下同学们的那两个段落。

生（第一个读段落的学生）：我有些傻了。我的数学教材呢？我把抽屉翻了个底朝天。在哪里？在哪里？……"要不先看我的吧！"一句细小的和蔼的声音，但对我听来却如救命的稻草。这是我的同桌，是那个不爱说话的男同桌，一个矮小瘦弱的男生，戴眼镜，学习不差。我平时没发现他的优点，但在今天我发现了，那是在别人困难时温暖的帮助。他瞥过来一丝眼神，好像在说，下课再找吧，我们一起看。我忽然觉得他的书上的字，他的浅浅的笔迹，那一个个数学符号，好像蕴藏着一种温暖。

生（第二个读段落的学生）："天真冷了，多穿件衣服吧。"忽然，走进家门的爸爸关切地望着我说。我望着风尘里刚刚到家的爸爸，望着爸爸那一脸的倦容，望着爸爸单薄的衣衫，我把刚刚背好的书包带又紧了紧。"爸爸，你洗把脸吧。""先不用，我给你把那件厚衣服找出来。"爸爸整日在奔波，何曾想过自己？风里是尘，雨里是泥。这就是我的爸爸，一个憨厚了一辈子的爸爸，一个永远不把自己放在心上，却把别人惦记在心的爸爸。呃，起风了。我穿着爸爸给我新加的衣服，一阵温热。我回头看看父亲，他那慈祥的眼里好像有一种拳拳的爱意。

这节课是如何达到效益最大化的呢？就是用了"发现法"。从学生的问题出发，让学生发现，主动分析问题的机理；让学生发现、对比、分析、思考、借鉴，在最短时间内让学生领会、把握与提升。

第五节　表征法

一、概念特质

表征法，是借鉴"费曼学习法"而来。费曼是理论物理学家，获诺贝尔物理学奖，量子电动力学创始人之一，纳米技术之父。费曼学习法，可以简化为四个单词：Concept（概念）、Teach（教给别人）、Review（回顾）、Simplify（简化）。费曼学习法的核心是：用自己的语言来记录或讲述你要学习的概念。它采用了"输出式学习"的原理——"把这个概念重新流利地解释出来"。输出的方式是："变换知识的表征形式""用简洁词语来解释，用别的东西来类比它，要能让孩子完全听懂"。

我所说的"表征法"，是指借助概念或判断，紧紧抓住事物的表征特质与重要语句，进行再理解、加工、转述、转化的学习方法。何谓"表征"？就是显示出来的现象，表现出来的特征。数学教师马芯兰与学生一起研究数学学科的概念与组合，将几百个具体概念归纳成十几个一般基本概念及"和、差、倍、分"四个重点基本概念，将十一种应用题总结成四个基本类型。这就是"表征法"在数学中的应用。

"表象"与"表征"有何不同？"表象"是人们在头脑中出现的关于事物的形象，是客观对象不在主体面前呈现时，在观念中所保持的客观对象的形象和客体形象在观念中复现的过程。从信息加工的角度来讲，表象是指当前不存在的物体或事件的一种知识表征，这种表征具有鲜明的形象性。"表征"是信息在头脑中的呈现方式。根据信息加工的观点，当有机体对外界信息进行加工(输入、编码、转换、存储和提取等)时，这些信息是以表征的形式在头脑中出现的。表征是客观事物的反映，又是被加工的客体。

表征法之特点，是"存储"和"提取"。一是抓住特征"存储"，是把知识组块存储进长时工作记忆系统的能力。二是借助特质"提取"，是把知识组块从长时工作记忆系统中提取出来的能力。

二、实施路径

基本路径：确定概念—辨析概念—重述概念(调动存储与提取)—简化路径。

基本内容：确定概念——确定认识对象，感受概念；辨析概念——对概念进行细致分析与分辨，深度分析复杂概念之关系；重述概念(调动存储与提取)——用自己的语言进行转述、重组、辩证分析，理清几个复杂概念之间的关系；简化路径——最终达到简约、明白、完整陈述概念的目的。

三、案例阐释

课堂既要展现学生的问题，也要呈现学生认知概念、判断、思维的过程。学生永远是在分析问题、厘清概念、辩证思维中长大的。就如摔跤一样，摔倒了不要紧，最重要的是学会爬起来。教学的重要环节是渗透深度的学习方法。让学生慢慢"学会"。《材料作文的审题》这节课就捉住了学生不甚理解的概念与判断，以及在审题方面存在的问题；然后，明辨概念与判断，反复辨析两个方面的辩证关系；最后让学生重塑、重述、简化概念与判断之间的逻辑思维关系。改变引导方式，让学生成为主角。让他们慢慢领会、体验隐含的"表征学习法"。

我到淄博六中视导，一进高二办公室，教师们就说："王老师来了，你要给我们上一节作文课啊。"我说："我没有内容上啊，我不知道你们学生作文的状况，我的课都是针对学生问题而上的。"于是，老师们就把几个班的作文拿过来，我仔细看了这些作文，发现学生不会"材料作文的审题"，立意五花八门。怎么办？上一节"表征学习法"的作文课吧。于是就给一个班上了一节材料作文的审题课。这节课的课堂实录已被《语文教学通讯》发表。

案例作用：其一，认识概念的复杂性，借助复杂概念，潜移默化渗透学法指导；其二，默认功能，让学生真正认识"表述""陈述""重述""简述"之间的关联，真正把学习方法灵活化，简约化。

四、案例展示

课题：材料作文的审题

师：下面我结合你们刚做的一次作文，来探讨一下如何扣题。题目是这样的，"人只有一直往前走，才能把影子甩在身后"。

这个题目和"光明与阴影"的题目差不多，要两个方面照顾到啊。那么，你们重新认识一下这个题目的含义，自己确立一个作文题目。

师：我们还按照一排顺序回答。我喜欢按排来提问，这样一上课就能把全班同学都叫一遍。（学生笑）我看这个同学没动笔，我就故意叫他这一排吧。（大家笑）可能题目在脑海中了，大家认真听。

生：向前进。

师：向前进。咱们来评评，你可以结合我们刚才分析的"一切美都是由光明与阴影构成的"的方式来评判。他这个题目好不好？

生：少了影子。

师：对，少了影子。他光强调一个方面，而忽视了另一个方面。

生：向前走，把影子甩在身后。

师：向前走，把影子甩在身后。这个同学聪明啊（大家笑），聪明地把原句都抄上了，如果按照题目打60分的话，这个题目得60分。

生：勇往直前，绝不回头。

师：咱看看这个题目。这个男生你说一下。

生：我觉得不好，没有影子。

师：对，没有影子，他还延伸了"绝不回头"。材料里有"绝不回头"之意吗？你读一下第二句。

生：才能把影子甩在身后。

师：有没有甩掉？

生：（齐声回答）没有。

师：没有甩掉，只是甩在身后。人在世上站得笔直，有光就有影子，对不对？你点评得很好，请坐。（调侃：我觉得你的语文学得真好！）刚才那位同学又把"影子"给砍掉了，"影子"能随便砍掉吗？

生：一路向前，才能把影子甩在后。

师：好，后面。

生：只有往前走，影子在身后。

师：你说说这个题目好不好？

生：一般。

师：材料中怎么说的？"甩在身后"，是不是"甩"字掉了？好像把"影子"当成一种自然的东西，我向前走，影子有没有都无所谓。对不对？

生：路在前，影在后。

师：很好。这个题目就有点艺术特色了。如果打分的话，我打61分。（大家笑）。

生：大步向前，甩开影子的束缚。

师：为什么要加上"束缚"？"甩开影子"不行吗？大步向前，甩开影子。你这个，光从题目来看给 56 分。后面同学接着。

生：向前走，把影子甩在后。

师："甩在后面"，掉了一个"面"（大家笑）。你看看，我这么一讲，大家都是 58 分以上了。满分 60 分，还有 61 分的了（大家笑）。

师：好，我们看看这次作文，我们按照这个观点来总结一下。凡是名言式的材料作文，你文章的核心观点或者说是中心论点，应该怎么提取？

生：把名言的核心词语挖出来。

师：对，把名言中的核心词语、重要概念挖出来，或者把名言缩短。用个简单的词语概括就是——抄。（板书：抄）为什么"抄"？这就和数学题一样，人家叫你证明"等边三角形"，你就不要再去证明"等腰三角形"了；你只需证明三个边相等就可以了。抄，就是抄核心词和核心观点（这就是重要"概念"）。我们现在看看同学们试卷中的题目，是怎么写的。我读题目，大家说"好"，就表示通过；"不好"，表明有毛病。

"向着远方"，合适不合适？（"不合适"——学生齐声回答）

"迎向阳光，抛开阴影"。两个方面都有，挺好。

"和影子的一场永恒竞赛"。有点形象色彩，但无概念"向前看"。

"淋雨一直走"。还"下雨"了呢？你怎么笑了呢？你说说为什么不好？

生：没有雨。

师：对，没有雨，你写上雨了，让我们一头雾水。

"风雨过后，彩虹依旧"。是比喻，有点虚无缥缈，好像故意跳出三界外。

"发展创新，一直走"。这个怎么样，你说说。

生：不好。

师："发展创新"？这个"发展创新"是硬加上的，是不是？

"面对困难，迎接挑战"。这个男生你说一下吧？

生：不可以，也没有一直往前走。

师："面对困难，迎接挑战"不是勇往直前吗？对，把"影子"缩小了。困难也包括在影子之中。

"一直向前"，好不好？你说说。

生：不好。（调侃：这不是你写的啊？大家笑。）

师：往前走，才能活得漂亮。哎呀，这"漂亮"必须往前走啊？（大家笑）你说说。

生：没有影子。

师：对，没有影子，只强调了一个方面。

"勇往直前""面朝光""面朝太阳""远方""坚持成就梦想"，都没有"影子"这个概念。所以大家明白了，作为题目抓住核心词（重要概念）永远不跑题，在这个基础上可以有点艺术性（板书：艺术性）。

师：为了让同学们学会开头扣题，两个方面都照顾到，那么，我现场来一段如何？（大家笑，鼓掌）好吧。

"太阳在你的前方，曙光在你的前方。当你迎着第一缕霞光走向平原，走向险峰，走向海滩的时候，偶尔你回头会看到身后的阴影。但是你一直往前走，一切的挫折、郁闷甚至劫难，总会甩在身后的。正如这句名言——人只有一直往前走，才能把影子甩在身后。"①

---

① 王玉强：《"新材料作文的审题"课堂实录》，载《语文教学通讯》，2014(25)。

第十一章　教学设计之创新

第一节　新授课之高阶设计

高阶思维，是指发生在较高认知水平层次上的心智活动或认知能力。高阶思维在教学实施中的表现是分析、综合、评价和创造。高阶思维是基于创新能力、问题求解能力、决策力和批判性思维能力。那么，如何在学科教学中实施高阶思维能力培养呢？试以语文学科中《青蒿素：人类征服疾病的一小步》为例，对"发展学习者高阶思维"设计假设，进行高阶思维的层进性渗透。此文是高中语文统编教材的一篇反映自然科学探索与发现的文章。文章表述严密，逻辑性强，不但对高中学生科学思维、科学精神的塑造，而且对学生认识概念、判断、推理等逻辑思维品质的提升，都很有裨益。本文试结合单元要求"把握关键概念和术语""厘清文章思路""分析作者阐释说明、逻辑思维的方法"等角度，进行理解、分析、整合、创造的高阶思维设计假设，完成新授课教学之高层次目标。

一、概念整合的逻辑思维设计假设

王富仁曾说：要把文中的句号变成问号。也就是说，在不疑处有疑。一篇优秀的自然科学文章离不开概念、判断、推理等逻辑思维，《青蒿素：人类征服疾病的一小步》也是如此。我们一看到文章题目就会马上想到一个问题：什么是"青蒿素"？能不能结合文本，给"青蒿素"下一个准确的定义。通看原文，作者还真没有给"青蒿素"下定义。再者，网上有对"青蒿素"的定义，但那不是根据课本具体文本而拟定的。整合定义，这涉及概念、判断问题，这要引领学习者结合这篇文本来回答。这样的设计，一方面对学生而言，他要经过具体文本的信息整合来完成，另一方面他也要进行深邃的思考，进行思维提升。这样的设计就达到了提高高阶思维、提升思维品质之目的。

　　什么是"青蒿素"？请结合文本，给"青蒿素"下一个准确的定义。首先，要让学生找到文本中有关青蒿素的具体陈述内容。在文本中前前后后有这样一些零散的陈述。

　　"我们随后将青蒿提取物分为酸性和中性两大部分。在 1971 年 10 月 4 日，我们成功得到了安全性高的中性提取物，并获得对感染疟疾的小白鼠和猴子百分之百的抗疟药效""找到了发现青蒿素抗疟疗效的突破口""第一批尝试青蒿提取物，以确认其对人体的安全性""我们转向分离提纯抗疟的有效成分，于 1972 年 11 月 8 日，找到了这个熔点在 156℃～157℃ 的无色晶体——$C_{15}H_{22}O_5$。后来我们将其命名为青蒿素""青蒿素的发现是我们研究进展的第一步，我们随即转向第二步：将这个天然分子变为药物""1973 年秋，我们在海南疟疾疫区试用青蒿素胶囊，取得了明确的疗效。这样，我们终于打开了新抗疟药物的大门"。

　　如何给概念下定义？下定义最基本的方法是"种差"加"属概念"。下定义，一般用判断词"是"来联结。种差指同一属概念下的种概念之间的差别，即被定义项与其同属的其他种概念之间的差别。说得简单点，就是这一概念区别于其他事物的"本质属性"。这里的"属概念"是指被定义项的属概念。"种差"和"属概念"相加构成定义项。那么我们可以根据上面这些具体内容进行整合，给"青蒿素"下一个定义：青蒿素是从青蒿中提取的安全性高的中性提取物、熔点在 156℃～157℃ 的无色晶体——$C_{15}H_{22}O_5$、用以治疗疟疾的一种特效药物。这个定义，是紧紧依据文本内容，要进行提炼整合，才能概括出来的。如果概括不全面，则说明对概念内容"本质属性"的认知，还有差距。

　　如果从概念的内涵与外延看，文章中有很多概念，可以引导学生进行分类，可以设计这样的问题：请对下列名词进行分类，并画出思维导图。这些词语是：奎宁、青蒿素、青蒿素胶囊、双氢青蒿素、青蒿素联合疗法、疟疾、白血病、心血管疾病、芍药苷、金鸡纳树、砒霜。这个设计的目的在于让学生认识概念之间的区别与联系、大概念与小概念等，使自己的逻辑思维更清晰，更简明。

　　再者，也可以给学生几个创新、探究概念题目。例如，如何理解"方药""药方""处方"之间的关系？中医处方中的"君臣佐使"如何理解？如何理解"青蒿素联合疗法"与"辨证施治疗法"？这也是给教学一个高阶思维的弹性互动，对感兴趣的学生而言，从认识概念，到解剖概念，到对比概念，其智慧含量就大大不同，这也是从简单的思维到高阶思维的设计动能。

二、具象蕴藉的理性思维设计假设

我们阅读文本，一方面要理解文本内容，另一方面也要挖掘出文本背后蕴藏的含义。前者，往往比较好理解，学生也会自己总结一些观点与认识；但是一旦从文字背后挖掘理性含义，深味作者思想，或者进行文字的提炼、分析、整合与加工，学生就感觉有难度了，而恰恰这些正是教学之必要与必须，也是高阶思维的体现。那么，如何从表面具象的文字里，设计出较为抽象的、理性的高阶思维的问题呢？

《青蒿素：人类征服疾病的一小步》的文字比较简明，是论述、说明、阐释、说理的结合体。如果我们进行一些数据、文献考据的分析设计，学生的认识能力与思维品质将瞬息改变。例如，"在第一阶段，我收集了2000个方药，挑选出可能具有抗疟作用的640个，从其中的200个方药中提取了380余种提取物，在小白鼠身上测试抗疟效果，然而进展甚微"。这段文字中，为何作者写得数字这样具体？用意如何？我们可以这样分析：这些数字一方面展现了科学家们研究的辛勤与努力；一方面也展示了科学的态度、科学的精神与科学探索艰辛的过程，让人肃然起敬。再如，为何文章中要引用《肘后备急方》的文献资料？这是引用的作用。这一方面展示了科学家的科学态度，以实证、考据的真实性为依据，另一方面这也是发现青蒿素的核心与机缘，也是深度研究、发现青蒿素的关键与钥匙。如果学生能够分析、提炼、总结出这些理性认知，那么学生阅读自然科学文献、高阶思维的能力将大大提高。

说到数字，文本中还有很多时间词语，可以这样进行深度设计——请说说这些时间词语的重要性。"1971年10月4日""1972年11月8日""1973年秋""2002年"，在文本中，这些时间词语都是明明白白呈现出来的，学生一看就明白，但是如果把这些词语一规整，你就会发现其中蕴含的深邃观点与思想。如何理解这样的问题，一方面要尽量做到一一认知，然后再进行深邃的理性思考，进入高阶思维的品鉴，就是找出时间词语背后的含义。我们可以这样逐步分析：第一层内涵，这是材料的科学性要求，这是实证。1971年10月4日是青蒿素发现的开端，是发现青蒿中的中性提取物对疟疾有百分百疗效的日子；1972年11月8日是青蒿素成果的确定与命名之日；1973年秋，是从研究到药品的实施时期，试用青蒿素胶囊；2002年，是世界对青蒿素的肯定，世卫组织向世界推荐青蒿素为一线药物。第二层内涵，这展示了一个医学重大发现的过程与发展历程。从最初的发现，到成果展示，到研发药品的过程，展示了从理论到实践、从研究到惠及人类福祉的过程。第三层内涵，是深层内蕴，展示了科学家精神。这展示了中国科学家的敬业态度、执着精神、高尚风范，以及中医药惠及全人类的作用与无限潜力。我们说，前两者学生能够具体的做出准确回答，但后者却要从全文中提炼把握意义与内蕴，这也是阅读理解中准确表达的高阶思维。

再者，为何题目中说是"人类征服疾病的一小步"？这"一小步"是什么？为何不说"青蒿素：人类征服疟疾的一大步"？为何要把"疟疾"换成"疾病"？这"一小步"当然比较好理解，就是发现青蒿素治疗疟疾有特效。而不说"人类征服疟疾的一大步"的原因，这说法不太谦虚；再者，作者上升到"疾病"的范畴，而没有囿于"疟疾"的原因是，从青蒿素说开去，进而倡导中医药的作用与贡献，这也是本文写作之目的。

三、行文脉络再创造的设计假设

一篇文章的重要资源还在于文章的脉络结构。面对结构清晰、脉络彰显的文章如何施策？如何在寻常文字中设计出锻炼学生思维品质、培养高阶思维之目的？面对这篇文章，可以设计这样几个问题：一是文章开始说"我对中草药从好奇到热衷"，如果从全文看，如何理解"好奇"与"热衷"？二是为何文章有五个小标题，只有第一部分没有小标题？如果让你设计一个小标题，你将如何拟定？三是说说最后一部分"中医药学的贡献"的行文脉络。四是阅读了这篇文章，你如果从全文概括一下，我们中学生应当向屠呦呦学习什么？五是可以设计一个与现实社会密切联系的创造力问题——"请你课外完成一项研究性学习，或进行访谈，或搜集资料，完成小论文'谈谈中医药与新冠病毒之防治'"。这五个高阶思维设计假设，都涉及高阶思维能力的提升问题。第一个问题，表面看是理解分析题，但它的创造性在于由第一部分延伸到了全文，需要学生概括全文内容。第二个设计，不但要分析第一部分为何没有小标题，还要给第一部分加小标题，这也是创造性的设计。第三个设计，表面看好像很简单，而实际上，各段落的段首句其主语或者话题，在原文中不是"中医药"，这里藏着很大的陷阱，学生往往会上当的。这个题目实际上，是属于再创造的题目，就是要转换主语或话题对象，这个题难度相当大。第四个设计，学生能总结一些精神，但绝对总结不全面。这也是高阶思维的重点，就是一定要提升学习者认知的全面性。第五个设计，更是创造力设计了，把课内能力延伸到课外实践，这正是当代教育面临的大课题，这也是引领学生为了解决实际问题、树立有责任有担当的青年使命要求。

针对这五个设计，我们可以这样具体分析。

(1)从全文看，如何理解"我"对中草药从好奇到热衷？

在原文中"我对中草药从好奇到热衷"是针对脱产两年学习而言的，而从全文看就有了更大范围的意义。"好奇"是对童年而言的，"热衷"从全文看包括这些内容——进修两年半中领悟中医药智慧与传统哲学、宇宙思想；挖掘中医药与现代医学科学结合原则；从浩瀚的中医药典籍里获得灵感；对青蒿素的低温提取情有独钟；勇敢做志愿者，先期临床试验；迅速到海南对病人治疗，到四川寻找青蒿素含量高的青蒿；积极撰写发表发现青蒿素的论文，并把成果无私介绍给国际会议；积极研制药物，化理论为实践，并积极尝试研发新药物；对中医药研究痴迷，毫不停步。

(2)第一部分为何没有小标题？

如果从全文看，没有小标题确实有点遗憾，因为文本体例不太统一。这是因为两篇文章的组合所致，一篇是演讲稿，一篇是发表的论文，就出现了这种情况。这正好锻炼学生的概括能力，请给第一部分拟定一个小标题。如"我与青蒿素的缘分""我与中草药""感谢青蒿素""我的专业与兴趣"等。

(3)说说"中医药学的贡献"部分的行文脉络。

从表面看，就是每一段的分论点——"青蒿素是中医药学给予人类的一份珍贵礼物""单一药物治疗某一特定疾病的现象，在中医实践中非常少见""心血管疾病的治疗也受益于中医药学""和心脑血管疾病相关的一个新领域也正在发展"，但仔细分析，其准确度却大打折扣。因为这一部分的小题目是"中医药学的贡献"，你整合行文脉络时必须扣准这个中心"中医药学"，而不是"青蒿素"的主导。那么，准确的行文脉络的表述应该是——中医药智慧的果实绝不仅仅是青蒿素，青蒿素仅是它给予人类的一份珍贵礼物；中医几千年来的主要用药形式是复方用药；中医药学之活血化瘀的临床疗效已用于心血管疾病的治疗；中药与生物力学相联系，产生生物药理学，防病治病；中医药学前景与威力广阔，等待继续开发。这个创新设计的高阶思维明显增强了。

(4)阅读全文，我们中学生应当向屠呦呦学习什么？

这是一个现实问题，也是教材本身赋予的使命所在。"学习什么"一定要从文本中提炼、概括、深化。概括的内容可以是：学习她，从小立志，大学选择药学，用一生拼搏奉献于自己追求的专业精神；学习她，大胆好奇，把自己的理想与好奇心、执着心联系起来的探索精神；把自己融入团队，发挥一个优秀团队集体攻关的团队精神；学习她，艰苦奋斗，披沙拣金，不计得失，埋头苦干，向经典、向前人汲取丰厚智慧的钻研精神；学习她，善于发现的聪明才智，深邃探究古人备急方，锲而不舍，孜孜以求的执着精神；学习她，敢于发现、敢于发明，敢于创造的创新精神；学习她，钟情于科学，沉迷于科学，服务于人类的科学精神；学习她，谦逊、和蔼、正直、仁爱、无私、高尚的君子风范与高贵精神。

(5)创造力设计——完成小论文"谈谈中医药与新冠病毒之防治"。

这是创新设计，更是高阶思维设计。每一个学生，特别是那些对医学感兴趣的学生，会有自己的创造性成果的。这也是从课堂延伸到课外、从理论延伸到实践的高阶思维设计。

第二节 常态课之设问设计

我们教学的基本形式是常态课堂。课堂教学的常态课堂如何体现"设问"设计？巧妙的设问与创新探究，会迅速而有效地提升学生的学习兴趣，会突出学生的主体地位。

一、从文本整体上设问探究，提领全文

从课文的整体上把握设问，是一种很好的教学方式。一般情况下，可以从题目、中心句、重点语句、主题中心等方面来设计问题。

例如，小说《百合花》，可以设计很多问题，供教学时选择，如"小说的主人公谁？""小说是如何塑造小战士的？""小战士为何没有名字？""野花、馒头、破洞这些细节描写如何理解？""为何不正面描写小战士的牺牲，而用侧面描写？""新媳妇的三次情感变化是怎样的？""为何新媳妇要细细地密密地缝那个'破洞'？""'我'在文中的作用是什么？""百合花象征什么？""《百合花》的历史价值与时代意义怎样理解？"

二、从细节把握上设问探究，体味语言的魅力

学习语言是语文的一项重要任务。新课程标准十分注重语言的要求，提出要突出审美体验，陶冶性情，涵养心灵；能感受形象，品味语言，领悟作品的丰富内涵，体会其艺术表现力，有自己的情感体验和思考；努力探索作品中蕴含的民族心理和时代精神，了解人类丰富的社会生活和情感世界。那么如何体现语文的特色？如何抓住细节教学来让学生体味作品的真正内涵呢？

例如，《沁园春·长沙》教学设问，"万类霜天竞自由"中"万类"指什么？这一句展示了怎样的意蕴？"问苍茫大地，谁主沉浮？"与"到中流击水，浪遏飞舟"，两者有什么关联？表现了诗人怎样的情怀？

《立在地球边上放号》设问，"不断地毁坏，不断地创造，不断地努力"的含意是什么？"力的绘画，力的舞蹈，力的音乐，力的诗歌，力的律吕"要表达怎样的情怀？结合《立在地球边上放号》诗句，谈谈新诗的特点。

这些问题有的是大的设问，有些问题是小问题的设问，但大多的问题是结合语言的细节让学生去发现去思考去分析的。这样，语文的真正学习语言的目的就落到了实处。

三、从字词体味上设问探究，体悟作者的深情

阅读优秀作品，品味语言，感受其思想、艺术魅力，发展想象力和审美力。这

就要求教师牢牢把握语言本身，通过多种设计，让学生深刻地体味语言背后展示的真正内涵，发挥个人的联想与想象，更深层次地认识作品的深意。

例如，《红烛》设问设计：为何一开篇就引用李商隐的诗句"蜡炬成灰泪始干"？"是谁点的火——点着灵魂？""也救出他们的灵魂"，两个"灵魂"的含义一样吗？"请将你的脂膏，不息地流向人间，培出慰藉的花儿，结成快乐的果子"中"你的脂膏"指什么？

"灰心流泪你的果，创造光明你的因"这句如何理解？为什么"莫问收获，但问耕耘"？"红烛"象征什么？

四、从对比鉴赏上设问探究，探寻语言运用的妙处

让学生始终怀有强烈的兴趣和激情，敢于探异求新，走进新的学习领域，尝试新的方法，追求思维的创新、表达的创新。学习多角度多层次地阅读，对优秀作品能够常读常新，获得新的体验和发现。这是课程标准的要求。

我们在教学中，一定要注意引领学生多角度多层次地阅读，通过对比异同、分辨不同的表达，来分析鉴赏文本内容，进一步深层次地体味内涵。有一位优秀教师学习《在马克思墓前的讲话》就设计了对比鉴赏的设问，教师把现在的版本与以前的版本，以及英文原版做对比，分析了典型的三个句子，让学生体味。例如，"战斗的无产阶级"与"战斗着的无产阶级"，多了一个"着"字，其含义是不同的。

例如，学习《念奴娇·赤壁怀古》，就可以用对比的形式，把不同版本对照来看，分析语言的妙处。"强虏"与"樯橹"，你认为哪个词更好？"人间如梦"与"人生如梦"，两个词有何不同？词中的周瑜与《三国演义》中的周瑜有何不同？推敲"穿""拍""卷"的妙处。想象"羽扇纶巾"，并写一段文字。

五、从质疑探究上设问，提高学生的思维与批判能力

我们新课标的课堂也有了新的气象，突出了探究能力。如阅读课本里的《边城》，设计题目：小说为什么用大量篇幅细致描绘端午节？"翠翠却傍花轿站定，去欣赏每一个人的脸色与花轿上的流苏。"这里写到"花轿"有什么深意？可以这样梳理：关于端午节，展现了边城的传统文化与民风民俗；体现边城人的生活乐趣以及

对美好生活的追求，为下文做铺垫。关于花轿：花轿富有乡土气息，体现民风民俗；体现出翠翠对爱情的憧憬。这些都体现了思维的深刻性。学习《梦游天姥吟留别》，教师是这样设计问题的，特别是最后一个题目，体现了探究意识。李白为何去游天姥山？古人点评梦境时，这样说"梦中危景，梦中奇景，梦中所遇"请你找出相应的词语来，思考梦境为何变化？古人点评"惟觉"二句，"乃句中神句"，请问"神"在何处？（梦与现实的对比，觉醒了）"世间行乐亦如此，古来万事东流水"，你同意李白的看法吗？

在学习《石钟山记》，有位教师设计了两个问题，也都突出了探究与批判的能力。"事不目见耳闻而臆断其有无，可乎？"这话就一定对吗？目见耳闻的决定，就一定正确吗？请思考辩论。

如新教材的群文比较阅读，可以设计探究问题。如阅读《哦，香雪》和《我与地坛》，可以进行叙述角度的比较分析：从叙述称谓看，香雪总是称"娘"，而史铁生总是称"母亲"，两者为何不同？可以这样分辨：①生活环境、身份不同：香雪是生活在农村的小姑娘，史铁生是生活在城市的青年作家。②语体不同：香雪用的是口语，史铁生用的是书面语。③与母亲的关系不同：香雪与娘关系亲密，史铁生与母亲有些隔阂疏远。④人物性格不同：香雪胆小，总依赖母亲；史铁生性格倔强深沉，有独立性。透过"娘""母亲"称谓的不同，深层次分析其背后的语言规律——生活化的语言和思想性语言规律。香雪是生活化的，语言多用口语，而史铁生则是经历了痛苦之后的思索，带有思想性，用书面语。同时，还可以利用不同文体进行立体多元思维高阶能力提升。例如，对比《百合花》与《哦，香雪》，两文是如何塑造青年形象的？说说不同时期"青春价值"的内涵。对比《喜看稻菽千重浪》与《探界者钟扬》，说说袁隆平与钟扬为何是"时代楷模"？其共同的价值追求是什么？而又有哪些不同？苏轼、辛弃疾、李清照的词各有什么风格与特征？[①]

第三节　优质课之框架设计

教师在新课程的背景下，如何上好优质课、公开课呢？首先要从整体上把握全

---

① 王玉强：《语文教学的设问艺术》，载《语文教学与研究》，2008(1)。

文内容。一般来看，有三个步骤：第一步，整体感知。从课文内容上领略，分清课文的几部分；第二步，深入探究。从重点段落中，抓住重点字词语句理解，重锤敲击；第三步，拓展延伸，或群文阅读，对比鉴赏，或理解上位概念，突出文化传承与理解。

一、整体把握思路

如何整体感知？就是在把握全文内容的基础上，设计出巧妙的入题。例如，学习《哦，香雪》，你可以这样设计入题："香雪是一个_____的年轻人。"让学生结合文本来回答。学习《喜看稻菽千重浪》，你可以设计一个问题："我读出了一个_____的袁隆平。"让学生认识袁隆平的性格与精神。学习《我与地坛》，有人说有"两个史铁生"，一个是常人的史铁生，一个是非常人的史铁生。你把这两个史铁生说说。学习整本书《乡土中国》，你可以先让学生认识一下书名，设问："乡土"体现在哪里？"中国"又体现在哪里？可以让学生整体说说。

史建筑上《再别康桥》一课时，让全体学生读了全诗之后，提出疑问，并写出一两个问题，发挥了学生的自主学习能力，也突出了课文整体感知。学生提出了不少问题，提出的问题非常有价值：

为何加"再"字？"康桥"是什么地方？徐志摩是怎样的诗人？这首诗的背景是怎样的？为何离开康桥？怎样的心情离别康桥？康桥的伟大之处是什么？为何故地重游？

如何深入探究？就是从具体内容入手，从内容、主题、观点、语言、方法技巧等各个方面设计问题，来把握作家作品的本质。如何拓展延伸？就是从作品的内容、写法出发，深化群文阅读，拓展延伸教学，拓展学生的知识面与能力层次，来全面提升教学的质量。

二、巧妙设计入题

导入新课，是有智慧含量的。良好的导入会迅速提升学生的学习兴趣。结合情景直接入题。直接入题，就是结合课文内容本身，轻松入题。一次听程翔教学《梦游天姥吟留别》，就是直接入题的。他说，我最近看了国外一则材料，推举了中国古代十大诗人，你猜排在第一位的是谁？是李白。那么，那是为什么呢？这样的入题简洁明了，既引起了学生的好奇心，又紧密联系教材作者，一举两得。

结合作者背景入题。有位教师在上苏轼的《赤壁赋》时，是引用林语堂在《苏东坡传》前言中对苏轼的评价入题的：苏东坡是一位全才。林语堂在《苏东坡传》前言中说：苏东坡是个秉性难改的乐天派，是悲天悯人的道德家，是黎民百姓的好朋友，是散文作家，是新派的画家，是伟大的书法家，是酿酒的实验者，是工程师，是假道学的反对派，是瑜伽术的修炼者，是佛教徒，是士大夫，是皇帝的秘书，是饮酒成癖者，是心肠慈悲的法官，是政治上的坚持己见者，是月下的漫步者，是诗人，是生性诙谐爱开玩笑的人。这样人物品格与作品紧密联系了起来。

结合有关资源间接入题。山东省语文教学能手评选时，淄博市一位老师教学《归去来兮辞》。是从苏轼的一则小故事导入的。

苏东坡是散文家、大学者。一次，他去散步，问周围的人。你们说说我肚子里有什么？周围的人说，一肚子学问、智慧、文章。苏东坡说不对。朝云说："先生，是一肚子不合时宜。"苏东坡微笑赞成。而我们今天要学习陶渊明，也是一位不合时宜的人，他也是苏东坡最推崇的人。

这个开篇不俗，一是把作者巧妙介绍出来，二是把作者的境界也凸显出来，三是把作品的主题背景也展示出来了。

三、把握文本，巧妙设计

1. 突出教材的核心内容，理性文章形象化

在具体的教学过程中，对不同类型文本的阅读指导应该有所侧重。阅读论述类文本，教师应引导学生把握观点与材料之间的联系，着重关注思想的深刻性、观点的科学性、逻辑的严密性、语言的准确性。不管是公开课还是优质课，一定要突出文本的核心内容。可以采用多种形式突出教学的重点与难点。有位优秀教师曾说：理性的文章用形象的方式教学，形象的文章要突出理性的色彩。理性的文章如议论文、杂文、演讲等，形象的文章如散文、小说、诗歌、戏剧等。在这里介绍一下理性的文章如何形象化。山东省优质课评选活动中，青岛选手郑成业夺得了日照赛区的第一名。这课是《拿来主义》。这堂课给听课教师两点很深的印象。其一，在开篇

之时，教师提出了这样几个问题："作者真正提出'拿来主义'这个观点，是在文章的什么地方？为什么作者不开宗明义呢？拿来主义的含义是什么？"这几个问题一下子把全文带动起来，前者把全文一截为二，扼要且分明。后者点明了教材的核心内容。其二，在分析"孱头、昏蛋、废物"时，郑老师举了两个例子。一是"文化大革命"期间，有人把孔子的坟掘了，把孔庙烧了；二是改革开放之初，某企业进口了外国的机床，不能用，全是旧机器，而领导却得到了好处。他问：结合课文，说说这两个例子说了哪两种人，为什么？在这里，把生活实际与教材内容紧密结合起来了，这种教学方式十分形象直观，学有所得。这种教学方式就叫"理性的课文用形象的方式处理"，巧妙。

2. 凸显学生想象力，物我角色转换

阅读教学是学生、教师、教科书编者、文本之间的多重对话，是思想碰撞和心灵交流的动态过程。如果借助想象来挖掘文本的深刻内涵，想象的空间一旦打开，其奥秘无穷。出示公开课《归去来兮辞》，一位教师引导学生学习"三径就荒，松菊犹存"时，设计一个"人与菊花对话"的环节。"先生任官经年，三任三隐，这次归隐，看到三径就荒，唯有心爱的菊花犹存，先生想对菊花说些什么？"一位学生说得很好："菊花呀，我的心爱。赴任前，我把你手栽，而今，你已繁花蓬放，我喜欢你的高洁，你的雅致，你的傲霜与凌寒。"教师又换了一个角度来启发学生："假如你是先生手栽的菊花，今天你看到先生风尘而来，并先来看你，你作为菊花想对先生说些什么？"一位学生又站起来，用拟人的手法，很抒情地说："先生的高洁我们心知，先生的境界我们佩服，我们的花瓣为你开放，我们的芬芳为你歆享。早晨，你采菊东篱，我们送你微笑；傍晚你荷锄而归，我们要为你洗尘。我们的心与先生息息相通。"

在这里人是花，花是人，物我合一了。这种巧妙的设计，就叫角色转换。由此我们想到了很多想象的诗句："泪眼问花花不语""花自飘零水自流""感时花溅泪""待到重阳日，还来就菊花"。正所谓"我看青山多妩媚，料青山见我应如是"，辛弃疾是我们的老师。

重点就是重点，要突出精彩段落的品位。在教学中常常会遇到这样的情况：课文的重点或重要内容如何处理。美，是永恒的。例如，《荷花淀》中的几个女人想看丈夫前的对话，《荷塘月色》中写"月下荷塘"的精彩文字，《我与地坛》中的景物描写。老师们觉得处理这些经典篇目的经典语段，有点发怵，为何？因为没有新点子。于是，有些教师就避开这些语段，而去寻找其他的东西，忽略这些重要内容。问之，则曰："这些内容不好讲，出不了新呀！"想出新是对的，但不能回避重点呀。重点就是重点，不可回避，不能回避。

注重个性化的阅读，突出语言的魅力与张力。史建筑引导学生学习《再别康桥》时就注重探究诗人徐志摩的"寻梦"。教师：诗人经常在拜伦潭留恋，显示出了诗人的愿望。请同学们想象一下，徐志摩求学，有哪些理想与愿望？他的梦是什么？

学生：为国家振兴，因为祖国苦难。

学生：实现自己的诗人梦。

学生：对社会一种无奈、愁苦、忧虑的反思。

学生：想借鉴西方的一些先进思想。

学生：做一个拜伦式歌颂祖国的诗人。

教师：这就是徐志摩的梦，他充满了各种各样的愿望及理想。

3. 深化主题内涵，对比烘托展示

我们要突出学生的个性体验，积极态度，独立思考，大胆质疑。所以，在教学中要突出矛盾的教学设计，创设巧妙的空间引领学生思考。如何让公开课的课堂争锋迭起，可以设置一些矛盾点。例如，《将进酒》中李白的思想是积极的，还是消极的？《沁园春·长沙》里的"同学少年"是毛泽东《沁园春·雪》里的"风流人物"吗？《声声慢》"三杯两盏淡酒"，为何饮淡酒，不是浓酒？"守着窗儿，独自怎生得黑"？作者是希望天不黑，还是希望天黑？《荷花淀》战争是残酷的，而为何孙犁却写得家园诗情画意？这只是一些设想，关键是让学生大胆发言。实际上，学生发言，就是一篇小小的议论文。借鉴对比，形成反差，也同样是课堂教学的一种艺术形式。①

我有一种观点，教学犹如一块活的酵母。就是说一堂课的设计，其设计的问题就像酵母一样，要起到发酵、发散、催生的作用。一堂课的设计是否优质，决定着你的教学与质量是否优质。最近，推荐几名选手参加山东省高中公开课展评活动，

---

① 王玉强：《如何上好公开课与示范课》，载《山东教育》，2011(3、4)。

两位获得一等奖，一位获得二等奖第一名。这些都是公开课教学的范例。

　　整体设计要注意的方面是：教学目标不要太多，两个目标为好；要突出课程标准的学科"核心素养"；要按照学生的认知顺序教学，不要随意前后跳跃；正文的教学，要诵读、讲解、思考、理解同步，这四个要求不要分离；要在读中理解，理解中读，两者要并行；整体设计要简单明了，主要问题要打在屏幕上，让学生清楚明白；要突出文本的重点，理解的重点，不要抓住细枝末节不放；要注意取舍，突出重点内容、重点问题；要注意预设与生成的关系，不要光是预设；如果一个问题有三个学生回答不上来，教师就要引导了。

【案例一】　《锦瑟》之矛盾设计

1. 新课新知

大李杜、小李杜是谁？目标：涵咏品味；体悟情感。初读感知：请一名同学读一遍课文，说说有不理解的地方。你读本诗的第一感受是什么——（迷茫、忧虑、悲伤等皆可）涵咏品味：首联："一弦一柱""华年"之意？颔联：两典故的内容；"晓梦""春心"意在表现什么？品味"迷""托"。（每句突出一个重点）

2. 深味深探

描述的方式：教师用优美的语言描述"蓝田日暖玉生烟"，这是一个示范，是为下句学生描述打基础的。让学生用优美的语言描述"沧海月明珠有泪"，写在纸上交流。对比的方式：本来是"泪成珠"，为何写成"珠有泪"？探究的方式："蓝田日暖玉生烟"，一种说法是"怀才不遇"。专家说：太阳照在有玉的山上，冒出一种特殊的烟雾，人们近处是看不见的，只有在远处才能看到。说明玉山上有玉，渴望采玉人。发散的方式："此情"何意？一曲锦瑟解人难。

3. 共悟共鉴

为何作者知道已经"惘然"，还要苦苦"追忆"，这不是矛盾吗？（列出李商隐生平简单年表，意在永远追寻）拓展联想：假如你选择一个乐器，给锦瑟配乐，你选择什么？（学生或答：箫、瑟、笛、琵琶、西洋乐器、笙、筝等）

【案例2】　《登高》之语句设计

1. 导入新课

余光中诗，你的一炷至今未冷。目标：诵读理解；体悟情感。

2. 初味初读

请一名同学读一遍课文，同学先体味一下感情。这位同学有没有读错的地方；你对文本的字词，还有不理解的地方吗？再找一名同学读，进一步体会。

3. 深味深探

你初步读了全诗有什么认识？首联：猿啸，为何不用啼？啸，有嘶哑、粗犷、厚重之意。总结：悲景——自然之悲。颔联：无边落木萧萧下，不尽长江滚滚来，为何是千古名句？指四季是春夏秋冬，那么人生也是春夏秋冬，说明人生苦短；长江滚滚，说明时间流逝之快。喻指要珍惜时间，时不我待。人类在大自然面前的渺小现实。体现了哲学的命题。总结：悲壮——自然。颈联：分析"常""独"。为何"台，高迥处也"也有"悲"意？高处说明他胸襟宽广、高远，志向远大；不同于一般人。总结：悲苦——人生之悲。尾联："苦恨"是本文之根，含有何意？你能从前面的诗句找出"恨"什么来吗？落木，恨人生苦短；滚滚，恨时间流逝之快；万里，恨到处飘零，家园难回，社会动荡，干戈不断；多病，恨际遇悲惨。总结：悲咽——社会之悲，沉郁之感。

4. 研读体味

本文"悲"在何处？作者之悲是如何表现的？为何被称为"古今七律第一"？从手法上思考：情景二端；首联尾联全部对偶；远近、动静、高低、纵横等。总结——顿挫之气。

5. 悟读品位

让我们走进杜甫的内心，看看他"悲"源于何？杜甫不仅仅写了个人之悲，而是写了整个社会之悲。（展示：24 岁赴洛阳赶考，未能及第；35 岁到长安求取官职，滞留 10 年，一再碰壁；43 岁获得卑微官职，却又已是安史之乱的前夕，被困长安；逃离长安，追随肃宗，因为直言又被厌弃；48 岁弃官，11 年漂泊。身患多种疾病：疟疾、肺病、风痹、牙齿掉了一半，左耳也聋了。直到 59 岁，死在漂泊在湘江的一条破船之上。）

6. 文化传承

有人说，杜甫已经远离我们千年了，他已经不与我们同行了；也有人说，杜甫离我们很近，他仍然与我们同行。你同意哪种观点，为什么？

【案例 3】《荷塘月色》之虚实设计

如何上好朱自清的经典散文《荷塘月色》？一位教师优质课获好评。我要求选手，先要对文本读十遍，先不要看任何参考资料与教学设计。为何呢？就是锻炼选手的独立备课的能力。因为这个时间，就是要选手从骨子里吃透文本，只有把文本的里里外外、前前后后、上上下下全烂熟于心，才能化内为外，化虚为实。阅读文本的途径就是一条，就是要把文本的每一句话都问为什么，每一句话是什么意思，每一句话与段落的关系、与全文中心的关系，等等。当选手阅读半天之后，就可以从网上搜寻一些案例了，也可以参照一些刊物上发表的课堂实录。就是开始参照别人的成功之处，完善自己的教学设计了。

一堂课，就是涉及几个主问题；一堂课，就是由问题推动课堂。徐虹起初设计的《荷塘月色》几个问题，经过探讨删除了。如开头，她要说，最近发生了一件文学上的大事——鲁迅逝世多少周年。而朱自清与鲁迅是同乡，都是绍兴人。今天我们学习朱自清的抒情散文《荷塘月色》。我说："你引用鲁迅的材料，就是证明朱自清是绍兴人？这个绕得有点远。导入课堂有两种形式：一种是简洁入题，就是直接入题；一种是借助优美语言入题。我觉得这导入引用鲁迅材料意义不大。"

还有一处，"白天里一定要说的话，一定要做的事，现在都可不理。"徐虹说，这篇文章写于1927年，时代背景讲不讲；也有人说，作者不平静，是由于家事、职称等。我说：教参是这样说的吗？我觉得这两个方面都不必说，你就说白天里作者是被动的，是不自由的，就行了。因为一节课时间太少，文本里也没有涉及这个问题，就简单处理吧。就是说，白天里作者是被动的，说话做事都是违心的，这里可以从两个"一定"确定。

当然，还有如何处理开头三段？四、五段大约用多长时间？语言品味要注意哪些句子？如何涉及《采莲赋》？本文结尾，为何写妻子熟睡了？说明了什么？（我觉得是作者自己内心苦闷，而妻子照顾孩子没有理会，妻子也不理解他。但这一点，因为需要考证，课堂也不要涉及了。如果有学生询问，教师可以顺便回答）

我还发现了一个问题，就是文本中有三个"热闹"——我爱热闹，也爱冷静；热闹是它们的，我什么都没有；那是热闹的季节，也是风流的季节。要注意分析含义，借力推动课堂。故而，经过仔细分析，徐虹的《荷塘月色》设计如下。

　　直接入题：今天学一篇朱自清的抒情散文《荷塘月色》。继而板书。基础生字词，要注意识记。

　　第一个问题：作者为何开头就说"这几天心里颇不宁静"？开篇三段有文字说明吗？答：白天里一定要说的话，一定要做的事，现在都可不理。作者是不自由的，是被动的，是违心的。

　　第二个问题：作者是如何受用荷香月色的宁静的？（小组讨论，自己找一两句优美的语句，自己进行鉴赏。思维方式是表层含义，深层意蕴）教师范读第四段；再给学生一个鉴赏示例："像亭亭的舞女的裙"，解释其表层含义与深层意蕴。学生自由寻找语句，自主鉴赏。（注意结合文本朗读，解释三个比喻，"恰是到了好处"等）

　　第三个问题：从后文看，作者真正达到宁静了吗？答：没有，热闹是它们的，我什么也没有。作者喜欢这热闹吗？作者喜欢什么热闹？请找出三个"热闹"理解。（自由的采莲赋，教师要范读。板书：热闹 热闹）

　　第四个问题：据说，清华的荷塘也并不是这么美？那么作者为何写得那么美呢？（这就引出了主题：眼前的荷塘，更是心中的荷塘。板书：眼前荷塘——美、袅娜；心中荷塘——高贵、自由、自清）

第四节　活动课之合作设计

　　近日，真正感受了一次自主的、多元的、活动的课堂，听取了三节公开课。这是教育部课程标准研究中心的一个实验项目。这三节课分别展示了"跨媒介学习与交流""社会生活情境下的阅读与交流""当代文化参与和探究"的任务群教学。课堂的基本形式是小组合作，展示自己的研究成果，现场答疑，思维碰撞，辩题争论。教师的作用是引导、点拨。

　　第一节课：跨媒介学习与交流。

　　这堂课展示了三个学习小组的成果，分别是：玛雅文化的构成与内容；世界上最大的生物是什么；为你点灯——关注农村留守儿童。展示大体是这样的，由各小组发言人主持解说，先公布小组微信公众号，再通过图片、文字、视频等形式，展示本小组这个主题活动内容，这里面有客观陈述，有图片视频佐证，有观点态度，用时大约10分钟。然后学生自由质疑，发言人回答，有时对一些问题有不同看法，甚至质疑者与发言人争辩起来。

这里面给我印象最深的是"为你点灯——关注农村留守儿童"的内容。这个小组先展示了一些照片、文字，然后对"留守儿童"这个社会主题，进行答辩。有的学生说，这些材料很好，而有些学生说，不要把人家的痛苦撕裂，要尊重人家的生活，人家也有快乐。看来，活动就是通过让学生发现媒体的一个主题内容，让小组参与，进行分辨、梳理、探究、整合，进而提炼自己的观点与态度，关注社会生活与参与思考生活。这样就把教学与生活联系起来了。最后老师又介绍了一些很好的网络媒体，总结说，在网络上语言不可放纵，要有负责任的表达，要追寻真善美。

这节课看起来好像有点政治课与生物课的味道。课标修订组组长巢宗祺先生对这节课大加赞赏，说这是"语文＋"时代，开阔了学生的视野，学生是海量阅读，锻炼了学生的快速阅读能力；形式是多样的，有文字、图像、视频，学生主动参与、负责任的态度，不是一课一得了，是一课多得，或多课一得了。

我听了这节课耳目一新，课堂是全新的，学生是活跃的，参与度颇高，学生的视野十分开阔，为学生的视野与多媒体的创造喝彩。同时，我又在问自己：这是语文课吗？这节课侧重语言了吗？如果仅仅是为了视野的开阔，生物的、社会的、历史的内容等等都可以放在语文的篮子里，这样是否合适？语文是侧重语言，还是侧重文化？好像这样的语文课可能更侧重文化的范畴了。从学生看，他们觉得新鲜，觉得好玩。这就好像报纸的一个版面，要编辑一个有关留守儿童的主题，于是画面、文字、评点、质疑都有，当然这也算材料的梳理与探究了。我总觉得缺乏了一点语文精髓的东西——语言的品位与准确地表达。特别是玛雅文化与最大的生物两个展示，如同看科普、文化纪录片一样，仅仅是介绍，仅仅是通识性的，是视野开阔了，而作为语文最根本的语言领悟与表达，似乎有些弱化。当然学生梳理材料，准确的表述材料，也是思维、逻辑、表达能力的体现。

第二节课：社会生活情境下的阅读与交流。

本课聚焦的话题是"屠呦呦现象"。课堂主要环节是：新闻播报，介绍屠呦呦；"大家说"环节，至少有五六个学生联系屠呦呦的事迹，提炼一个观点，涉及的观点有责任、担当、执着、低调、创新等；然后再拓展到"屠呦呦们"，学生联想了很多名人，如孔子、爱因斯坦、居里夫人、钱学森、莫言等；之后"唇枪舌剑"对两个辩题"有为才有位""有位才有为"进行辩论。一个学生担任辩论主席，正方与反方各不相让，列举了很多事例，语言犀利，论辩精彩，强调"有为"或"有位"之重要，正方与反方几乎难分伯仲。我们在学生流利的辩论中享受着社会生活与语文的魅力。当代生活，现实意义与语文课堂紧密结合，这就是"语文＋"时代。学生在认识新闻、观点提炼、事例延展、辩论思维中学到了语文。这节课也是打开眼界的课，特别是最后的辩论，充分显示了语言的魅力，语言的组织、事例的使用、观点的明晰、表达的张弛有度，都是原先语文课所不能企及的。这也是一节"一课多得"的语文课。这节新课程新思想的语文课，我觉得是真正的语文课，它最大的特点是让语文与火热的现实生活联系起来了，让语文走向了真实的生活。

第三节课：秋雨这边独好——余秋雨散文品鉴会。

这节课实际上是对应"当代文化参与和探究"任务群的。这节课的大体过程是这样的：第一步是小组展示，有三个小组研讨展示，小组长运用多媒体主持。第一小组重点研讨秋雨散文的一种写法"抒情与议论的理性结合"。第二小组重点涉及了余秋雨散文的细节描写，其中还有三个学生扮演王道士与两个外国人进行肮脏交易的表演。第三小组侧重余秋雨散文的写作内容，提出了"大题材、大主题"的概念，进行阐释。第二步是答疑问难。就是每个小组完成后，都有学生提问，并大胆提出自己的不同看法。第三步，教师适时点拨，在学生质疑回答过程中，教师也对相关段落，进行引导，进行重点语句的诵读领会。

最后巢教授点评说，第一，最好全体学生都能阅读余秋雨的一本散文集，如《文化苦旅》《山居笔记》等，光看几篇不行。第二，学生看余秋雨散文就是学语言，提高感悟力，学构思，就是学会鉴赏、梳理、比较、分析，这样就达到目的了。第三，教师就是小专家。首先教师要对专题内容领会吃透。教师可以有所分工，你看这本书，他看那本书，进行深入研究。这样几年之后，"专题阅读研讨"的任务群就成了学校的一个特色了。当然，也要对学生的一些见解提出一些意见，如是不是"大题材、大主题"？是学术散文，还是文化散文？教育学生既要言之有据，又要发表自己的见解。要学习作家的文笔，要学习作家的悟性，要学会内心想什么、就能准确表达的能力。我们相信，这样长期坚持肯定会大大提升学生的阅读能力。既要海量阅读，又要专题精读，不管是视野还是理性认知都会有提升的。第四，教师也要总结反思，学会做教学笔记。反思一下，你的设计、构思、目标达到目的了吗？这堂课是如何引导、点拨的？哪些引导点拨好一些、是恰当的？哪些是多余的、不恰当的？哪些需要改进、完善？这样你才能真正提升自己的教学水平。

这三节课确实给我们不少震撼，也引起了我不少思考。

其一，学生成了课堂的主角，教师成了大数据信息下的一个参与者与点拨者。小组围绕一个任务群，在课下要忙活半天，要自己梳理、分析、探究，还要从网络上获取重要信息，这就大大提升了学生的视野与材料的整合能力。课堂上，教师不再是以前的主角，而是成了一个穿针引线的人，一个学生思维的讨论者、参与者与评价者，成了地地道道的引领者与点拨者。

其二，各种学习借鉴网络教育资源，如大海般浩瀚，教师成了教学生在海里游泳的教练了。学生学习真正进入网络时代，各科学习不再以课本为唯一教学资源，社会进入"互联网＋"时代，教育也进入了"学科＋"时代，学科更加现代化、国际化、社会化、生活化。这样的课堂，课本弱化了，突出了实用性表达了，特别是突出学科在现实生活中的应用了。学科内涵与外延确实比原来扩大了无数倍，教学真正成了文化的海洋了。至此，教师也真正成了实践层面上的教练员了。

其三，各科学习更加重视活动，一切教学内容都围绕活动展开，教师将成为一个真正的终身学习者。在这里，有两个学习者，一者是学生，一者是教师。学生是自主学习、合作学习、探究学习的研习者。这就如以前听说的一件事，一个中国小孩到美国去读小学，要完成一个介绍"中国文化"的作业，就把中国几千年的文明、文化一下子占有、筛选、提炼一样。新的课程修订框架就是要学生围绕"活动"作业展开学习。如你要阅读余秋雨散文，一方面要自己读，另一方面也要参照网上的观点，然后提炼自己的新观点。再者小组展示也是一个小组合作的过程，也要相互学习、探讨，形成一致的意见。同时，随着课程实施的深入，教师面对学生五花八门的创建、探究、尝试，你已经无法用原来的思维框围学生，你也要重新学习，你也要筛选网上的很多信息，跟上学生的思维与新创。巢教授说，新的课程修订思想，教师就是引导、点拨，反对教师过多讲授，不要大量讲解分析了。

新思想突出了学生的实践活动，突出了学生的自主学习与探究学习，教师也有很多东西要重新学习，这样，才能跟上学生的认知与思维。美国学者杜兰特说：教育是一个逐步发现自己无知的过程。所以，面对课标修订的新思想，教师也要重新定位，教师也要重新学习，教师将要变成一个永远在学习、永远在探究的人了。

第五节　讲评课之达成设计

以一节作文讲评课为例。课堂分成两个部分：第一部分，教师引导学生分析刚写过的作文题"唤醒自己"的含义，主要分析了材料里核心句子的内涵；第二部分，教师又给学生提供了一个新事例，让学生再写一个议论语段，主要是学习段落的扣题，如何转化素材，如何分析事例。这两部分所占时间基本一样。我想重点说说第二个部分。

教师给学生印发的《唤醒自己》的优秀作文，里面也有很好的语段，课上却没有利用，而是让学生根据新事例写语段。下面是老师提供的新事例。

饶宗颐，著名国学大师。香港中文大学、南京大学等学校名誉教授，西泠印社社长。其学问几乎涵盖国学的各个方面，且都取得显著成就，并且精通梵文。2013年4月四川雅安地震，饶宗颐捐款50万元港币。2011年饶宗颐被授予了由中国艺术研究院主办的中华艺文奖"终身成就奖"。饶先生在获奖致辞中说："'天行健，君子以自强不息。'一向以来，不论在学术还是艺术的追求上，我都坚持着三点，就是求真、求是及求正。这三点，对于一个做学问或是做艺术的人来说，是一个最基本的态度。"正是这样的学问、人格、胸襟、气魄，共同铸就了饶先生的学术、艺术成就以及横贯这些成就背后的中国视野……抛弃"黄金屋下的栖息"，追求本色的人生。

学生写完后，教师分析了一个学生写的语段。存在的问题是：段首句扣题不紧，没有开篇就突出"唤醒自己"；陈述材料能抓住关键语句，但有些啰唆，且文采不足；分析事例为什么"唤醒自己"深度不够，分析平铺直叙，没有方法，没有句式；等等。

我座位两边两个学生写的语段，也存在这些问题，于是我就用手机拍了下来。

下面是右边男生写的。

只有唤醒自己，才能找到真正的自我。著名国学大师饶宗颐先生，一生所获荣誉众多，所获奖项颇多，但他在颁奖致辞中说："天行健，君子以自强不息。一向以来，无论在学术还是艺术的追求上，我都坚持着三点，就是求真，求是及求正。这三点，对于一个做学问或是做艺术的人来说，是一个最基本的态度。"正因为饶先生能够唤醒自己，才最终铸就了他的辉煌。人格、胸襟、气魄，唤醒自己，放弃黄金屋下的栖身之所，才能活出人生的本色。

下面是左边女生写的语段。

每个人都是自己命运的建筑师，只有不断唤醒自己，才能使自己的生命攀上高峰。"天行健，君子以自强不息"，著名国学大师饶宗颐在"中华艺文奖"的获奖致辞中说。多年以来，饶先生始终坚持"求真，求是，求正"，在学术、艺术之路上，不断唤醒自己，坚持本心，不忘初心，最终在学术、艺术之路取得巨大成就。抛弃黄金屋下的栖居，追求本色的人生。

这节课老师准备得算是很充分，让学生重新分析了题目的内涵，又用一个新事例进行语段训练。但为什么学生的语段没有达到预期的效果呢？我们可以就以下几点进行探讨。

1. 找出学生存在问题的共性特质

"学生存在问题的共性特质"就是学生共同存在的问题特点。因为这节课是学生第二次写作，所以教师应运用对比或类比的方式来引导学生分析所写的语段，找出其问题"共性"之所在。分析我拍照的两个学生的语段，我们可以更清楚地认识到学生存在的问题。

第一个学生的语段，结构上还是可以的，但他对"唤醒自己"的内涵不理解，仅仅是停留在抄写关键词、关键语句上，没有把材料真正转化成自己的东西；段落最后扣题分析不够；语言平淡，整篇都是大白话。第二个学生的语段，结构上不如第一个学生好，开篇、结尾扣题都不够；中间细节没有点明唤醒了什么；结尾仅仅是抄上材料中的语句而已。整个语段太平淡，无韵味。

这两个语段反映出的共性问题：一是段首语突出不够，对观点理解不到位，对"唤醒自己什么"不清楚；二是用例方面，没有把给的新素材用自己的语言去转化；

三是不会扣题分析材料，不会结合材料与观点融合阐发，不会用议论句式来增强说理的气势。

2. 解决问题比发现问题更重要

找出了问题，该如何矫正与提升呢？这节课教师处理显然不够。一是着眼点放在了写新素材的语段上；二是没有把语段存在的问题作为教学核心，虽然也分析了一个学生的语段，也指出了问题，但没有提供办法与途径让学生认知与提升，也没有修改重写。而我们的教学往往就是这样，发现问题后，不是深入挖掘，穷追猛打，而是把问题简单说说就完事。

我认为，在这里解决问题要比发现问题更重要。首先，解决认知的问题。给学生优秀语段引路，让学生明白优秀语段是怎样写的，如何亮出观点、怎样展开事例，如何扣题分析。教师可以采用举例、比较、模仿的形式教学。课前已经发给学生范文了，为何不结合范文中的语段来比较分析？表面看，又给学生一个新素材来学习借鉴，但学生的认知还是在原来的层面上，没有得到提升。

其次，对学生语段存在的问题进行二次修改升格。以这两个学生的语段为例。段首句"只有唤醒自己，才能找到真正的自我"，"每个人都是自己命运的建筑师，只有不断唤醒自己，才能使自己的生命攀上高峰"，从中可以看出，"唤醒自己"什么，学生并不清楚，可以让学生对论点进行设问，进行解释——唤醒了怎样的自己，唤醒了自己什么。然后再结合事例具体化，如饶宗颐唤醒自己对国学的痴迷，对学术高峰的探求，对自强不息的内化，对慈善捐款的力行，对名利的淡漠，等等。有些问题修改一遍达不到目的，就训练多次。作文的语段升格就是通过学生的认知思维，提升学生的认知层次，让学生看到自己的进步。

3. 让课堂更有实效性

课堂教学的实效性就是追求课堂效益的最大化，最优化。让课堂更具实效性，需要注意两点：一是目标达成意识。就是教师的教学目标与学生的实际效果达成高度一致。当然达到这一点是很难的，因为学生的学习行为不是一遍就可以成功的，需要反复强化，但这是我们努力的目标。因此，教师在制定目标时，尽量小一些，明确具体些。这节课的目标意识就不明确，是让学生如何审题，还是让学生训练语段？两者都没有达到预期的效果。二是路径策略意识。为达成目标，教师要考虑丰富的过程与路径。所以教师要预设，要准备，要披沙拣金。这节课，如果教师能针对学生存在的问题，把写得好的语段与一般性的语段展示出来，让学生讨论对比，然后提炼出规律的东西。或者，提供一个语段让学生分析出规律，再动笔写饶宗颐这个事例。或者，教师事先自己写好一个语段，待分析完学生的语段之后，提供给学生，进行对比分析。这样学生有榜样，有实践，有对比，有修改，才会有进步。

4. 从常态教学中挖掘出金子

课堂上，教师布置学生写语段的时候，我也在听课本上写了一个语段。我是基于这样的思考：凡是听课，你就是学生，让学生做到的，教师首先要做到，我要与学生一起成长；凡是好教师，都是心中装着学生的，体验学生写作当然也在其列；教研不是空中楼阁，它就在平时听课的课堂里。我写的语段如下：

唤醒自己，就是唤醒自己心底的那份砥砺与担当，唤醒那份对学术的追索与不懈。默默于学术之巅，痴迷于国学之源，持之以日，舒之以情。国学大师饶宗颐是如何唤醒自己的呢？他说："我做学问追求三点——求真，求是，求正。"他为雅安地震捐款50万港币，是唤醒了自己的爱心；他一心于学术，是唤醒了"天行健，君子以自强不息"的恒心。试问，哪位学者大师不是唤醒了那份担当与砥砺？哪位学术巨匠不是唤醒了自身的那份信念与弘毅？自己的内心需要唤醒。

我写的语段特点：首先，在段首句对"唤醒自己"这个观点做了解释，这样就"立片言之居要"了。其次，转化素材，而不是照抄素材。如何转化，我的经验是用自己的理解把关键事件、关键语句重新组合。最后，对材料进行评论，可以用反问、排比句式来增强气势。简言之，结构上就是"段首句＋转化素材＋扣题分析"。当然，这只是事例语段的一种样式。教师写的语段并不完美，但目的是抛砖引玉，学生可以参照之，模仿之，借鉴之，发展之，甚而批评之。

一位教师在座谈会上不无感慨地说："王老师，这对你来说，满地都是金子，而我们好像都已经麻木了。"这确是一句实话，反映了教师平时教学的不敏感，反思意识，科研意识，探究意识，发现意识不足，也展示了教师在教学中的无奈与无法。我们常说，每个人的田地里都有金子，关键是你挖了没有，又是如何挖的。挖金需要敏锐的眼光，更需要教师具备敏锐的心。如果我这节课不去尝试写一个语段，不关注周围学生，也会如平常的老师一样啊，发发牢骚，埋怨学生一番而已。

这说明什么？就是教师要行动，要主动挖掘，主动探究，主动给自己负荷。发现的眼睛很重要，更重要的是行动。

电影《一代宗师》里有句话：叶里藏花一度，梦里踏雪几回。寻常的叶子里孕育着花的雏形，美丽的花儿就蕴藏在蓊蓊郁郁的枝枝叶叶里。教学亦如此。[①]

第六节　说课之逻辑设计

一位刚毕业的师范学生，顺利通过了某招聘单位的笔试，要进行说课面试的环节。经人介绍，找到我给予指导。经过两次指导，她终于以面试说课第一的成绩，被用人单位录取。这事可喜可贺啊。同时，我想记录下指导的过程，对青年教师也是一种帮助与提醒。

一、第一次指导的内容

我首先告诉她，说课有两种形式，一是真正的说课，就是"几说"，如说教学目标，说教法，说学法，说教学重点难点，说教学用具，说教学过程，说作业，等等。这种形式是面试说课的常态形式，大部分用人单位都是采用这种形式。二是讲课式说课，就是简缩式的讲课，只不过省去了学生的活动。说课一般给予时间是10~15分钟。有时还在说课之前回答一个或两个问题，这些问题大都是与教师的成长、新课程理念、如何教育学生等相关的。

二、第二次指导的内容

这位大学生已经明确了是讲课式说课，时间是10分钟。她是应聘初中语文教师，她准备了一篇课文《云南的歌会》，是沈从文的一篇散文。

她是这样讲课的。先讲了本课的教学目标，有三个；然后板书题目；之后就进行文章分析了，主要分析了哪些段落写了什么；并且在黑板上写了"情歌""漫歌""传歌"，形成层次；最后，教师总结内容与主题等。

---

① 王玉强：《叶里藏花一度——由一节作文讲评课想到的》，载《中学语文教学》，2015(9)。

我这样点评：一是教学目标最好两个为宜，因为一节课很难完成三个以上的教学目标。实施新课程了，培养目标应该以"学科核心素养"为目标。课堂目标要根据"学科核心素养"，依据这个单元要求、课文具体要求来确定。你可以这样设计本课的教学目标：第一，理解文本内容，初步鉴赏沈从文的语言魅力；第二，学会初步鉴赏散文的思维方式。

二是教师的教学仅仅是让学生了解了文本内容，就完成教学任务了吗？你看你的教学，结合文本段落，在黑板上逐段总结出了三个词语"情歌""漫歌""传歌"，形成层次，来告诉学生文本写了这些内容。表面看，好像十分清晰，但除此之外呢，你要教给学生什么？是语言？是作者的风格？是描写的方式？都没有啊。你要记住，教学不仅仅是让学生了解文本写了什么，更重要的是——作者是怎么写的？为何这样写？鉴赏文本语言的方法是什么？

三是教师在讲课时，一定要读一段，通过读，让评委了解教师的基本素质。也通过教师读，引领学生读，让学生读出文本背后的意蕴。

四是一节课一定要有逻辑层次感。课堂要通过问题的递进，来推进课堂的节奏，要通过问题来达到由浅入深、由表及里的效果。

五是一节课一定要有亮点的东西，要不就十分平淡了。你的亮点是读，还是深刻地讲解？是学生的小组活动？等等。再就是你的课堂一定要设计一个小组合作讨论学习的环节，要设计一个有亮点的问题，让小组合作讨论学习。

六是这是一位大师级的作家啊，我听完了你的说课，怎么没有一点文学的味道呢？你想想，在课堂的开始或者结尾，你应当做点什么呢？你可以这样导入：同学们，你了解作家沈从文吗？曾有一位外国评论家说，沈从文是中国现代文学第一人。他们为何这样说呢？今天我们学习他的一篇散文，题目叫《云南的歌会》。

然后，我又给这位大学生30分钟，现场备课高尔基的《海燕》。她是这样说《海燕》的：先亮出了两个教学目标；然后突出了读，让学生读一遍，教师再全文读一遍(这位大学生还真是在说课时把全文读了一遍，又读得时间太长了)；讨论"海燕"象征什么；"海鸥、海鸭、企鹅"象征什么？教师总结全文。有些说法不是很到位，如"海燕"是革命者的象征等。没讲完，就到10分钟了。我最后是这样点评的。

1. 如何备课

就是三个逻辑环节：整体感知，深入理解，拓展运用。所有的课文都是如此。所以你在"整体感知"这个环节要提什么问题？这两篇课文《云南的歌会》《海燕》，你都没有提整体感知的问题。如何提？很简单，就是这篇文章写了什么？你在"深入理解"要设计什么问题？那么拓展呢？如何设计？

2. 设计四个问题，明显有逻辑层次

入题整体感知一个问题；深入理解，可以设计两个问题；主题与拓展，一个问题。要深入解决这样四个问题，就不错了。例如《海燕》，你可以这样设计问题：你读了全文，全文写了什么？作者是如何写海燕的？你觉得哪些句子写得好？这些句子是如何写的？你选一句说说这一句的妙处。（总结鉴赏的思维方式）作者写海燕与企鹅等动物时有何不同？为什么这样写？有什么用意？为何今天还要学习《海燕》？海燕仅仅是革命者的象征吗？它还代表什么？为何这篇文章的生命力这么长久？这样设计，其内容的广度、深度、学法都设计到了。

3. "深入理解"最重要

要交给学生学习的方法。例如文本中写海燕的句子很多，我抽一句这样分析。"海燕像黑色的闪电高傲地飞翔"，这个句子如何理解？"高傲"的含义是什么？在这里，要交给学生学习的方法。你可以这样引导——本句用了什么表现手法？想表现海燕的什么？表达了作者怎样的态度？教师总结：鉴赏语言的思维方式＝手法＋句意＋感情。

鉴赏的内容：作者用了比喻、拟人的手法，用闪电比喻海燕飞翔的快捷，用高傲比拟自信、骄傲的姿态，表现了海燕快捷、迅猛的身姿与信念坚定、骄傲自信的情形，寄寓了作者对海燕、对勇敢者无比赞赏无比钦佩的感情。

这些总结学法的词语——"手法＋句意＋感情"，就是要板书，而不是说说就行了。教师板书，现在的问题是有些太烦琐，把黑板写得满满的，有什么用？不如写写教给学生如何学习的学习方法。你教师教给学生这种学习方法了，你再让学生找找其他写海燕的句子，自己选择一句鉴赏就是了。学生可能说得还不是十分到位，但学生至少明白如何学习鉴赏语句了。

4. 课堂要有读书声

这是对的，但并不是一遍一遍地没有目的地读，读书也要有不同的侧重。因为语文一节课就要完成一篇文章，你读一遍全文，你又如何展开教学？所以要读文章最重要的段落与语句。

例如，"海燕像黑色的闪电高傲地飞翔"，你让学生领会了寓意，就可以教给学生如何读了，要读出节奏，读出重音，读出感情。再如，作者写"海鸥、海鸭、企鹅"的句子，"海鸥在暴风雨到来之前呻吟着，——呻吟着，在大海上面飞蹿，想把自己对暴风雨的恐惧，掩藏到大海深处"，"海鸭也呻吟着"，"愚蠢的企鹅，畏缩地把肥胖的身体躲藏在峭崖底下"，这些句子如何读？"呻吟""恐惧""畏缩"这些词语如何读？这样一对比，学生就知道如何通过读，来酝酿感情，展示作者的爱憎了。之后，这位大学生还真是吸纳了不少，终于说课第一，顺利地走进了教师的行列。

第十二章　专业教学生活

第一节　定力

一、定力如磐

我忘不了我的三位老师，其挚爱教学的赤心，其教育志向，虽岁月流逝，其音貌犹存。其教育之定力，如淡风，又如磐石。

（一）李瑞生老师的毛笔字

我在本村上小学。那扇学校的大门，我还记得清清楚楚的，是两块大木板钉成的，破旧得很，中间还有一条缝，就是上了锁，小孩子还可以钻来钻去的。当时，担任我小学语文的是李瑞生老师，他很严厉的。他名字里的"瑞"，我们当时都读shuì，可能是方言吧。他从小学三年级一直教到我初中毕业。当时小学五年，初中两年。他很魁梧，很白净，上课有一股凌人的气势。因为我的字写得好，他经常叫我替他给同学写年终的评语，开学时给每个同学的作业本上写上同学的名字。我的字实际上也是跟他学的。那时候，我特别喜欢村里结婚、过年门框上贴的对联，那上面的书法特别吸引我，于是我就偷偷地模仿。我们当时是练书法大仿的，就是老师写给你一张字帖，你放在大仿本的空白页下面，去临摹描红。每周一节课，一节课写两张纸。我当时是很细心的，我的大仿得了很多"双零"，就是最优。

我当时最喜欢上语文课，但也最害怕上语文课。喜欢是因为李老师往往不讲课本上的革命小评论，大胆地给我们讲毛泽东诗词。"红军不怕远征难，万水千山只等闲。""六盘山上高峰，红旗漫卷西风。""山，倒海翻江卷巨澜。奔腾急，万马战犹酣。"我们快乐地读着，背着。说到怕，是什么？是李老师手里的一根大竹竿。他每次到教室，手里就把粗粗的大竹竿放在讲台的一边。我们看到竹竿，就有些害怕。

李老师说，他是读私塾出身的，小时候没少挨老师"戒尺"，谁如果没背诵过，就要受罚了。当然，我那时很调皮的，也挨过李老师的竹竿敲的。我忘不了那段背诵诗词的日子，忘不了接近六十岁的李老师的精神矍铄，忘不了他的颜体字，也忘不了他的"戒尺"大竹竿。

(二)谭增华老师罚我站了一节课

到了高中，谭老师教了我三年语文。两年是在临池镇中学，一年是在南北寺中学。我那时因为作文很出色，当上了语文课代表。可以随时到办公室去，也可以随时向谭老师借图书看。那时根本没有课外书看的。记得有一年，爸爸给我买鞭炮的两元钱，我竟果断地买了两本书，一本是峻青的《秋色赋》，一本是《陈毅诗词选》。这两本书，我几乎都读烂了。谈到读书，我还想起一件特别温馨的事。那是在"文化大革命"期间，我们村还住着一位大作家，是《铁道游击队》的作者刘知侠。我曾经在我们临池村小学里见过他。他挺胖的，个子中等，穿着挺讲究，头发稀疏，但一丝不乱，脸上有很多老年斑。他的夫人个子很高，他的儿子不爱学习，曾经偷他爸爸的"大前门"烟，给高年级的同学吸。刘知侠那时好像是"下放劳动"吧，他就住在公社图书馆的旁边。我每次望着"图书馆"三个字就发呆，想着何时才有书看啊。

而真正有书看是遇到了谭老师。谭老师，名叫谭增华，他是山东师范大学历史的，听说他在读大学时就划成右派了，之后阴错阳差，他竟教了一辈子语文。谭老师当时负责临池中学的图书室，实际上，图书室就是一间屋。我记得当时看了不少书呢。第一本书是曹靖华的散文《飞花集》。从那本书里，我了解了洱海、西双版纳、春城。曹靖华的文笔很优雅，很清新，特别是书里有很多漂亮的插图，我很喜欢。还看了《中国散文大系》，好几册呢。我看得如饥似渴，如痴如醉。当时看书还养成了一个好习惯，抄写好的句子、好的语段，我抄了整整三大本呢。有一次暑假作文，我就借用了好几段景物描写呢。结果，谭老师大加赞赏，还在两个班里读过我的作文呢。还有一件事让我难忘，就是谭老师经常给我们读报纸上刚刚发表的文章。忘不了他给我们读《哥德巴赫猜想》的情景。

陈景润就以惊人的顽强毅力，来向哥德巴赫猜想挺进了。他废寝忘食，昼夜不舍，潜心思考，探测精蕴，进行了大量的运算。一心一意地搞数学，搞得他发呆了。有一次，自己撞在树上还问是谁撞了他。他把全部心智和理性统统奉献给这道难题的解题上了，他为此而付出了很高的代价。他的两眼深深凹陷了。他的面颊带上了患肺结核的红晕。喉头炎严重，他咳嗽不停。腹胀、腹痛，难以忍受。他跋涉在数学的崎岖山路，吃力地迈动步伐。在抽象思维的高原，他向陡峭的巉岩升登，降下又升登！善意的误会飞入了他的眼帘。无知的嘲讽钻进了他的耳道。他不屑一顾；他未予理睬。他没有时间来分辨；他宁可含垢忍辱。餐霜饮雪，走上去一步就是一步！

我们沉浸在徐迟的文字里，沉浸在艰难创造的岁月里，沉浸在为理想追求的痛苦、悲伤、反思与喜悦里。我也忘不了谭老师给我们读陶斯亮《一封终于发出的信——给我的爸爸陶铸》的文章。我们随着谭老师的抑扬顿挫，也沉浸在了一片悲伤、痛苦与反思之中。

爸，我在给您写信。人们一定会奇怪：你的爸爸不是早就离开人间了吗？是的，早在九年前，您就化成灰烬了，可是对我来说，您却从来没有死。我绝不相信像您这样的人会死！您只是躯体离开了我们，您的精神却一直紧紧地结合在我的生命中。您过去常说我们是相依为命的父女，现在我们依然如此。爸爸呀！你我虽然隔着两个世界，永无再见面的那一天，但我却铭心刻骨，昼夜思念，与您从未有片刻分离……

我还忘不了一件事，就是谭老师曾因为我一篇文言文没有背诵过，竟说，你站着吧。整整一节课，我站在那里。我是语文课代表啊，就这样，我一边听课，一边流泪，书本都湿了。自此，凡是老师布置的作业，我从来不掉以轻心了。

（三）宋遂良老师读着读着哽咽了

我还想写一位我的老师，他叫宋遂良，他是山东师范大学当代文学教授。他原是泰安一中的语文特级教师，后来调到山东师范大学的，我因为学本科函授，认识了他。他给我两点很深的印象。一是他的公开课录像《梦游天姥吟留别》，他的古式吟诵，一波三折，长调，曲调，蕴藉了多少感人的情感啊，至今难以忘怀。再就是他给我们上课，是读一篇小说吧，读着读着，他便哽咽了，竟突然落泪了。那是在一个大班上课，百十个人呢。宋老师读小说真是太投入了，那断断续续的声音，那戛然而止的静默，不是对作品的一种深味？不是读者与作者的共鸣？不是心与心的融合？后来，我还请宋老师来过淄博，专门给全市的语文老师主讲了一次"教育与现代文学教学"的讲座。他说，教育的目的就是鲁迅说的"立人"，就是要大大地把"立人"放在第一位的。我当时记录了十几页，他的每一句话都堪称警句。

而最让我感动的是他的行为。那时我们想到济南专车接他，他坚决不肯。他是自己坐大客车来的，也坚决不让我们去接站。他自己打车到了宾馆。到走的时候，他也坚决不让我们送，说吃完早餐再走。当我去送他时，却人去屋空了。他就是这样普通，他就愿意做一个普通人。他就是这样，简简单单地来，简简单单地走。正如徐志摩的诗——轻轻的我走了，正如我轻轻的来。这就是宋遂良老师，他不但为我们送来了精神的滋养，也为我辈做出了行动的高标。他就是不愿给别人添一点麻烦，而是自己把麻烦扛起来的人。亚当斯说：教师的影响是永恒的，无法估计他的影响会有多深远。

三位老师就这样淡起在我的丝丝记忆里，淡起在细细的风里，淡起在铭记的音容笑貌里，淡起在茫茫的人群里，淡了，又浓了。

二、定力入心

我之对教育教学的执着，坚守如一，定力如一。我为何从高青县调入淄博市教研室？也是坚守与定力的缘故吧。

有一天，高青县教育局牟局长告诉我说："你不是在高青一中搞过一个教学实验吗，你写个发言材料，明天你与我一起到市里参加一个教育会议。"之后，才知道是参加"淄博市陶行知研究会"年会。我十分兴奋，几乎忙了个通宵，写了一个十几页的稿子。高兴地随牟局长参加会议。

那个会议上发言的都是全市市属学校的科研人员，几乎一直在读稿子。直到下午，也没让我们发言。当下午三点半会议休息时，我用激将法对牟局长说："牟局长，我们是白来了，人家是大市，根本看不起我们这个小县啊。"这一着真灵，牟局长说："不行，我要找会议主持人去。"这个会议主持人就是成希宽老师。我们根本就不认识人家。但成老师这人很宽厚，很慈善。他告诉牟局长说，下面还有三个人发言，如果发言超过五点，你们就没有发言机会了；如果在五点前还有时间，就给你们高青县十分钟的发言时间。于是，我热血沸腾了，摩拳擦掌了，决心一定要发言。但心里也在祈祷：你们一定不要超时啊，五点前完成吧。

果然，还差五分钟就五点了，最后一个发言结束了。只听成老师说："下面请高青县的代表发言。"我当时是年轻气盛，才 28 岁嘛，血气方刚，就站起来，直接脱稿发言了，我说："高青县是一个小县，也是刚划入淄博市，但我们的教育追求，我们的教育理想，我们的教育探索，却是瞄准全国的。今天我是最后一个发言，大家听了一天的报告也许累了，我就站起来讲讲，不读稿子了。"下面我就重点讲了我在高青一中自己独立搞语文"双自"(叶圣陶提出的"自能读书，自能作文")实验的事。因为都是自己做的事情，稿子也看了无数遍，我几乎背下了稿子。于是就一发而不可收，竟忘了时间，足足讲了半小时。

下午就餐时却热闹了，人们都跑到我们的圆桌上来了。记得某区一位副局长对我说："如果今天评奖的话，你的发言是名副其实的第一。"之后，成老师给我来信了，说："你的发言很好，受到了市教育局钟家训副局长的表扬，钟副局长还在局党委会议上点名表扬了你。"成老师还要求我把稿子再充实一下，要在淄博市自办的《教育文萃辑要》专门给我作一期专刊，共 12 页。我真是受宠若惊，诚惶诚恐的。一个小人物，怎能担当一个专刊呢？这既是对我的肯定，也是对我无上的褒奖。

由此，我的人生命运有了转折。淄博市教研室郝长久主任参加了市局党委会，听了钟副局长对我的肯定，他回来就多方打听，全面衡量，并且对我进行考核，决定把我调入淄博市教研室(现改为淄博市基础教育研究院)。他还对我的学术研究考验了一番，要我半个月写一篇淄博市的初中会考实验报告，当然我如期完成，写就《面向全体，面向合格，面向基础——淄博市初中会考实验的实践研究》一文，此文有八千字，后在《山东教育学院学报》发表。

我到市教研室后，成老师也调到教研室科研所工作了，我们就成了同事。他为人敦厚，少言语，一脸严肃，但心却是热的，或者说是滚烫滚烫的。我经常到他的办公室，与他闲聊一番。他的屋里有些乱。这难道是知识分子的学究气？不修边幅，但满腹经纶？他十分朴素，走路也不是铿锵有力的那种，轻轻的足音，在我的心里却是很重很重的，如洪钟大吕，烁今震古。一个人的成功，会有很多贵人相助，成老师就是我人生路上的伯乐之一。我还要说，每一次成功都不是终点，它应是新的起点。

第二节 引力

一、引力如海

引力，是指任意两个物体或两个粒子间的与其质量乘积相关的吸引力。这里的引力，是指两者之间的吸引力。两者之间是什么？是教师与教材的引力？是教师与教师的引力？是教师与学生的引力？是教师与阅读的引力？是教师与学术的引力？是教师与创新力的引力？是教师与时间的引力？我也说不清。

晚上八点多吧，一位陌生人打电话给我，原来是海南的一位青年教师，听声音有三十几岁吧，男中音。他说："我是从湖北调到海南工作的，教学已经十年了。"为何打电话？原来是看了我的《深度教学》一书，他很兴奋，觉得终于找到了语文教学的知己。我们通话足足有二十几分钟。他似乎很佩服我的样子，并询问交流了几个问题：作文中的第二自然段，如何表述？作用是什么？文章里的理性段放在什么位置最好？古诗鉴赏如何指导？古诗鉴赏的表现手法到底该怎么教？

我真是十分佩服这位教师的执着精神。我平和地回答了他的问题。关于作文的第二自然段，就是起承转合的"承"。这段的作用，就是起一个缓冲的作用，解释第一段亮出的观点与主张。解释，承接。关于文章的"理性段"。这位教师很仔细，他不但看了《深度教学》里我写的下水作文，还看了我博客里的全部下水作文，真是有心、用心啊。我有些佩服他了。理性段落，我认为最好放到文章的倒数第三段，可以是并列式说理，可以是对比式说理，还可以是引言式说理，联系现实说理，等等。总之，是对主题观点的深化。说理段是获得高分的诀窍之一。有与没有，分数会差距很大。因为没有说理的段落，文章就都是举例论证了，有堆砌材料的嫌疑；而有说理段落，就从感性到理性了，提升到哲学的层面了，就有了高度了。如果再引用一句富有哲理的话，就更精彩了。

古诗鉴赏的诀窍，就是六个字：本义—句意—文意。古诗鉴赏的表现手法，他说林林总总，纷纭浩繁，如何教学？我认为就是简单为之，不可一股脑都交给学生。如果把所有的方法都给学生，学生也无所适从。我觉得三点：一是古诗最主要的表现手法，还是"情景二端"，托物言志，间接抒情是情寓于景，直接抒情是情景交融。第二，就是修辞手法，如对偶、对比、比喻、象征等。第三，就是写作手法，如细节描写、动静结合、动词的使用、衬托等。后来我们熟悉了，他又问了我很多问题，如《京口北固亭怀古》中"寄奴"何意？"四十三年望中犹记""望"什么？"记"什么？《锦瑟》"蓝田日暖玉生烟"的"玉"何意？真玉乎？泪珠乎？《氓》"淇水有岸"何意？《登高》中"病"难道还有别的意思？《赤壁怀古》中"大江东去"指时间流逝吗？"华发"与"英发"的关系是怎样的？

从一个陌生的电话里，从一连串的询问里，我读出了一个执着的老师、思考的老师、觉醒的老师、有抱负的老师的形象。一位教师只有深深把根扎下，才能拥有灿烂的天空。感谢这位挖掘金子的教师。

二、引力如金

教育家怀特海说："在教学中，一旦你忘记了你的学生是有血有肉的，那么你就会遭遇悲惨的失败。"①所以，应该让学生站在教育教学的正中央，教师心中要有学生那充满活力与精神成长的存在。

偶尔进入我1982年开始任教的第一届学生的微信圈。我教了他们三年时间，我记忆犹新。第一次在微信里见面，十分欣慰。已经近40年了，犹如昨天一般。那也是我语文教学生涯的第一个春天。

那时我刚20岁。曾任语文课代表的洪梅发微信说："你那时还是孩子啊。"就是孩子呀，现在她的孩子也已经三十多岁了。而那时的我，师专刚毕业，就莽莽撞撞地当上了"人类灵魂工程师"。

我说，那时真是有热情，但无经验。于是，领导给我一个班。我跟着一个叫李书香的老教师学习。我就是一边听他的课，一边上课的。就是听一节上一节啊。

我有热情，就是每天都在抄教案，认真备课。抄得很整齐，开始是念教案，念完了，课也上完了。一个月后，我会讲课了，也不用照抄教学参考书了。还想尽办法阅读一切资料，来丰富教学。

_____

① ［英］怀特海：《教育的目的》，庄莲平、王立中译，67页，上海，文汇出版社，2012。

一次，围绕教参的问题，还和一名青年教师吵架了。我们都是唯教参马首是瞻，觉得教参就是"铁律"，谁违背就不行。现在看来都是笑话。

姜霞，是我班的高才生，作文在高一就崭露头角了。我让学生参加《中学语文教学》的一个征文比赛，她的文章写的是日记体，内容是写的我，而主人公却成了一位女教师，有些反串。那篇文章获奖了，全国第一名。于是，我高兴地把文章抄在全校的大黑板上，大力宣传。那天，我与她聊天，我问："你还记得我把你的文章抄写在黑板上吗?"她说："记得，那是光荣啊。"

我给这届学生当了一年班主任。没有当好，太"人文化"了。记得曾举行过"故事大王比赛""诗歌朗诵会""办手抄报"等。曾让全体学生朗诵贺敬之的《雷锋之歌》。姜霞，她脑子灵，现在美国。与她聊天，才知道她的非凡。高中毕业好像去了一所冶金大学的化学系，毕业后进入北京某报社。之后她竟自学医科，考取了美国医学博士，在搞医学高端研究。非凡啊，可见一个人的潜力有多大啊！佩服！

学生们无话不说。于是我突然觉得，人都是平等的。你以前是他们的老师，现在人家在某些方面成了你的老师，你说人是不是平等的? 尽管过去你曾经站在讲台上，但是你不能永远引领他们了，还是平等为好。于是，赵纪文说："'人文化'好，西南联大就很人文。"我觉得他说的对，但我们与西南联大是没法比的。赵纪文，"扳倒井集团"总经理。他也是非凡的。记得他在高中时什么都无所谓，就是学习有所谓。

进入学生圈，真是觉得自己年轻了许多。我说：季明当时是班长，好像什么都服，但内心骨子里是不服的；姜霞就更不服了，她是表现在脸上的；纪文也不服，他是表现在行动中的。希文，憨厚得很；洪梅，有些纯真的；徐红梅，就是文静，不说话，什么都会；等等。学生们那青春的脸，依稀在眼前，好像是在昨天。

是时间让我踏入了昨日的河流，还是岁月又一次召唤? 我只是站在岸边，去遥想那片蔚蓝。

一个学生说："我当时犯了小错。"我是有印象的。我说："这事，我没有处理好，是我的错。"这是我的真心话。学生都是孩子啊，小错难免啊。他们就是玩呀，非要上纲上线。现在想来，是我班主任处理失当。我是真心的。于是换取了这个学生的真心告白："不是，就是我们错了。"现在，关键不是谁错的问题，而是心灵的

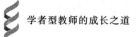

无隔阂的交流。

　　怀特海说："有两种形式的智力享受：创造的享受和休闲的享受。它们不是严格分离的。"①夸美纽斯说："在人身上唯一能够持久的东西是从少年时期吸收得来的。"②岁月，永远在流逝，但人心犹在。在学生的心田上，种上一片百合花，肯定盛开。岁月已经滑过40年，他们的音容笑貌历历在目，故我为他们每一个人写了诗，共写了40多首呢，全部是"私人订制"。选几首与大家分享吧。

　　"一岁悠然一岁心，风华依旧付瑶琴；忽忆当年铿锵里，黄河渔舟几朵云?"/"何时眼前一柳垂，叶叶其舒入柳眉；静如止水多纯粹，哪知波澜惊天微?"/"一份辛苦一份甜，磨砺如砥是平坦；高格自有心底船，满载琼瑶一生安。"/"心静方知佛且禅，莲花淡菊亦偏安；一路风光君须记，何奈幽谷与高山?"/"无心出岫最天然，我给天然绣金边；随意扯段霓虹锦，够你享用一万年。"

---

①　[英]怀特海：《教育的目的》，庄莲平、王立中译，77页，上海，上海文汇出版社，2012。

②　[捷克]夸美纽斯：《大教学论》，傅任敢译，46页，北京，人民教育出版社，1984。